仏教・歴史・社会福祉の研究と教育実践

―長谷川匡俊先生頌寿記念論文集―

長谷川匡俊先生頌寿記念論文集刊行委員会 編

学文社

長谷川匡俊先生近影

はじめに

　本書は，大乗淑徳学園理事長並びに淑徳大学名誉教授である長谷川匡俊先生の，頌寿（長寿を祝うとの意味）を記念して編集されたものである。しかも，今年は淑徳大学開学60周年にあたり，刊行委員会の代表としては嬉しく思っている。

　経緯としては，私が淑徳大学の大学院在学中，一緒に先生から指導を受けていた学友5名へ，本書の企画を呼びかけて世話人会（現：刊行委員会）を発足。先生が所長を務めている研究所の研究員，本学の大学院や学部を卒業した教員にも声をかけ，執筆者18名を確定した。このように本書は，先生から様々な場面でご指導を受けている者が主に執筆している。

　長谷川先生は1969（昭和44）年に淑徳大学の専任講師として採用され，助教授，教授を経て1990（平成2）年に学長に就任し，さらに2002（平成14）年には理事長（学長兼務）に就任している。その後，2013（平成25）年に学長を退任したので教員としては退職扱いとなったが，現在も学校法人の理事長として多忙な毎日を送られている。淑徳大学での教員歴は44年であるが，開学の1965（昭和40）年から4年間，男子学生寮の寮監や事務職員としても務めていたので，大学との関わりは今年で60年目を迎えることになる。その意味で，今年は先生にとって節目の年といえる。

　さて，本書に掲載された先生の研究業績一覧をみると，単著だけで22冊，共著や編著が28冊，学術論文や分担執筆等にいたっては約150編に及んでおり，研究者としては並外れた業績である。この多くが理事長や学長といった激務の中での執筆であることを考えると，大学業務の忙しさを理由に研究を怠っている自分が恥ずかしくなる。先生の強靱な精神力と飽くなき研究意欲が，このよ

うな業績を生み出していることはいうまでもない。もちろん，その研究成果が学会等で高い評価を得てきたことは周知の通りであり，現在の仏教社会福祉研究の第一人者であることは誰もが認めるところである。

　先生の研究は仏教史から始まり，しだいに社会事業史や仏教社会福祉へと広げられ，大学においては社会福祉専門職の養成教育にも力を注いでこられた。このような先生の研究や教育の足跡を表すために，本書のタイトルを『仏教・歴史・社会福祉の研究と教育実践』とした。

　なお，副題に「記念論文集」とあるとおり，共通テーマをもとに執筆したものではなく，各執筆者の興味・関心があるテーマで執筆してもらい，それを先生の研究領域にあわせて4部構成にした。長谷川先生の研究とその歩みを第1部とし，続いて先生が長く研究されてきた仏教史や仏教社会福祉領域を第2部，社会事業史の研究を第3部とした。第4部では，それ以外の社会福祉領域の論文と教育実践を掲載している。

　10年以上も前になるが，2013（平成25）年11月に「第23回淑徳大学社会福祉学会」が開催された。当時学会の事務局長であった私は，長谷川先生の学長（教員）退任記念を企画して，先生に最終講義を依頼し，宮城洋一郎先生には「長谷川先生の研究に学ぶ」とのタイトルで講演を依頼した。

　本書の第1部第2章にも「長谷川先生の研究に学ぶ」とあるが，これは本来，教え子の誰かが執筆しなくてはならないものである。しかし，それを語るにはあまりにも教え子たちは力量不足であり，先生の研究を長く見守っていただいている宮城先生に，学会以後の10年を含めて今回もご依頼した。あらためて宮城先生に感謝を申し上げたい。米寿や卒寿，白寿の際には，教え子ももう少し成長していると，長谷川先生には信じていただきたい。

　　2025年1月吉日

　　　　　　　　　　　　　　　　　　　　　刊行委員会代表　渋谷　哲

目　　次

はじめに …………………………………………………………………… i

第 1 部　長谷川匡俊の研究と歩み

1. 近世の民間宗教者「道心者」の世界
   ―浄土宗を中心に― ………………………………………………… 3
   第 1 節　研究の目的と視点　3
   第 2 節　近世の「道心者」研究の現状　4
   第 3 節　道心者輩出の契機―社会的背景―　9
   第 4 節　道心者輩出の宗教的背景と「念仏聖」の存在―浄土宗の場合―　14

   長谷川匡俊先生　略歴　18
   長谷川匡俊先生関係文献目録　19

2. 長谷川匡俊先生の研究に学ぶ
   ―日本仏教福祉研究における課題設定を中心に― ………………… 34
   第 1 節　問題の所在　34
   第 2 節　研究の柱から学ぶ　40
   第 3 節　前近代と近代をめぐる課題　45

第 2 部　仏教・仏教社会福祉の研究

1. 渡辺海旭の幼少期 ………………………………………………………… 53
   第 1 節　渡辺海旭の家系　53
   第 2 節　赤尾光雄の描写する海旭の幼少期　57
   第 3 節　海旭の母とその他の兄弟　62
   第 4 節　本屋での丁稚奉公　64

2. 明治新政府の社寺領政策と地域寺院
　　―山形県鶴岡市黒川の法光院を中心に……………………………67
　　　第1節　黒川村の宗教をめぐる状況　　67
　　　第2節　大泉藩の社寺領政策　　69
　　　第3節　神仏分離政策と法光院　　71
　　　第4節　社寺領上知政策と法光院　　74

3. 近世仏教から学ぶ生きることを支えるケアへの展望
　　―日本的看取りの再生に向けて―………………………………79
　　　第1節　日本人と仏教　　79
　　　第2節　近世における「臨終行儀」と『往生伝』　　82
　　　第3節　江戸期の看取りと民衆　　86

4. 親鸞にみる社会福祉の思想 …………………………………………95
　　　第1節　親鸞の略歴　　96
　　　第2節　親鸞の思想（言説）―社会福祉との関連で―　　97
　　　第3節　親鸞の思想（言説）と社会福祉　　101

5. 仏教福祉の思想と歴史 ……………………………………………110
　　　第1節　仏教福祉の思想　　110
　　　第2節　仏教福祉の歴史　　112
　　　第3節　これからの仏教福祉　　120

6. 「仏教ソーシャルワーク」研究の現在地
　　―淑徳大学アジア国際社会福祉研究所における「仏教ソーシャルワーク」
　　　研究の起点，成果，展望―………………………………………123
　　　第1節　起点としてのベトナム共同研究と同センターの設立　　123
　　　第2節　私立大学戦略的研究基盤支援事業の採択とアジア国際社会福祉
　　　　　　研究所の設立　　125
　　　第3節　「仏教ソーシャルワーク」研究の成果　　126
　　　第4節　今後の展望　　131

目　次　v

第3部　社会事業史の研究

1. 前近代における非日常の中の福祉性
   ―山科言経を事例として― ………………………………………………… 139
   第1節　本章の背景　139
   第2節　日記の検討　143
   第3節　非日常の中の福祉性　147
2. 感化院実践史と入所型児童福祉施設の養護内容
   ―成田山感化院実践の検討から― ………………………………………… 151
   第1節　感化院実践史の研究　151
   第2節　成田山感化院の歴史的役割　152
   第3節　成田山感化院にみる入所型施設での子どもの支援　156
3. 東京府社会事業協会の活動と長谷川良信やマハヤナ学園の実践内容
   ―1920年7月から10月までを中心に― …………………………………… 161
   第1節　本研究の目的　161
   第2節　東京府社会事業協会とマハヤナ学園の概要　162
   第3節　東京府社会事業協会の活動内容と長谷川の実践内容　169
4. 東京府社会事業協会の活動内容とその中での長谷川良信やマハヤナ学園の実践
   ―1921年5月から1922年3月までを中心に― …………………………… 176
   第1節　研究の目的　176
   第2節　1921年5月から1922年3月までの活動内容　177
5. 千葉県における方面委員制度創設 ………………………………………… 188
   第1節　千葉県における社会事業体制の基盤整備　188
   第2節　千葉県方面委員制度の創設　189
   第3節　千葉県方面委員像の形成　192

第4部　社会福祉の研究と教育実践

1. 臨床ソーシャルワークの基礎研究
    ―仏教の教えをもとに― ……………………………………………… 201
    第1節　臨床社会福祉学と臨床ソーシャルワーク　　201
    第2節　臨床ソーシャルワークの視点　　208
    第3節　仏教の教えと臨床ソーシャルワーク　　210
2. 障害者の意思決定支援の基盤としての児童期の意見表明権の保障… 216
    第1節　意思決定支援の動向と障害児　　216
    第2節　障害児の意見表明権の保障　　218
    第3節　障害児の意見表明権保障の実際　　222
3. 社会福祉は「格差社会」に機能できるのか ……………………………… 228
    第1節　スタート地点が異なる社会　　228
    第2節　市場は不公平　　229
    第3節　孤立と格差　　232
    第4節　正義論からの探求　　237
4. 災害支援と利他共生 ………………………………………………………… 241
    第1節　職能団体としての阪神・淡路大震災の支援　　242
    第2節　全学活動としての東日本大震災の支援　　245
    第3節　能登半島地震の発生と共生活動　　250
5. 日本ソーシャルワーク教育学校連盟設立の経過と意義 ……………… 255
    第1節　ソーシャルワーク教育3団体の成り立ち　　255
    第2節　組織統合の経緯　　257
    第3節　統合法人「ソ教連」の概要　　263
6. 良信先生と匡俊先生からの教えと私の実践 …………………………… 269
    第1節　一期生が18歳，良信先生が75歳　　269
    第2節　匡俊先生と一期生　　270
    第3節　匡俊先生が頑張る理由　　276

おわりに ………………………………………………………………………… 279

第1部

長谷川匡俊の研究と歩み

1. 近世の民間宗教者「道心者」の世界
―浄土宗を中心に―

長谷川 匡俊

　近世江戸時代の半僧半俗の非正規僧というべき「道心者」の存在に目を向けるようになって半世紀余に及ぶ。この間,「道心者」を対象とする研究は,筆者を含めて少しずつ積み重ねられてはいるものの（長谷川，1988），本格的に深められているという状況ではないといえよう。そのようななかでも,明確な視座と問題意識によって道心者が捉えられるようになったことは大きな前進である。それが後述する「身分的周縁」論からのアプローチである。

第1節　研究の目的と視点

　筆者の「道心者」との出会いから紹介しよう。近世の地方文書（たとえば，村明細帳や宗門人別帳など）や寺院の日鑑・末寺帳等に目を通していると，寺院・堂庵の経営に深く関与し，しかも民衆との関わり合いが顕著な「道心者（道心）」と記されている一群の宗教者の存在である。周知のように幕藩制社会における宗教を介した人間関係は，政治権力によって固定化された寺檀関係をその基底においている。しかしながら，民衆と仏教との橋渡し的役割を担う存在を寺院僧侶にのみ限定することはいかにも皮相的な見方ではないだろうか。そこに道心者の存在を明確に位置づけることの意味があろう。

　ちなみに，望月信亨『仏教大辞典 増訂版』より道心の語を引くと,「仏道を求むる心の意，菩提心と同義なり，仏道修行には必づ先づ道心を発起すべきにより，後世本邦にて修道の人を道心者，又は単に道心と称するに至れり。又中年に至りて剃髪発心せるものを一般に道心者と呼び，其の中，日尚ほ浅きもの

を今道心，或は青道心等と称せり」(望月，1963：3873) との説明がある。

1671 (寛文11) 年作の至道無難の『即心記』によれば，「しゃか如来の御心をさして，道心といふ。御かたちを出家といふ。御さほうを乞食といふ。仏法すたりはてしも，ことはりなり。寺につかふ下坊主を道心と呼び，非人を乞食といふ。二つの御名は，筆にし及はぬいやしきものにゆつりぬ。今一つ残る出家は，身のなきをいふ。天下に誰か身のなくなる人あらんや」(公田，1989：37) とみえる。時代の推移とともに仏教で説く道心・出家・乞食の本来の語義がいずれも内容空疎なものとなり，道心および乞食の語に至っては，下劣な用語として流布しているありさまを無難禅師は慨歎している。

道心なる語が，すでにここでは仏道修行上のあるべき心的態度として用いられているのではなく，法体をなした一種の下級宗教的職能者を指し示していることに注意しなければなるまい。本章で取り扱う歴史的概念としての道心者とは，とりあえず，種々の理由から中年に至り剃髪出家した半僧半俗の民間宗教者 (非正規僧) と規定しておこう。

以下，本章の進め方としては，1. これまでの数少ない「道心者」研究の中から2点を取り上げ，そこから得られる知見を整理しておきたい。つぎに 2. 道心者輩出の契機を社会的背景から史料提起し，新たな視座を提示してみたい。3. これまでの研究で意外に等閑視されてきた道心者輩出の宗教的契機について，「念仏聖」の存在に光を当てる。よってここでは浄土宗の道心者のケースに限定することとなる。加えて，「道心者」という場合，女性の道心者 (尼道心者) も含まれるわけだが，今回はあえて取り扱っていない。目下準備している今後の研究の中で触れることになるだろう。

第2節　近世の「道心者」研究の現状

ここでは筆者の研究を除き，「道心者」について比較的詳しく言及している2氏の論考を発表順に紹介してみよう。

第1に，菊池武「道心と同宿―その実態と活動内容―」(菊池，1992：807-810) である。菊池は，地方文書や寺院文書に散見される「道心」と「同宿」

とはどのような仏教関係者で、仏教社会での位置づけ、活動内容などを史料に即して紹介している。

そこでまず、「道心（道心坊・道心坊主）には、今道心・俄道心という名称もあるが、これは本来的には菩提心即ち悟りを求める心をいい、この仏道に精進する者を道心と称した。しかし、次第に俗悪な者も出てきて、特に江戸時代以降この傾向が強くなり、中年に至ってなんらかの理由で剃髪して、物乞いすることもあった。単に道心といっても、町や村・寺院に住する道心、遊行の道心などに分けられる」として、以下、町での道心、村での道心、寺院関係の道心の順序で、彼らの動向を紹介している。

このなかで大坂の事例について、1679（延宝7）年道心者男女656人であったことを紹介している（『難波鶴』『大阪市史』第一）。彼らは、「近年道心者ト唱、肉食妻帯之もの町中ヲ托鉢いたし、或ハ丁（町）家仏事等ニ而も、清僧同様被相招、回向葬式之世話拂いたし候もの及増長ニ候由相聞候」（「御法度御触書印形帳」寛政10年『同前』第四）と、托鉢や仏事・回向・葬式などにも清僧同様に携わっていたことが知られる。こうした行為は、以前から禁止されていて、もし発覚すれば還俗させるか、暁山西方寺・六斎念仏寺・鞍馬大蔵院の組下にいれられたが、尼道心はこの適用を受けなかった。また、こうした宗教者の町住居は原則としてできなかったが、何らかの事情がある場合は、例外として町の裏家に住むことが許された。しかし、宗教的祭具を構えることはできず、祈願依頼の場合のみ町奉行所の監視のもとに許可された。なお、「丁（町）人渡世難成、髪を剃、鉢ヲひらき、或ハ隠居之者、或ハ親類ニ別レ、哀傷之余り落髪いたし、戒律ヲたもち、法衣を着し候とも、前後寺中ニ居不申者ハ町中ニ住宅不苦候」（『同前』寛政10年『同前』第四）とあるように、こうした事情で剃髪法衣の身になっても前後寺中に居らず、清僧同様の宗教活動をしなければ道心とみなされず、前掲の三箇寺の願人仲間等に入らなくてもよく、町中在居も許された、という。

村での道心に関しては、正式な寺院ではない、堂・庵などに住していた道心を2，3紹介しており、彼らの把握に関しては、加賀藩の事例で、天和2年11

月郡奉行の支配に漏れる「道心寺」を比丘尼寺と一緒に調査を命じている（「改作所旧記」『加賀藩史料』第四巻）とのこと。

また高野山のような大寺院に帰属している道心者の事例も紹介しているので記しておこう。「諸伽藍掛道心・御影堂花摘道心・六時鐘撞道心・奥院灯篭堂常番道心・御供所御膳道心・錫杖振道心」や，「奥院諸道心並承仕職掌」にも，常番役道心・御前役道心・脇番役道心・下同宿役道心・掃除役道心・夜番役道心・札場役道心・承仕役道心等種々の道心19人を挙げている。さらに「此外壇場等諸堂懸の道心多しといへとも姑其職掌を略す」（以上の高野山関係資料，「紀伊続風土記」第五輯〈高野山之部巻之四十五・総分方巻之七〉）とあるほどだから，このほかにも多数存在したことが知られる。

仕事の内容としては，香花・灯明・仏餉（盛物・仏飯）・花摘・造化仏具磨き・掃除（洒掃）・唐戸蔀の開閉・螺吹・鐘を撞く・勤行の槌打ち・廟前御膳献備の御飯炊焚と御結立・僧の斎食膳部及饗膳・御番札守護行事所務の諸檄を参詣の旅人に授ける・火用心の護夜・法会の所用・石灯篭に夜灯を挑げるなどがあった。つまり，高野山の庵室や長屋に住する道心たちは，日常生活と仏事に関していろいろ雑用を勤め生計をたてていたのである。このほか，町・村に定住しない遊行回国する道心者も多くいたことはよく知られている。

以上のように，菊池の研究では，道心者の存在（居住）形態を町・村・寺院のそれぞれに即して，宗教活動との関係も考慮しながら事例紹介を行っている。高野山のような大寺院における道心者の多様な役割や人数が多数に上ることは，道心者の生活基盤をうかがわせるものであると同時に，大寺院の経営を下支えする欠くことのできない人的要素（条件）となっていることに留意しなければならない。

第2は，塚田孝「都市の周縁に生きる―17世紀の大坂・三津寺町―」（塚田，2006：186-232）である。塚田は，「都市の周縁」ないし「都市下層社会」を対象とした身分的周縁研究の主要な対象の中から，17世紀の大坂・三津寺町を取り上げて，都市の住民生活の基礎単位である「町」の展開過程の総体のなかに，借屋層の問題を位置づけようとする。そのさい借屋層の一部を構成する勧

進宗教者（＝道心者）のあり方を手がかりとして考えている。塚田は先に，勧進宗教者は，裏店居住の都市下層民衆の一部であることを指摘したが（塚田，2005），本章では三津寺町という「町」の側からの視点で，17世紀半ばという，近世大阪における寺社と宗教者の存在形態の枠組みが形成される時期を取り上げている。

　構成は，はじめに　1.道心者改めと借屋　2.大福院行円　3.三津寺町の構成と借屋　おわりに　からなっており，道心者に関しては主に第1節で，江戸初期の2つの町触とこれに先立つ「道心者調査」史料を駆使して道心者の実態を浮き彫りにしている。

　まず1666（寛文6）年の町触では，「江戸で『在家を借り，仏壇を構え，利用を求めてはならない』と諸大名に触れられたのを受けて，寛文六年（一六六六）十一月十五日，大坂においても，市中の寺社や宗教者のあり方を基本的に規定する町触が出された。それにより，在来の妻帯道場（浄土真宗の寺）以外の寺の市中での所在禁止（神社は別），清僧の市中居住の禁止，『非清僧』の借宅は可能というあり方が確定する」（塚田，2006：127）という。なお，「『非清僧』という言い方をしたのは，この町触では，清僧の市中居住禁止に関して，道心者であっても，いったん寺に入った経験がある者の借宅は認めないとされたことから，市中での借宅を認められた者に対して，『道心者』という語が避けられているからであり，実質的には道心者と言い換えてもかまわない」としている。さらに塚田は，「市中居住を認められた『道心者』には二つのタイプがうかがえる」とし，一つは，暮らしていけず髪を剃り，乞食をしている者（鉢開き）であり，もう一つは，隠居したり，身内の不幸に際会し，髪を下した者とした。これら2つは市中に居住していた者が道心者になる場合として想定されており，外から入ってくる者としては，鉢開きだけが言及されているとし，このような「清僧」「非清僧」（道心者）の再定義は，市中にある道心者の規制強化をはかったものだという。

　つぎに，上記の枠組みの形成に大きな意味を持ったのが，1657（明暦3）年8月27日の町触だとする（大阪市，1987：188-189）。

覚
一、本願寺門徒の外、町屋に出家住宅致し、旦那を集め申す義、この以前より停止の事、
一、只今迄町中にこれ道心者男女共にその儘差し置くべし、但し、その道心者不届の義これ有るに於いては、家主は勿論、年寄・五人組曲事為るべき也、常々心に付、不審成る義これ有らば、その町より申し来たり、様子聞き届け、申し付けべき事、
一、今度穿鑿以後、他所より道心者来たるに於いては、よくよく吟味を遂げ、誠の道心者に紛なくば、宿借すべし、不念の義これ有らば、その町曲事為るべき事、

　この３カ条は、第１に、本願寺門徒以外の出家が町屋に住み、旦那を集めることの禁止、第２に、これまで町中にいた男女の道心者はそのまま居住を認めるが、彼らに不届きがあれば宿主はもちろん年寄・五人組も処罰するので、不審があれば町中から町奉行所に申し出ること、第３に、他所から来た道心者はよく吟味して「誠の道心者」に紛れなければ宿を貸すこと、という内容であり、寛文６年令では避けられていた「道心者」という語が用いられていることに注意を促している。
　塚田の研究は、同氏らによる「身分的周縁」研究の一環として都市（大坂）の下層社会を形成する「借屋層」の中に道心者（集団）を位置づけ、その歴史的性格を明らかにしている。ことに町触等の分析から道心者に２つのタイプ（「清僧」と「非清僧」）が見られるのは、市中における道心者の規制強化をはかったものではないかと、町側の論理を指摘しているのは参考になる。筆者としては、周縁論を民間宗教者としての「道心者」といった視点から、寺院・堂庵、僧侶との関係に向けてさらに考究を進めてゆきたい。
　以上の２氏の論考をはじめ、これまで道心者に言及した研究の多くは、その多様な存在形態の社会的な側面に光を当て、その歴史的性格を明らかにしてきたと言えよう。とりわけ「身分的周縁」研究の意義は大きい。しかし、あえて

いえば，道心者を生み出しかつ受容する社会のあり方，道心者が輩出される社会の宗教的な側面，内面的な信仰と教化に関わる問題に関しては見過ごされてきたのではないだろうか。すでに筆者は旧稿において，このような視点を提起し論じているが，本章もまた，多少ともこれを深めることができれば幸いである。

第3節　道心者輩出の契機―社会的背景―

　道心者が輩出してくる社会経済的な条件としては，すでに筆者を含めて先行研究が指摘しているように，第一義的には農村の貧困と窮乏農民の都市への流入の問題がある。このような傾向は，先の塚田の研究等でも明らかな如く，江戸期の早い段階から道心者の取り締まりがみられ，後期になると規制強化は一層厳しさを増すことになるわけである。

　そこで，ここではこれまでの研究とは異なる視点から道心者の輩出を考えてみたいと思う。まずは道心者に成ることが認許される手続き（これを本章では「道心者成」と称する）を史料によって確認することから始めよう。取り扱う史料は常陸国江戸崎の大念寺（浄土宗関東十八檀林の一）所蔵の『日鑑』からである。

(1)　『大念寺日鑑』文政三年四月二日条には，　　　　（発心→出家）
　　小見川三右衛門<u>剃髪之儀</u>先達中より久保屋段々相願候ニ付，各別之思召を以御剃刀御授被遊，単信と法名被下候事，寺送り左之通　（傍線筆者，以下同様）
　　　　　　　一　札
　　一拙寺檀那小見川正方屋三右衛門心願有之候間，<u>発心仕出家致度候</u>ニ付，親類・兄弟被願候間其趣承知仕，然上は右三右衛門義何方ニ而剃髪被致候而も此方一向差構無御座候，依而送り一札如件
　　　　文政八乙酉三月日　下総国香取郡下堀村
　　　　　　　　　　　　　　　　　　　　　浄福寺（長谷川，2019：45）

ここでは，まず大念寺において，末寺浄福寺の檀那小見川三右衛門に対し，本人のかねてよりの「剃髪」願いに応え，「剃刀」を許し「単心」と法名を授けたと記され，次いでその前提となる浄福寺からの「送り状」を載せている。それには三右衛門の「発心出家」の心願については親類・兄弟も承知しているので，どちらの寺で剃髪しようとも差支えないとある。

(2)　同上，文政八年十二月九日条には　　　（家督相続→剃髪）（出家之心願）
　　〇御領分平右衛門<u>家督願並剃髪願</u>書付を以申出候
　　　　　乍恐口上書を以奉願上候
　　一御役儀御免被　仰付難有奉存候，<u>跡式相続之儀ハ倅平吉</u>江<u>被</u>　仰付候
　　　様惣百姓一同奉願上候，右願之通被仰付候ハヽ難有仕合奉存候，以上
　　　　　文政八酉八月　　　　　　　　　　　御門前
　　　　　　　正定山　　　　　　　　　　　　名主吉右衛門印
　　　　　　　　安養院様　　　　　　　　　　平右衛門印
　　　　　　　　御納所様　　　　　　　　　　親類惣代五郎兵衛
　　　　　　　　　　　　　　　　　　　　　　組合惣代七兵衛

　　　　　乍恐奉願上候一札
　　一私養父平右衛門儀，従来<u>出家之心願</u>ニ御座候故親類共_江相談仕候処，諸
　　　親類一同異儀申者無御座候ニ付為致出家度奉存候，何卒各別之御慈悲
　　　を以願之通御聞済被成下候様奉願上候，尚又<u>出家願満之上ハ永御随身</u>
　　　<u>御願申上，念仏修行志願成弁為仕度奉存候</u>，是又一同奉願上候，偏ニ
　　　御慈悲を以被　仰付候ハヽ，親類・組合等一同難有仕合奉存候，以上
　　　　　文政八酉極月　　　　　　　　　　　当人平吉
　　　　　　　　　　　　　　　　　　　　　　願主平右衛門
　　　　　　　　　　　　　　　　　　　　　　親類五郎兵衛
　　　　　　　　　　　　　　　　　　　　　　組合七兵衛

　　　　　正定山御役所
　　<u>家督即日御免有之，剃髪之儀暫心底相見届ヶ御免為有之旨申渡</u>

　　　　　　　　　　　　　　　　　　　　　（長谷川，2019：51）

本史料は，大念寺領内平右衛門よりの「家督相続」と「剃髪」願いに関するものである。内容は，はじめに門前名主の役儀免除のお礼と跡目相続は倅平吉に命じていただきたいとの趣旨で，後任の門前名主他の連名で大念寺の納所安養院（寺務方）宛となっている。次いで，倅平吉より，養父平右衛門はこれまで「出家之心願」を持ち続けており，親類中とも相談をした結果，一同異議ないので出家させたいと思う。ついては格別の取り計らいをもってご許可いただきたい。なおまた，出家がかなったうえは長く大念寺に「御随身」（身を置くこと）させていただき，念仏修行の志を成し遂げたいと念願しているとし，関係者連名で大念寺役所宛に歎願書を提出している。その結果，家督相続は即日許されたが，剃髪に関しては，しばらく「心底相見届」けたうえで許可したいと伝えている。

(3)　同上，文政九年八月五日条に，(「五重」を授与され，「法子」の称を得ている）

　　　松崎心光寺檀那源兵衛当二日命終，無住中安養院預り故焼香ニ遣ス，且今日源兵衛弟並同人妻登山，<u>源兵衛代々剃髪御作法相願法子ニ被成下候</u>，先年も薫誉様御代心光寺無住中故御願申上，<u>五重御授与被成下法子ニ相成候</u>，何卒此度も御願申上度段申出，則御免有之安養院_江剃髪式被仰付，尤源兵衛舎弟へ名代申遣御日課御授与有之事

（長谷川，2019：58）

　本史料は，大念寺末寺松崎心光寺の檀那源兵衛の命終に伴う「剃髪」作法及び「法子」の称号に関して，生前の信仰のありようが問われていることを示唆していよう。内容は，源兵衛命終の折，心光寺は無住中のため本寺納所の安養院を焼香に遣わした。その後弟と妻が大念寺に来て，源兵衛家は代々「剃髪御作法」をお願いして「法子」号を頂いてきました。先年も本寺の薫誉上人代に心光寺は無住中ゆえ，本寺（大念寺）より「五重（相伝）」を授与され「法子」[1]号を頂いたのです。どうかこの度も同様のお取り計らいをと願い出，安養院へ

「剃髪式」を命じられた。加えて源兵衛の弟へは名代を遣わして「日課（念仏）」念仏の授与がなされるようにとみえる。

(4) 同上，天保十五年二月二十二日条に，(信心深く，老衰，納所の弟子)
　　一西町翁屋登山，愛宕（宕）下地蔵院留守居いたし居候［同心坊］（抹消）三治と申候者ハ，全体行徳之産ニ而四拾年余も江戸ニ働居，五六年も右地蔵院江西町中より世話いたし候而入置候処，<u>追々老衰いたし峠も難成候故落髪ニ而同心坊と成度申事</u>故，西町中より世話いたし而当山相願候，尤翁屋世話人と成而万端引請候間，何卒御聞済可被成下候と，尤先々も右様之儀有之節は<u>納所之弟子といたし而剃髪いたし遣候事</u>と申故，准右此度も納所方江一札を取置，文言左之通
　　　　　　乍恐以書付奉願候
　　一此三治と申者は下総国行徳村忠治郎倅ニて<u>年来信心気之ものニ候処，今般及老衰世業難成老少不定之事故御剃頭置業仕度，依剃髪相願候処</u>漸々御聞済被下候，一同難有仕合奉存候，若此儀ニ付外方より如何様之儀申来候共，加印之者共罷出急度埒明少も御難相掛申間敷候，為其連印証文仍而如件
　　　　　天保十五辰　　　　　　　　　当人三治印
　　　　　　　二月　　　　　　　　　　請人翁屋利介印
　　　　　　　　　　　　　　　　　　　同　源右衛門印
　　　　　　　　　正定山御納処　　　　　（長谷川，2019：130）

　本史料は全体として，老衰に至った人物（三治）の「剃髪」願いと「道心者」になることの期待を伝える文書である。内容は，下総国行徳出身の三治について，江戸で40年ほど働いた後，5，6年前から西町中の世話で愛宕下地蔵院の留守居をしていたという。以前より信心深い人物であったが，「老衰」が進み，このたび「落髪」して道心者に成りたいとの申し出があった。そこで翁屋が世

話人となり，当人の願いを聞届けていただきたいというものである。留意すべきは，文末に以前にもこのような事例があったが，その場合には，「納所之弟子」とすることで剃髪を許可していた。今回も同様の取り扱いとする旨記されおり，かつ当人・請人連名の願書が掲載されている。

　以上4点の史料を総合して，道心者輩出の社会的背景を考えてみたい。まず第1は，剃髪出家（以下，これを「道心者成」と称する）の前提には「発心」（出家の心願）という仏門に入る意志がなければならないことである。そのうえで「家督相続」した身の上，「五重授与」の家柄，さらに「役儀御免」「老衰」といったような，世事を離れ，老化が進んだ高齢者の老後における生活スタイルの一つ（単なる「隠居」ではない）といえるのではないだろうか。諸史資料からも，こうした事例は枚挙にいとまがないほどである。

　第2に，上記の諸手続きからも知られるように，道心者に成るためには，当人と檀那寺との寺檀関係や寺院本末関係の確認をベースに，家族・親類・村役人等の身元保証が欠かせない。これまでも明らかにしてきたように，数ある道心者のなかには，無秩序な行動に走る者も少なくなく，しばしば禁令の対象になっているほどである。そうした事情もあってか，(2)では，家督相続は認めても，剃髪については暫く様子を見てからと慎重な判断を示している（本寺への「随身」が考慮されているのかもしれない）。また，道心者の師僧は檀那寺の住職が務めるものだが，大念寺のような檀林寺院の場合には，配下の納所寺院の住職が弟子をとる慣例もあったようである。

　第3に，これまで述べてきたところを改めて江戸時代に生きる高齢者の「ライフスタイル」の視点から，以下に問題提起を試みたい。

　当代に道心者と称される「非正規僧」が各地に数多く登場し，寺院・堂庵の経営に関与したり，信仰と教化を介し民衆ともさまざまなレベルで関わりを持っていたことは，先の「身分的周縁研究」等によって，その存在の意義とともに明らかにされてきたといえよう。これらの成果を踏まえて，筆者は，道心者の輩出を担保するものとして，当代高齢者のライフスタイルのなかに，老後における「剃髪→出家＝道心者成」というコースが社会慣行として定着していた

ことに着目すべきだと考える。諸手続きに基づく承認のプロセスはそれを裏付けるものであろう。

　そこで想起されるのが，かつてインド仏跡巡拝の折，現地のガイドから説明を受け，帰国後に学んだインド人の伝統的な人生観「四住期」である。「学生期→家住期」を経て，いわばリタイアしてからを「林住期」という。世間の喧騒から離れて閑静な場所に身を置く生活に入るのである。さらに人生の晩年を迎えると，住処を後にして死に場所を求め旅に出るので，その時期を「遊行期」といっている。人生の目的は人格の完成にあるといった考え方が基盤にあるようである。

　考えてみると，道心者が住居の別室（棟）や，土地の堂・庵に身を置き，堂守などをしているのは，ちょうど林住期にあたる。その後道心者のなかには堂庵を離れ，諸国を旅する「回国」に出るケースも多いこと（遊行期）は諸資料に散見される通りである。高齢者の「道心者成」にみられるライフスタイルを，インド人の四住期と重ねて捉えるなど皮相のことだといわれそうだが，あえて問題を提出したいと思う。現代の日本社会は，あまりにも経済至上に傾きすぎてはいないだろうか。江戸時代とて生産活動が社会を支え，人々の生活を支えているのに違いはないが，とりわけ高齢期には，それまで（壮年期）のモノの価値から，ココロの価値へとシフトできるライフスタイルが「道心者」という形の受け皿として用意されているのは考えさせられるところである。

第4節　道心者輩出の宗教的背景と「念仏聖」の存在―浄土宗の場合―

　つぎに，道心者を輩出する契機として重要な宗教的背景について検討してみよう。この場合，一つはその地域における信仰風土ともいうべき宗教的環境（家庭の宗教的環境も含まれよう）の問題があるだろうし，もう一つは，その人の発心（宗教心）を誘発するような身近な教化者・僧侶の存在である。

　この両者を把握検討するに際して格好な史料こそ近世浄土宗の『往生伝』群なのである[2]。紙数の関係で詳細は別稿に譲らねばならないが，ここではまず，民衆の信仰を触発し，彼らに発心の契機を与え，（離家）剃髪→道心者成へと導

1. 近世の民間宗教者「道心者」の世界

いた僧，念仏聖というべき存在に着目してみよう。たとえば，『往生伝』の中でも制作年代の古い，了智編『緇白往生伝』（1688〈元禄元〉年作）中から，筍霊上人（1652〈承応元〉年没）についてみてみると，「上人処々の道場において浄土の法要を演説す。詞弁無礙にしてなお涌泉の如し。所化扉然として風に随いその勧進を受け，信心を催し悪を止め善を修めて至心に念仏す。及び出家得度する者極めて夥し」（笠原，1978：43-44）とあり，上人が所々の道場などに拠って民衆に浄土の法を説き，その優れた説法の影響であろうか，信心を誘発されて廃悪修善，念仏に努め，剃髪出家する者が後を絶たなかった模様を伝えている。

京都専念寺隆円編『近世南紀念仏往生伝』（1801〈享和元〉年作）にみえる即厭上人（寛政2年没）の場合も，「日々講筵をひらき専修念仏を勧進せられしに，道俗先をあらそひ老少袂をつらねて群参し，その結縁おびただしかりけり，（中略）諸国遊行の間，縁に随請に応じて，化導を施されけれバ，得益のもの多し……かりそめに説法をきゝてもたちまち発心し，おもハず師を見てもかならず念仏す。日課誓受の人いたる所にてその数多かりけり」（笠原，1980：138-146）と，民間布教に顕著な足跡を遺している。こうした上人の存在は，他の『往生伝』にも多数見受けられ枚挙にいとまがないほどである。

他方，道心者の側からその発心剃髪に至った具体的な契機というべきものを追い求めていくと，そこには，先に見た筍霊や即厭などのような民衆に宗教的影響力をもった真摯な僧侶＝念仏聖の存在を期せずして発見することができる。

浄土宗の『往生伝』に収録されている往生人を僧俗等の別で分類すると，大きく正規僧・非正規僧・在家信者の三類に分けられる。なかでも非正規僧に当る往生人は，おおむね本章が取り扱う「道心者（尼道心者を含む）」とみなされる。そこで，ここではいくつかの『往生伝』を通して，各往生人が道心者に成る契機となった師僧との出会いを見届けておこう。

はじめに，塩津浦の十助は，「賦性質直にして，若年よりすこぶる仏乗を慕ふおもひあり」「その年耳順に越ければ，子息に家業をゆづりて，……近きわたりの説法などをも，おこたらず聴聞し」ていたところ，「折ふし徳本行者，

当浦に来りて念仏弘通ありしかば，十助渡りに船を得たる心地にして，日々行者のもとにまうでて聞法に心勇ミ，称名に疲れをわすれて，帰敬他に異なり」（笠原，1980：208）と，1798（寛政10）年の秋には薙染して，了祐と称したという（『近世南紀念仏往生伝』巻3）。

　ついで，三州西幡豆郡田原出身の加藤利右衛門は，「不惑の頃所由アリテ厭離の心切ニ越リ，遂ニ忍誉良済上人上人ハ斎戒念仏ノ導師，当時化益甚多シニ随テ祝髪」し，明誉了普と号した（桂鳳編『現証往生伝』巻中―元文4〈1739〉年作）（笠原，1978：190）。後に生誉誓蓮と称した泉州堺の某は，「当初獅谷忍澄（澂）上人泉南ノ阿弥陀寺住職ノ砌，往生要集ノ談講アリシニ，日々講エンニ預リ，忽チ発心シ遂ニ上人ノ弟子」（笠原，1978：191）となっている（同上）。三州吉良一色村の農夫磯八は，あざなを念仏磯八といい，後に剃髪し常念と称した。かれは「帰三宝の志深くして，専安養を欣求し，弥陀を常念せり。紀伊の徳本上人の高徳を伝へき，て深く彼上人を帰崇」し，「…後ハ農業の忽々たる中よりも怠りなく念仏相続しけるが，終に五十七歳の頃より家業を閣」（笠原，1979：319）いたという（音空編『専念往生伝』一慶応元〈1865〉年頃作）。同国同郡寺津村の農夫作右衛門は，「壮年の頃ハ気質強剛なりしが，老衰に及で発心し，嘉永五子年，同村妙光寺遍空上人を拝して剃髪」（笠原，1979：355）して，即日同寺の念仏堂の結衆に加わっている。

　最後に，豆州韮山出身の某は，「幼年より禅機ありて所々の知識に参じけれども，諸法皆空をあやまり解了して空見に堕」していたところ，「ある時統誉上人の門人大見師に謁し浄土の安心をなぢり尋しに，師の教難易の弁別親切なりしかば，終に吉水の正意を会得し，たちどころに発心して瀧山大善寺統誉上人に随ひ剃髪」（大橋，1981：428）して直信と号した（隆円編『近世念仏往生伝』五編巻二―文政13〈1830〉年）。

　以上，『往生伝』にみえる何人かの発心→剃髪→道心者成へのコースを眺めてきた結果，宗教上の師と出会う以前の信仰生活には個々に差異がありながらも，究極的には傍線で示したごとき上人（念仏聖）たちとの邂逅こそが，宗教

的回心のうえに決定的な影響をもたらしていたのであった。しかも重要なことは，『往生伝』に伝えられるこうした事例を決して特殊なものとみなすべきではなく，むしろ上記のような僧侶たちの巡教遊化するところ，幾多の発心剃髪者（道心者）を輩出せしめずにはおかなかったであろう。このような点は，これまでに拙著で取りあげてきた「念仏聖」による民衆教化の証ともいえよう（長谷川，1988，2003）。

註
(1) 剃髪して「法子」号を授与されるということは，「○○法子」と称される者は道心者であることの証明である。なお「法師」と記されている場合に，同義とみてよい例も多い。
(2) 笠原一男編『近世往生伝集成』全3巻（山川出版社，1978～1980年）に多く収録。

引用・参考文献
大阪市史編纂所（1987）「御津八幡宮・三津家文書 上・下」『大阪市史料17・18輯51』大阪市史料調査会
大橋俊雄（1981）『専念寺隆圓上人集』大和学芸図書
笠原一男（1978）『近世往生伝集成 第1巻』山川出版社
笠原一男（1979）『近世往生伝集成 第2巻』山川出版社
笠原一男（1980）『近世往生伝集成 第3巻』山川出版社
菊池武（1992）「道心と同宿―その実態と活動内容―」『印度学佛教学研究 第40巻第2号』日本印度学仏教学会
公田連太郎編（1989）『至道無難禅師集 新装』春秋社
塚田孝（2005）「身分的周縁論―勧進の併存を手がかりとして―」『日本史講座六 近世社会論』東京大学出版会
塚田孝（2006）「都市の周縁に生きる―17世紀の大坂・三津寺町―」『都市の周縁に生きる 身分的周縁と近世社会4』吉川弘文館
長谷川匡俊（1988）「第4章第4節 民間宗教者としての道心者」『近世浄土宗の信仰と教化』渓水社
長谷川匡俊（2003）『近世の念仏聖無能と民衆』吉川弘文館
長谷川匡俊（2019）「浄土宗関東十八檀林・大念寺日鑑2」『淑徳大学アーカイブズ叢書8 浄土宗関東十八檀林・大念寺日鑑』淑徳大学アーカイブズ
望月信亨（1963）『仏教大辞典 増訂版 第4巻』世界聖典刊行協会

長谷川 匡俊先生　略歴
（はせがわ　まさとし）

履歴概要

1943（昭和18）年 2 月 28 日　出生
1965（昭和40）年　明治大学 文学部 史学地理学科 日本史専攻卒業
1967（昭和42）年　同 大学院 文学研究科史学専攻　修士課程修了（文学修士）
1969（昭和44）年　淑徳大学 社会福祉学部 専任講師
1973（昭和48）年　同　助教授
1981（昭和56）年　同　教授
1990（平成 2 ）年　淑徳大学 第 9 代学長
1996（平成 8 ）年　長谷川仏教文化研究所 第 2 代所長
2002（平成14）年　学校法人大乗淑徳学園 第 5 代理事長
2004（平成16）年　博士号取得（文学）大正大学
2010（平成22）年　淑徳大学アーカイブズ 所長
2013（平成25）年　淑徳大学 名誉教授

社会活動

宗教法人 大巖寺 第 61 世住職（1966 年～現在）
社会福祉法人 淑徳福祉会 理事長（2005 年～現在）
社会福祉法人 龍澤園 理事長（1973 ～ 2001 年）
学校法人大巖寺学園 理事長（1991 ～ 2006 年），相談役（2006 年～現在）
一般社団法人 日本社会福祉士養成校協会 会長（2011 ～ 2017 年），理事（2001 ～ 2005 年）
一般社団法人 日本ソーシャルワーク教育学校連盟 理事（2017 ～ 2019 年）
一般社団法人 日本ソーシャルワークセンター 評議員（2023 年～現在）
千葉県私立大学短期大学協会 会長（2008 ～ 2020 年），理事（2002 年～現在）
公益財団法人 千葉県私学教育振興財団 理事（2011 ～ 2021 年），評議員（2021 年～現在）
公益財団法人 板橋区文化・国際交流財団 理事（2001 ～ 2011 年），評議員（2012 年～現在）
社会福祉法人 恩賜財団済生会 理事（2012 年～現在）
公益財団法人 ユニベール財団 理事（2005 年～現在）
千葉刑務所 教誨師（1982 ～ 2013 年），篤志面接委員（1984 ～ 2021 年）
公益財団法人 全国青少年教化協議会 代表理事（2024 年～現在），理事（2017 ～ 2024 年）

学会活動

日本仏教社会福祉学会 代表理事（2000 〜 2005 年，2014 〜 2017 年），理事（1975 〜 2020 年）
地域社会福祉史研究会連絡協議会 会長（2000 年〜現在）
社会事業史学会 理事（2003 〜 2009 年）
日本社会福祉学会
仏教史学会
仏教看護・ビハーラ学会
日本近代仏教史研究会
地方史研究協議会 常任委員（1980 〜 1985 年）
浄土宗総合研究所 客員教授（1995 〜 2018 年）
浄土宗教学院 理事（2006 〜 2020 年）

長谷川匡俊先生関係文献目録

（2024 年 12 月現在）

【A】単　著

1. 『近世念仏者集団の行動と思想　―浄土宗の場合―』（日本人の行動と思想 45）評論社，1980 年 8 月．
2. 『龍が澤折々の記』大巖寺文化苑出版部，1987 年 4 月．
3. 『近世浄土宗の信仰と教化』渓水社，1988 年 2 月．
4. 『トゥギャザー　ウィズ　ヒム　―長谷川良信の生涯―』新人物往来社，1992 年 11 月．（英語版：Masatoshi Hasegawa: "*Together with him: the life of Ryoushin Hasegawa*," Translated and edited by Yoshie Dozono, Mahayana Gakuen, 2015 年 3 月）．
5. 『仏教福祉の思想　―生・老・病・死と福祉―』私家版，1997 年 9 月．
6. 『長谷川良信』（シリーズ・福祉に生きる 24）大空社，1999 年 11 月．
7. 『大巖寺史話　―大巖寺開創 450 年記念出版―』大巖寺文化苑出版部，2001 年 8 月．
8. 『宗教福祉論』医歯薬出版，2002 年 7 月．
9. 『長谷川良信のブラジル開教　―その理念と実践―』（ブラジル開教 50 周年記念出版）大巖寺文化苑出版部，2003 年 6 月．

10. 『近世の念仏聖無能と民衆』吉川弘文館，2003年9月．
11. 『近世の地方寺院と庶民信仰』岩田書院，2007年5月．
12. 『社会派仏教者・長谷川良信の挑戦 ―宗教・社会福祉・教育の三位一体による人間開発・社会開発―』社会福祉法人マハヤナ学園，2010年10月．
13. 『念仏者の福祉思想と実践 ―近世から現代にいたる浄土宗僧の系譜―』法藏館，2011年5月．
14. 『支え合う社会に ―宗教と福祉と教育と―』高陵社書店，2011年10月．
15. 『無能上人』守一山学運院無能寺，2012年5月．
16. 『続・龍が澤折々の記』大巖寺文化苑出版部，2013年2月．
17. 『淑徳人へのことば ―共生と実学の気風―』（淑徳選書4）淑徳大学長谷川仏教文化研究所，2016年3月［主として『淑徳大学広報（Together）』への寄稿文から成る］．
18. 『長谷川良信の生涯 ―トゥギャザー・ウィズ・ヒム―』（淑徳選書7）淑徳大学長谷川仏教文化研究所，2020年2月［4を改題・改訂し再刊したもの］．
19. 『近世浄土宗・時宗檀林史の研究』法藏館，2020年3月．
20. 『長谷川良信と近代社会事業の先覚者たち ―戦前期仏教社会事業点描―：生誕130年記念出版』淑徳大学アーカイブズ，2020年11月．
21. 『仏教福祉の考察と未来 ―仏教の死生観―』国書刊行会，2021年3月．
22. 『近世民衆の念仏者群像 ―浄土宗の往生論・往生伝にみる―』（淑徳選書11）淑徳大学長谷川仏教文化研究所，2024年1月．

【B】共　著

23. 『臨終行儀 ―日本的ターミナル・ケアの原点―』神居文彰・田宮仁・藤腹明子との共著，渓水社，1993年11月［「序」，「第3章「臨終行儀」 ―原文・書き下ろし文・現代語訳―」，「第5章「往生伝」にみる看病・看死 ―臨終行儀の実践―」］．
24. 『日本仏教福祉思想史』吉田久一との共著，法藏館，2001年7月．
25. 『与えあうかかわりをめざして』（福祉の役わり・福祉のこころ2）阿部志郎・濱野一郎との共著，聖学院大学出版会，2009年10月［「福祉教育における宗教の役割」］．

【C】編著，共編著

26. 『千葉県社会事業史年表』千葉県社会事業史研究会編，1977年2月．
27. 『江戸幕府寺院本末帳集成』全3巻，圭室文雄編，雄山閣出版，1981年11月．
28. 『千葉県浄土宗寺院誌』千葉県浄土宗寺院誌刊行委員会編，浄土宗千葉教区教務所，1983年12月［「〈解説論文〉千葉県における浄土宗寺院の成立と展開」］．
29. 『社会福祉法人マハヤナ学園六十五年史　資料編』，社会福祉法人マハヤナ学園，

1．近世の民間宗教者「道心者」の世界　　21

1984 年 3 月［「『資料編』の編集にあたって」］．
30．『社会福祉法人マハヤナ学園六十五年史　通史編』，社会福祉法人マハヤナ学園，1985 年 10 月［「はじめに」，「序章」，「おわりに」］．
31．『人物でつづる千葉県社会福祉事業のあゆみ』千葉県社会事業史研究会編，崙書房，1985 年 12 月［「千葉県社会事業小史」，「伊能忠敬と伊能家歴代の人々」，「永沢氏三代（兵庫・征俊・俊順）」，「平山満晴と同忠兵衛（正義）」，「大原幽学」，「宮負定雄」，「山崎由良治と堀田正睦」，「大高善兵衛」，「平山仁兵衛」，「鈴木雅之」，「江沢述明，同潤一郎と佐久間帯刀」，「柴原和」，「千葉県社会事業略年表」］．
32．『近代浄土宗の社会事業　―人と実践―』相川書房，1994 年 3 月［「序」，「椎尾弁匡と慈友会」，「長谷川良信とマハヤナ学園」，「横内浄音と上田明照会」，「名越隆成と隠岐共生学園」，「小野説愛・河木真静と安房保育園」，「川添諦信と佐世保養老院」，「新森貫瑞とナーランダ学園」，「浄土宗関係社会事業年表」］．
33．『仏教と福祉』田宮仁・宮城洋一郎との共編著，渓水社，1994 年 3 月［「序」，「第 2 章　歴史的研究の日本近代」，「第 3 章　分野別研究の児童福祉・障害者福祉・司法福祉」，「部落問題」，「第 4 章　鼎談」］．
34．『原典仏教福祉』原典仏教福祉編集委員会編，北辰堂，1995 年 3 月［「はじめに」，「臨終正念訣」，「源信」，「良忠」，「浄土宗捨世派の人びと」，「無能」，「近世往生伝の人びと」，「白隠（施行歌）」，「法道」］．
35．『学校法人大乗淑徳学園 100 年史　資料編』大乗淑徳学園 100 年史資料編編集委員会（委員長・長谷川匡俊），大乗淑徳学園，1996 年 11 月［「大乗淑徳学園 100 年史資料編の編集を終えて」］．
36．『長谷川良信語録』長谷川仏教文化研究所，1998 年 5 月．
37．『日本仏教福祉概論　―近代仏教を中心に―』池田英俊・芹川博通との共編著，雄山閣，1999 年 10 月［「〈近世〉江戸時代の仏教福祉」］．
38．『ボランティアの時代　―「共生」の思想を考える―』淑徳大学エクステンションセンター編（編集代表・長谷川匡俊），中央法規出版，2003 年 4 月［「ボランティアの理念」］．
39．「戦後仏教系社会福祉事業の歴史と現状に関する総合研究」平成 12 ～ 14 年度科学研究費補助金（基盤研究（B）(1)：研究代表者　長谷川匡俊）研究成果報告書『戦後仏教系社会福祉事業の歴史と現状に関する総合研究』，2003 年 6 月［「はじめに」］．
40．(同　資料編 1)『戦後仏教系社会福祉年表』，2003 年 6 月．
41．(同　資料編 2)『仏教系社会福祉施設団体一覧・仏教社会福祉事業活動統計一覧』，2003 年 6 月．
42．『今を生きて老いと死を生きる　―大乗仏教の共生の教え―』淑徳大学エクステンションセンター編（編集代表・長谷川匡俊），青娥書房，2004 年 4 月．
43．「地域における社会福祉形成史の総合研究」平成 15 ～ 17 年度科学研究費補助金

(基盤研究（B）(1)：研究代表者　長谷川匡俊）研究成果報告書『地域における社会福祉形成史の総合的研究』，2006 年 6 月．
44. 『戦後仏教社会福祉事業の歴史』法藏館，2007 年 5 月［「序」，「結語」］．
45. 『戦後仏教社会福祉事業史年表』法藏館，2007 年 5 月［「緒言」］．
46. 『〈長谷川良信先生生誕 120 年記念展図録〉Not for him, But together with him ―宗教・社会福祉・教育の三位一体による人間開発・社会開発―』淑徳大学，2010 年 10 月．
47. 『社会福祉士相談援助演習　第 2 版』日本社会福祉士養成校協会監修，上野谷加代子・白澤政和・中谷陽明との共編，中央法規出版，2014 年 2 月［「はじめに」］．
48. 吉田久一著『日本社会事業思想小史　―社会事業の成立と挫折―』永岡正己・宇都榮子との共編著，2015 年 10 月［「吉田史学における仏教と社会福祉の研究」］．
49. 『現代日本における仏教社会福祉事業の歩み　―2001〜2010 年―』淑徳大学長谷川仏教文化研究所，2018 年 12 月［「序」，「結語」］．
50. 『吉田久一とその時代　―仏教史と社会事業史の探求―』大谷栄一・大友昌子・永岡正己・林淳との共編著，2021 年 3 月［「吉田久一の「仏教福祉」の歴史研究について　―「否定の論理」の視点から―」］．

【D】編集・校訂

51. 『大巌寺文書』全 5 巻，大巌寺文化苑出版部，1969 年 4 月〜1972 年 11 月．
52. 『長谷川良信選集（上）』大乗淑徳学園出版部，1972 年 7 月．
53. 『長谷川良信選集（下）』大乗淑徳学園出版部，1973 年 3 月．［「解説・長谷川良信と佛教および教育」，「解題（下巻）」］
54. 『専念法語』京都専念寺，1976 年 4 月．
55. 『遊行日鑑』全 3 巻，圭室文雄編，角川書店，1977 年 3 月〜1979 年 3 月．
56. 『近世往生伝集成』全 3 巻，笠原一男編，山川出版社，1978 年 3 月〜1980 年 2 月［「『現証往生伝』について」第 1 巻，「『新聞顕験往生伝』について」第 2 巻，「『近世南紀念仏往生伝』と『近世淡海念仏往生伝』について」，「『日課念仏投宿編』について」第 3 巻］
57. 『全国時宗史料所在目録』圭室文雄編，大学教育社，1982 年 2 月．
58. 『長谷川良信「第二次ブラジル遊記」』長谷川仏教文化研究所，1987 年 3 月．
59. 『長谷川良信全集』全 4 巻監修，日本図書センター，2004 年 5 月．

【E】論文，図書の分担執筆，史料紹介，人物紹介，解説，書評ほか

1. 「古代における毘沙門天信仰」『史元』2-1，1966 年 2 月．
2. 「戦国期関東浄土宗教団の地域展開　―下総・相模を中心として―」『淑徳大学研究紀要』2，1968 年 3 月．
3. 「浄土宗田舎檀林考　―江戸時代後期下総国生実大巌寺の場合―」『日本佛教』31，

1970年2月.
4. 「浄土宗檀林における本末関係の一考察　―江戸時代中末期生実大厳寺をめぐって―」『淑徳大学研究紀要』4, 1970年3月.
5. 「マハヤナ学園と創立者長谷川良信」『近代日本仏教社会事業の研究　―マハヤナ学園と長谷川良信―』長谷川仏教文化研究所編, 1970年3月.
6. 「浄土宗檀林をめぐる民衆教化の諸相　―江戸中・後期の田舎檀林の場合―」『駿台史學』29, 1971年9月.
7. 「浄土宗檀林についての覚書　―田舎檀林の史料調査から―」『淑徳大学研究紀要』6, 1972年3月.
8. 「明治初頭における千葉県の救済制度概観」『淑徳大学研究紀要』7, 1973年3月.
9. 「近世浄土宗の道心者について」『浄全月報』28, 1973年3月.
10. 「近世時宗教団の学寮制度覚書」『長谷川仏教文化研究所年報』1, 1974年3月.
11. 「近世の飯沼観音と庶民信仰　―開帳と本堂再建勧化をとおしてみたる―」『淑徳大学研究紀要』8, 1974年3月.
12. 「地方における浄土宗檀林の成立と展開　―常陸国江戸崎大念寺の場合―」『地方史研究』24-5, 1974年10月.
13. 「地方における浄土宗檀林の展開（1）　―江戸崎大念寺を中心として―」『佛教論叢』18, 浄土宗, 1974年11月.
14. 「地方における浄土宗檀林の展開（2）　―瓜連常福寺檀林における末寺・大衆騒動の意味するもの―」『佛教論叢』18, 浄土宗, 1974年11月.
15. 「関東浄土宗教団の末寺統制　―檀林における本末関係をめぐって―」『日本における政治と宗教』笠原一男編, 吉川弘文館, 1974年11月.
16. 「地方における浄土宗檀林の展開　―鎌倉光明寺「入寺帳」の分析を通してみたる―」『佛教文化研究』21, 1975年10月.
17. 「千田称念寺歯吹如来開帳ノート」『房総の郷土史』4, 1976年3月.
18. 「近世後期房総社会事業史の研究（1）」『淑徳大学研究紀要』9/10, 1976年3月.
19. 「常陸国瓜連常福寺における末寺・大衆騒動と檀林の構造」『長谷川仏教文化研究所年報』2, 1976年6月.
20. 「民間宗教者の典型　―浄土宗の道心者をめぐって―」『日本史における民衆と宗教』下出積與編, 山川出版社, 1976年7月.
21. 「寺檀制度と先祖供養」『大法輪』43-9, 1976年9月.［のち『先祖供養と葬送儀礼』（大法輪選書17), 1985年10月に改稿して収録.］
22. 「「現証往生伝」について」『日本仏教』39, 1976年12月.
23. 「近世浄土宗における布教者と民衆　―在家五重の定着過程にみる―」『日本宗教史論集』下, 笠原一男博士還暦記念会編, 吉川弘文館, 1976年12月.
24. 「中世仏教と千葉氏」『千葉氏研究の諸問題』千葉県郷土史研究連絡協議会編, 千秋社, 1977年3月.

25. 「浄土宗の動向」『日本宗教史Ⅱ』笠原一男編, 山川出版社, 1977年12月.
26. 「近世仏教と慈善救済 ―浄土宗における教化と慈善―」『長谷川仏教文化研究所年報』5, 1977年12月.
27. 「布施弁天と庶民信仰」『日本宗教の複合的構造』桜井徳太郎編, 弘文堂, 1978年7月.
28. 「(第2章) 浄土宗念仏者の理想的人間像 ―後期―」『近世往生伝の世界』笠原一男編著, 教育社, 1978年9月.
29. 「瓜連常福寺檀林と水戸藩の諸檀林」『茨城県の思想・文化の歴史的基盤』地方史研究協議会編, 雄山閣, 1978年10月.
30. 「『近世念仏往生伝』と専念寺隆円」『浄土宗の諸問題』藤井正雄編, 雄山閣, 1978年11月.
31. 「近世浄土宗の布教統制と布教者の姿勢」『日本における国家と宗教』下出積與編, 大蔵出版, 1978年12月.
32. 「時宗の学寮と修学生活」『遊行日鑑』3, 角川書店, 1979年2月.
33. 「地方社会事業史の試み」『千葉県社会事業史研究』1, 1979年9月.
34. 「〈史料紹介〉木更津町『人世援護会』の設立について」『千葉県社会事業史研究』1, 1979年9月.
35. 「郷土の社会事業を担った人びと① ―伊能忠敬の救済事跡―」『千葉県社会事業史研究』1, 1979年9月.
36. 「近世浄土宗における理想的僧侶像」『近世仏教の諸問題』圭室文雄・大桑斉編, 雄山閣, 1979年12月.
37. 「郷土の社会事業を担った人びと② ―永沢氏三代の救済事跡―」『千葉県社会事業史研究』2, 1980年3月.
38. 「近世遊行上人の房総巡行ノート」『長谷川仏教文化研究所年報』7, 1980年3月.
39. 「郷土の社会事業を担った人びと③ ―宮負定雄の救済論―」『千葉県社会事業史研究』3, 1980年9月.
40. 「(第3章) 近世における罪と罰」『罪と罰 ―日本民衆信仰史―』笠原一男編著, 教育社, 1980年9月.
41. 「〈巻頭言〉留岡幸助の千葉県地方視察記 (1)」『千葉県社会事業史研究』3, 1980年9月.
42. 「捨世念仏者無能と「近代奥羽念仏験記」『仏教の歴史と文化』仏教史学会編, 同朋舎, 1980年12月.
43. 「千葉県仏教社会事業協会の設立とその活動」『千葉県社会事業史研究』4, 1981年3月.
44. 「留岡幸助の千葉県地方視察記 (2)」『千葉県社会事業史研究』4, 1981年3月.
45. 「北条的門の教化姿勢 ―維新政府の宗教政策下にみる―」『長谷川仏教文化研究所年報』8, 1981年3月.

46. 「近世仏教と檀林」『探訪日本の古寺 3　東京・鎌倉』小学館，1981 年 6 月．
47. 「(近世) 檀家制度と檀林制度」「(近世) 往生伝にみる浄土宗の布教と信仰」『日本人の宗教の歩み』池田英俊・大濱徹也・圭室文雄編，大学教育社，1981 年 7 月．
48. 「近世遊行上人の四国巡行」『地方史研究』31(5)，1981 年 10 月．
49. 「近世奥羽の念仏僧月泉・待定　―月泉編「待定法師忍行念仏伝」をめぐって―」『日本仏教』53，1981 年 12 月．
50. 「増上寺所蔵〈入寺帳〉の研究 (1)　―増上寺における年次別入寺者数の推移―」『長谷川仏教文化研究所年報』9，1982 年 3 月．
51. 「佐原観福寺と伊能氏」『論集・房総史研究』川村優編，名著出版，1982 年 5 月．
52. 「『大衆帳』からみた時宗の学寮と修学生活」『庶民信仰の源流　―時宗と遊行聖―』橘俊道・圭室文雄編，名著出版，1982 年 6 月．
53. 「洛東専念寺隆円講説『誘蛙談売称神道評判』」『近世佛教』18，1983 年 3 月．
54. 「長谷川良信年譜」『長谷川仏教文化研究所年報』10，1983 年 3 月．
55. 「増上寺所蔵『入寺帳』の研究 (2)」『長谷川仏教文化研究所年報』10，1983 年 3 月．
56. 「女性と仏教」『心のやすらぎを求めて―日本人と仏教―』大乗淑徳学園コミュニティ・カレッジ監修，みくに書房，1983 年 4 月．
57. 「生きざまと死にざま　―近世浄土宗の女人往生―」『女人往生』笠原一男編著，教育社，1983 年 5 月．
58. 「千葉県における明治初年の育児制度」『社会事業史研究』11，1983 年 9 月．
59. 「雲説と七日別行百万遍」『佛教論叢』27，浄土宗，1983 年 9 月．
60. 「近世の往生者たち」『法然と浄土信仰』読売新聞社，1984 年 3 月．
61. 「増上寺所蔵『入寺帳』の研究 (3)」『長谷川仏教文化研究所年報』11，1984 年 3 月．
62. 「近世念仏者と外来思想　―黄檗宗の念仏者独湛をめぐって―」『季刊・日本思想史』22，1984 年 4 月．
63. 「地方における浄土宗檀林の成立と展開　―常陸国江戸崎大念寺の場合―」『法然上人と浄土宗』(日本仏教宗史論集 5) 伊藤唯真・玉山成元編，吉川弘文館，1985 年 2 月．
64. 「本末制度の成立と展開　―浄土宗―」『歴史公論』通巻 111，1985 年 2 月．
65. 「近世における専阿の「西方四十八願所」巡拝について」『淑徳大学研究紀要』19，1985 年 3 月．
66. 「近代の宗教」『新版・地方史研究必携』岩波書店，1985 年 5 月．
67. 「千葉県における明治初年の育児制度 (1)」『千葉県社会事業史研究』11，1986 年 2 月．
68. 「房総の古寺巡礼　上・下」『カルチャー千葉』9・10，1986 年 3・10 月．
69. 「宮内文作」「二宮わか」「佐竹音次郎」「安田亀一」「久保寺保久」『日本社会福祉

人物史（上）』田代国次郎・菊池正治編著，相川書房，1986年5月．
70.「近世仏教の庶民教化 ―諦忍の密教的諸教一致観―」『体系・仏教と日本人4・因果と輪廻』大隈和雄編，春秋社，1986年8月．
71.「近世の浄土宗念仏者雲説と七日別行百万遍」『論集日本仏教史7・江戸時代』圭室文雄編，雄山閣，1986年10月．
72.「近世念仏聖の信仰と修行 ―浄土宗念仏信仰史の視点から―」『聖と民衆』（仏教民俗学体系2）萩原龍夫・真野俊和編，名著出版，1986年11月．
73.「〈資料紹介〉大正大学社会事業研究室　昭和11年度「関東六県社会事業見学報告」」『千葉県社会事業史研究』12，1986年11月［「まえがき」］．
74.「浄土宗社会事業史の基礎的研究」（坂上雅翁・小此木輝之・落合崇志・石川到覚との共著）『佛教論叢』31，浄土宗，1987年9月．
75.「〈新人物ノート①〉石井啓一郎と房総有隣園」『千葉県社会事業史研究』13/14，1987年10月．
76.「〔III-2 民間信仰調査の方法〕2　文書（信仰関係）」『民間信仰調査整理ハンドブック《下・実際編》』圭室文雄他編，雄山閣，1987年11月．
77.「近世後期における房総寺院の分布と本末組織」『近世の村と町』川村優先生還暦記念会編，吉川弘文館，1988年1月．
78.「〈史料紹介〉長谷川良信『第一次ブラジル遊記』補遺 ―日誌・メモ・日伯寺建設趣意書―」『長谷川仏教文化研究所年報』15，1988年3月．
79.「浄土宗の檀林教育における法問と講釈」『日本宗教史論纂』下出積與編，桜楓社，1988年5月．
80.「〈新人物ノート②〉上野純良と銚子保育園」『千葉県社会事業史研究』15，1988年8月．
81.「浄土宗社会事業史の基礎的研究 ―大正期の寺院改造と社会事業―」『佛教論叢』32，浄土宗，1988年9月．
82.「〈ブラジル調査中間報告（1）〉長谷川良信のブラジルにおける足跡」『長谷川仏教文化研究所年報』16，1989年3月．
83.「大正期の「寺院改造」運動における慈友会の社会事業」『佛教福祉』15，1989年3月．
84.「沼田多美」「平野恒」『日本社会福祉人物史（下）』田代国次郎・菊池正治編著，相川書房，1989年6月．
85.「伊勢国木造引接寺法道の教化と慈善」『三重の古文化』62，1989年9月．
86.「〈新人物ノート③〉光田鹿太郎と千葉県育児園」『千葉県社会事業史研究』16，1989年11月．
87.「長谷川良信のブラジル開教」『長谷川仏教文化研究所年報』17，1990年3月．
88.「横内浄音と上田明照会の社会事業」石川到覚・落合崇志との共著，『佛教文化研究』34，1990年3月．

89. 「近世天台律宗の復興者法道の行動と思想」『淑徳大学研究紀要』25, 1991年3月.
90. 「江戸時代の「臨終行儀」史料の紹介と若干の考察」『淑徳大学大学院研究紀要』1（創刊号）, 1992年2月.
91. 「〈資料紹介〉明治末・大正期における長谷川良信の書簡」『長谷川仏教文化研究所年報』19, 1992年3月.
92. 「江戸後期における浄土宗名越派檀林の実況 ―『入寺帳』を通してみたる―」『長谷川仏教文化研究所年報』20, 1993年3月.
93. 「〈巻頭言〉人物史研究の課題」『社会事業史研究』21, 1993年9月.
94. 「日本仏教の歴史にみる福祉の実践と思想 ―「捨世型福祉」に学ぶもの―」『賀川豊彦学会論叢』9, 1994年3月.
95. 「近世の念仏聖無能の教化と天童青柳家の信仰と慈善」『淑徳大学研究紀要』29, 1995年3月.
96. 「近世仏教と末期の看取り ―浄土宗の場合―」『民衆宗教の構造と系譜』圭室文雄編, 1995年4月.
97. 「〈人物紹介〉千葉県の社会事業家と加藤一郎の足跡」『千葉県社会事業史研究』23, 1995年11月.
98. 「「死への智慧」を学ぶ」『大法輪』62-12, 1995年12月〔『仏教福祉の考察と未来 ―仏教の死生観―』に再録〕.
99. 「近世念仏聖の教化と治病」『淑徳社会福祉研究』4, 1996年3月.
100. 「長谷川冬民『社会事業とは何ぞや』〈解説〉」『戦前期社会事業基本文献集25』, 1996年3月.
101. 「橋川正『日本仏教と社会事業』〈解説〉」『戦前期社会事業基本文献集29』, 1996年3月.
102. 「〈新刊紹介〉芹川博通『経済の倫理 ―宗教にみる比較文化論―』」『日本近代仏教史研究』3, 1996年3月.
103. 「増上寺と関東十八檀林」『図説日本仏教の歴史・江戸時代』圭室文雄編, 佼成出版社, 1996年11月.
104. 「千葉県における方面委員活動の研究（1）」（金子光一・前田寿紀との共著）『淑徳大学社会学部研究紀要』31, 1997年3月.
105. 「〈史料紹介〉『勧化道場奇特集』」『長谷川仏教文化研究所年報』21, 1997年3月.
106. 「近世・近代浄土宗における仏教福祉思想の系譜」『大正大学研究論叢』5, 1997年3月.
107. 「法然の法語に福祉の思想を問う」『教化研究』8, 浄土宗総合研究所, 1997年3月.
108. 「〈書評〉上原英正『福祉思想と宗教思想 ―人間論的考察―』」『淑徳大学大学院研究紀要』4, 1997年3月.
109. 「信仰の灯を」『長谷川よし子先生 追悼集』大乗淑徳学園, 1997年3月.

110. 「〈人物・施設ノート〉坂巻顕三と同情園上総分園」『千葉県社会事業史研究』26, 1998年10月.
111. 「圭室諦成先生との出会いと学び」『三十三回忌記念・圭室諦成先生を偲ぶ ―明治大学の教え子から―』同編集委員会編, 1998年10月.
112. 「浄土教における仏教福祉思想の系譜(2) ―貞極の施行観―」『水谷幸正先生古稀記念論集・佛教福祉研究』同記念会編, 思文閣出版, 1998年12月.
113. 「続・念仏聖無能の巡教と没後の無能敬慕と霊験」『長谷川仏教文化研究所年報』23, 1999年3月.
114. 「前近代における浄土宗と福祉実践の歴史」「浄土宗における福祉活動の展望」『浄土宗と福祉』浄土宗社会福祉事業協会, 1999年3月.
115. 「〈人物・施設ノート〉草創期の方面委員・関谷憲次 ―方面事業論に着目して―」『千葉県社会事業史研究』27, 1999年10月.
116. 「『往生伝』の人びと」『現代日本と仏教 Ⅰ 生死観と仏教 ―人の死とは何か―』池田英俊他編, 平凡社, 2000年2月.
117. 「戦前・戦後の司法福祉の歴史」(梅原基雄との共著)『現代日本と仏教 Ⅳ 福祉と仏教 ―救いと共生のために―』池田英俊他編, 平凡社, 2000年3月.
118. 「大正・昭和戦前戦時期の寺院社会事業について」『近代仏教』7, 2000年3月.
119. 「持律念仏者不能と無能寺(下)」『長谷川仏教文化研究所年報』24, 2000年3月.
120. 「仏教と福祉の結合から見えてくるもの」『季刊・仏教』51, 法藏館, 2000年8月.
121. 「持律念仏者不能と無能寺(上)」『仏教文化の基調と展開 ―石上善應教授古稀記念論文集―』第2巻, 同刊行会編, 2001年5月.
122. 「仏教者・長谷川良信の社会事業 ―その思想と寺院社会事業論―」『社会事業史研究』29, 2001年10月.
123. 「東総新四国八十八ヵ所霊場(浜大師)」『長谷川仏教文化研究所年報』26, 2002年3月.
124. 「近世の念仏聖関通の福祉思想」『社会福祉の思想と制度・方法 ―桑原洋子教授古稀記念論集―』桑原洋子教授古稀記念論集編集委員編, 永田文昌堂, 2002年3月.
125. 「近世の念仏聖・大日比三師の福祉思想」『日本仏教の形成と展開』伊藤唯真編, 法藏館, 2002年10月.
126. 「解題」『福祉思想 ―京極高宣著作集― 第7巻』京極高宣著, 中央法規出版, 2003年3月.
127. 「近世後期の東北地方の宗教事情と念仏聖の宗教活動」『東北仏教の世界 ―社会的機能と複合的性格―』大濱徹也編, 有峰書店新社, 2005年3月.
128. 「津軽の念仏聖の勧進と民衆救済」『長谷川仏教文化研究所年報』29, 2005年3月.
129. 「〈解説〉労働共済」(土井直子との共著)『労働共済』別冊, 不二出版, 2005年7

130.「追悼　吉田久一先生のご逝去を悼む」『近代仏教』12，2006 年 2 月．
131.「〔調査報告〕仏教福祉実践報告　―訪問調査を通して―」(徳田恵・石川到覚との共著)『日本仏教社会福祉学会年報』37，2006 年 3 月．
132.「大正期における渡辺海旭の労働者保護思想」『日本人の宗教と庶民信仰』圭室文雄編，吉川弘文館，2006 年 4 月．
133.「(2. 日本の社会福祉)①古代・中世・近世社会と慈善・救済」『エンサイクロペディア社会福祉学』岡本民夫他監修，中央法規出版，2007 年 12 月．
134.「(第 4 章　医療福祉と生命倫理) B．宗教と医療福祉」『医療福祉学の道標』日野原重明他監修，金芳堂，2011 年 1 月．
135.「八宗の泰斗福田行誡」『平成新修福田行誡上人全集　第 7 巻（研究篇）』USS 出版，2012 年 3 月．
136.「念仏と福祉」『浄土宗の教えと福祉実践』浄土宗総合研究所・仏教福祉研究会編，ノンブル社，2012 年 5 月．
137.「近世浄土宗寺院における教化と村民の信仰　―上総国蓮沼村の「一円浄土」と五重相伝―」『宇高良哲先生古稀記念論文集　―歴史と仏教―』2012 年 11 月．
138.「〈巻頭言〉吉田社会事業史学における仏教への視点」『社会事業史研究』44，2013 年 9 月．
139.「明治の念仏僧・原青民の研究」『現代社会と法然浄土教　―浄土宗総合研究所法然上人八百年大遠忌記念論文集―』同刊行会編，山喜房仏書林，2013 年 9 月．
140.「前近代の救済の諸相」『社会福祉学事典』（第 1 部　第 2 章　歴史）日本社会福祉学会，2014 年 5 月．
141.「反骨の新聞人・長谷川善治の生涯　―社会運動と弟・良信との関わりを中心に―」『千葉・関東地域社会福祉史研究』39，2014 年 12 月．
142.「明治の念仏僧・原青民の研究（2）　―山崎弁栄との影響関係から見えてくるもの―」『法然仏教の諸相』藤本淨彦先生古稀記念論文集刊行会編，法藏館，2014 年 12 月．
143.「共生の仏教福祉」『共生科学』6，日本共生科学会，2015 年 6 月．
144.「江戸中期における川越蓮馨寺檀林の運営管理と教育実施状況」『佛教文化研究』60，2016 年 3 月．
145.「近世往生伝の編者隆円の歌集『ちかひの松風』とその周辺　―史料紹介を通して―」『淑徳大学長谷川仏教文化研究所年報』42，2018 年 3 月．
146.「〈解説〉近世の常陸国江戸崎大念寺と所蔵『日鑑』について」『浄土宗関東十八檀林　大念寺日鑑　1』(淑徳大学アーカイブズ叢書 7)，淑徳大学アーカイブズ，2018 年 3 月．
147.「近代の念仏聖・山崎弁栄上人　―念仏聖の系譜の視点から―」『山崎弁栄上人論集』霊鷲山善光寺，2019 年 8 月．

148. 「近代の念仏聖・山崎弁栄　―念仏聖の系譜の視点から―」『佛教文化研究』64，2020 年 3 月．
149. 「『萬朝報』主筆在任中の長谷川良信の言説について　―昭和 4 年から同 6 年中頃まで―」『淑徳大学長谷川仏教文化研究所年報』45，2021 年 3 月．
150. 「長谷川善治の『萬朝報』社長時代の言説と行動について　―史料紹介を中心として―」『淑徳大学長谷川仏教文化研究所年報』46，2022 年 3 月．
151. 「日本仏教福祉史研究の方法と課題」『戦後社会福祉の歴史研究と方法　―継承・展開・創造―：社会事業史学会創立 50 周年記念論文集．第 1 巻（思想・海外）』2022 年 10 月．
152. 「反骨の新聞人・長谷川善治の実践思想　覚書」『淑徳大学長谷川仏教文化研究所年報』47，2023 年 3 月．
153. 「江戸時代の信仰と教化」『浄土宗開宗の総合的研究』浄土宗教学院編集，2024 年 4 月．

【F】講演録

1. 「〈基調講演〉日本的ターミナル・ケアのあり方を求めて　―仏教を中心にして―」『いのちの看取り　―仏教ターミナル・ケアへの展望―』佛教大学「仏教とターミナル・ケアに関する研究会」編，四恩社，1993 年 3 月．
2. 「臨終行儀の実際『死の儀礼―臨終から中陰を―問う―』」浄土宗東京教区青年会，1997 年 3 月．
3. 「〈講演録〉淑徳大学と 21 世紀の社会福祉」『淑徳社会福祉研究』9，2001 年 8 月．
4. 「ボランティアの理念」『ボランティアの時代　―「共生」の思想を考える―』淑徳大学エクステンションセンター編（編集代表・長谷川匡俊），中央法規出版，2003 年 4 月［『支え合う社会に　―宗教と福祉と教育と―』に再録］．
5. 「淑徳大学と大巌寺文化苑」平成 17 年度「淑徳大学総合福祉学部公開講座」講演録，2006 年［『社会派仏教者・長谷川良信の挑戦』に収録］．
6. 「末期の看取り　―臨終行儀書に学ぶ―」『浅草寺佛教文化講座　第 51 集』，浅草寺，2007 年 8 月［『支え合う社会に　―宗教と福祉と教育と―』に再録］．
7. 「〈基調講演〉淑徳大学の地域貢献について」『淑徳社会福祉研究』15，2008 年 3 月［『社会派仏教者・長谷川良信の挑戦』に再録］．
8. 「〈基調講演〉宗教教育に期待するもの」『佛教論叢』52，浄土宗，2008 年 3 月［『支え合う社会に　―宗教と福祉と教育と―』に再録］．
9. 「〈研究室開室 90 周年記念講演〉社会事業研究室と長谷川良信　―日本の福祉実践はマハヤナ学園から始まった―」『鴨台社会福祉学論集』18，2009 年 3 月［『社会派仏教者・長谷川良信の挑戦』に再録］．
10. 「福祉教育における宗教の役割」『与えあうかかわりをめざして』（福祉の役わり・福祉のこころ 2）阿部志郎・濱野一郎との共著，聖学院大学出版会，2009 年 10

月［『支え合う社会に　―宗教と福祉と教育と―』に再録］.
11. 「共に生きる　―共生社会の実現に向けて―」淑徳大学公開講座〈現代における生と死〉, 2010 年 2 月［『支え合う社会に　―宗教と福祉と教育と―』に収録］.
12. 「現代社会と死生観」『龍が澤』193-195, 大巌寺, 2010 年 5 月～8 月［『支え合う社会に　―宗教と福祉と教育と―』に再録］.
13. 「〈特別講義〉講義科目：長谷川良信の思想と生涯（平成 24 年 7 月 6 日）」『淑徳社会福祉研究』19, 2012 年 10 月.
14. 「〈大会記念講演〉支え合う社会に　―宗教と福祉と教育と―：「いのち」にふれ, みつめていくために―」『仏教看護・ビハーラ』8, 2013 年 12 月.
15. 「〈記念講演〉日本の社会福祉史における仏教の役割　―前近代における実践（者）の系譜」『淑徳社会福祉研究』21, 2014 年 10 月.
16. 「〈基調講演〉学会 50 年の学びと今後の課題　―キリスト教社会福祉の歴史的展開にも学びながら」『日本仏教社会福祉学会年報』48, 2018 年 3 月［『仏教福祉の考察と未来　―仏教の死生観―』に再録］.

【G】対談, 鼎談, 座談会, インタビュー

1. 「〈座談会〉"千葉県母子福祉の活動"を語る」『千葉県社会事業史研究』1, 1979 年 9 月［話者：沼田多美・高木正子, 聞き手：植山つる・長谷川匡俊］.
2. 「〈座談会〉千葉県における精神薄弱児・者福祉活動の歩み」『千葉県社会事業史研究』2, 1980 年 3 月［語り手：塚本伴治・渡邊実・宇佐美喜作, 聞き手：植山つる・菅野重道・長谷川匡俊］.
3. 「〈座談会〉千葉県における戦後福祉行政のあゆみ」『千葉県社会事業史研究』3, 1980 年 9 月［語り手：小川文生・山里忠男・寺島堅三・箱守仁一, 聞き手：植山つる・長谷川匡俊］.
4. 「御門主インタビュー」『仏教福祉』1, 浄土宗総合研究所, 1997 年 3 月［中村康隆猊下の聞き手を務める］.
5. 「〈座談会〉千葉県児童福祉のあゆみ」『千葉県社会事業史研究』4, 1981 年 3 月［語り手：三橋昌訓・小川貞雄・大塚憲清・塚本伴治, 聞き手：植山つる・長谷川匡俊］.
6. 「〈座談会〉千葉県社会事業の組織化のあゆみ」『千葉県社会事業史研究』5, 1981 年 9 月［語り手：渡辺実・山里忠男・岡島信勝。聞き手を務める］.
7. 「〈対談〉保護司 40 年　―加藤達穏先生に聞く―」『千葉県社会事業史研究』9・10 合併号, 1984 年 12 月.
8. 「〈鼎談〉学祖を語る　―宗教的信念を育んだ若き日の修行―」『淑徳大学広報』123, 1998 年 10 月［磯岡哲也・源昌久との鼎談。『淑徳人へのことば』に再録］.
9. 「浄土宗における福祉活動の展望　―座談会―」『浄土宗と福祉』浄土宗社会福祉事業協会発行, 1999 年 3 月［司会を務める。座談会参加者：水谷幸正・大島良

彦・江口定信］．

10. 「〈対談〉社会福祉は生と死にどう向き合うか」『月刊福祉』84-2，2001年2月［日野原重明との対談．『支え合う社会に ―宗教と福祉と教育と―』に再録］．
11. 「〈対談〉自分一人のために」『心の糧』381・382，(財)仏教振興財団，2001年［早川進との対談．司会：本間皓司．『仏教福祉の考察と未来 ―仏教の死生観―』に再録］．
12. 「〈対談〉支え合う社会とは ―人の幸せから―」『明日の友』165，2006年12月［阿部志郎との対談．『支え合う社会に ―宗教と福祉と教育と―』に再録］．
13. 「〈鼎談〉新生淑徳の教育改革がスタート(1)」『淑徳大学広報 Together』166，2007年4月［田中秀親・上田廣との鼎談．『淑徳人へのことば』に再録］．
14. 「〈鼎談〉新生淑徳の教育改革がスタート(2)」『淑徳大学広報 Together』167，2007年7月［同上］．
15. 「〈対談〉2008年。「共生」「地域福祉」の意味をあらためて問う ―孤独死を考える―」『淑徳大学広報 Together』169，2008年1月［中沢卓実との対談］．
16. 「〈対談〉孤独死は，生き方の問題」『団地と孤独死』中沢卓実・淑徳大学孤独死研究会共編，中央法規出版，2008年9月［中沢卓実との対談．進行役：結城康博．『仏教福祉の考察と未来 ―仏教の死生観―』に再録］．
17. 「〈対談〉マネジメントとは幸せを追求すること ―経営学と共生の理念との接点を探って」『淑徳大学広報 Together』183，2010年10月［岩崎夏海との対談．『支え合う社会に ―宗教と福祉と教育と―』に再録］．
18. 「〈公開対談〉林伊佐雄(三芳町長)・長谷川匡俊(淑徳大学学長)」『広報みよし』895，2011年9月．
19. 「〈対談〉森田健作千葉県知事×長谷川匡俊学長：少子高齢社会における福祉・教育を考える ―元気，笑顔，明るい声があふれる社会へ―」『淑徳大学広報 Together』189，2012年1月［司会：結城康博］．
20. 「〈巻頭インタビュー〉研究所設立50周年を迎えて ―長谷川匡俊所長に訊く―」『淑徳大学長谷川仏教文化研究所年報』44，2020年3月［聞き手：菊池義昭・古宇田亮修］．

【H】シンポジウム記録

1. 「誌上シンポジウム：仏教福祉を現代に問う」『仏教福祉』1，1997年3月［司会を務める］．
2. 「〔公開シンポジウム〕仏教福祉再考」『日本仏教社会福祉学会年報』28，1997年10月［シンポジストを務める］．
3. 「第2回仏教福祉シンポジウム：社会福祉改革への提言 ―仏教系福祉施設の現場から―」『仏教福祉』2，1998年3月［コーディネーターを務める］．
4. 「〔公開シンポジウム〕戦後日本の仏教系社会福祉事業の歩みと展望」『日本仏教

社会福祉学会年報』31，2000 年 9 月［コーディネーターを務める］．
5. 「第 3 回仏教福祉シンポジウム：祖師の教説と福祉思想」『仏教福祉』3/4，2001 年 3 月［コーディネーターを務める］．
6. 「第 4 回仏教福祉シンポジウム：仏教福祉の源流　行基に学ぶ」『仏教福祉』5，2002 年 3 月［コーディネーターを務める］．
7. 「〔第 36 回大会公開シンポジウム〕21 世紀における仏教福祉の課題と展望」『日本仏教社会福祉学会年報』33，2002 年 9 月［シンポジストを務める］．
8. 「第 6 回仏教福祉シンポジウム：寺院は地域の福祉にいかに貢献しうるか」『仏教福祉』7，2004 年 3 月［コーディネーターを務める］．
9. 「第 7 回仏教福祉シンポジウム：仏教教団の社会福祉活動の現状と課題　―宗団としての取り組みとその理念―」『仏教福祉』8，2005 年 3 月［コーディネーターを務める］．
10. 「〔第 40 回大会公開シンポジウム〕仏教とキリスト教の邂逅　―その福祉実践と課題―」『日本仏教社会福祉学会年報』37，2006 年 3 月［コーディネーターを務める］．
11. 「第 8 回仏教福祉シンポジウム：仏教教団の社会福祉活動の現状と課題②　―宗団としての取り組みとその理念―」『仏教福祉』9，2006 年 3 月［コーディネーターを務める］．
12. 「第 9 回仏教福祉シンポジウム：寺院を拠点とした福祉活動の現状と課題」『仏教福祉』10，2007 年 3 月［コーディネーターを務める］．
13. 「〔平成 18 年度浄土宗総合学術大会シンポジウム〕現代社会における慈悲」『佛教論叢』51，浄土宗，2007 年 3 月［司会を務める］．
14. 「第 10 回仏教福祉シンポジウム：浄土宗寺院社会福祉事業の振興に向けて」『仏教福祉』11，2008 年 3 月［コーディネーターを務める］．
15. 「〔シンポジウム〕800 年大遠忌後の浄土宗の課題と展望」『佛教論叢』57，浄土宗，2013 年 3 月［パネラーを務める］
16. 「〔シンポジウム〕現代社会における寺院の現状と課題　―江戸時代の浄土宗から今学ぶもの―」『佛教論叢』61，浄土宗，2017 年 3 月［司会を務める］．
17. 「〔第 54 回大会公開シンポジウム〕寺院による福祉活動　―浅草寺を中心にして―」『日本仏教社会福祉学会年報』51，2021 年 3 月［コメンテーターを務める］．

※本項は，長谷川匡俊先生より頂戴した資料を元に，古宇田亮修が編集した．誤植に関しては編集者がその責を負う．

2. 長谷川匡俊先生の研究に学ぶ
―日本仏教福祉史研究における課題設定を中心に―

宮城 洋一郎

　このたび，『長谷川匡俊先生頌寿記念論文集』編纂の報を受けて，永きにわたって薫陶を受けた者として，その学恩に報いるべく筆を執ることとした。筆者は長谷川匡俊先生（以下，敬称を略す）と同じように仏教史研究を起点に，社会福祉史，仏教福祉史研究へと進み，折々に幾多のご教示を頂いてきた。
　そこで，本章では，長谷川が取り組んできた研究の歩みを跡づけながら，日本仏教福祉史を広く展望していく視座を獲得してきたところを検証していくこととする。この視座を筆者なりの立場から解きほぐし，その研究から学ぶべきところを明らかにしていこうと考える。

第1節　問題の所在
1　課題設定から学ぶ
　まず，長谷川が近年，「日本仏教福祉史研究の方法と課題」（以下，「方法と課題」）と題して，この方面での研究の包括的な方法論を提起し（長谷川，2022：91-122），われわれ後進の学徒の関心を大いに喚起せしめた。まず，この論文を紹介して，本章の問題設定を試みることにしたい。
　この「方法と課題」では，まず「仏教福祉史」の枠組みを「仏教の思想・理念と信仰に基づく，仏教者・寺院・教団等が行う広義の福祉実践史」とし，「仏教慈善・仏教救済事業・仏教社会事業・仏教社会福祉事業などと称された総体」と捉えた上で，戦前から戦後の「仏教社会事業史」研究ないし「仏教福祉史研究」を先学の著述を分析しながら検証した。そこで，「仏教福祉史研究の

方法における前近代と近現代との取扱い上の方法的課題」との章にて，前近代と近現代の仏教福祉実践史を取り扱う際の4つの課題を次のように設定した（長谷川，2022：109-116）。

① 「教団社会事業」の成立と展開―実践主体の組織化
② 布教と福祉との関係―実践方法の分化
③ 地域史の視点から見えてくるもの
④ 仏教福祉思想の二面性―仏教の通規と宗派の別規

ここにあげた4つの課題は，いうまでもなく前近代から近現代へと貫いてきた仏教福祉実践を体系的に特色づけるものであった。前近代における実践者の教化や組織力によって切り開かれてきた地平が，近代以降には「教団社会事業」へと昇華してきたことにより，さまざまな福祉実践への導きを生み出し，布教，地域史などへと広がりをつけてきた。これらは，もう一方で宗派としての独自性と仏教界全体を見通す「通規」との二面性を内包させてきた。

この4つの課題については，長谷川『念仏者の福祉思想と実践―近世から近代にいたる浄土宗僧の系譜』の「結語」にそのいくつかを指摘しており，自身の中で暖めていた構想であったようだ（長谷川，2011：249-253）。

一方，この問題意識を構築したのは，長谷川によると，阿部志郎・岡本榮一監修『日本キリスト教社会福祉の歴史』（日本キリスト教社会福祉学会編，ミネルヴァ書房，2014年）の書評（以下「書評」）[1]を依頼され，宗教社会福祉の独自性をどこに求めるかという課題設定をしたことによるという。

ここで提示した4点は，① 個人の内面の救いと福祉実践との関係，② 布教・教化と福祉実践との関係，③ 信仰（覚醒）運動と福祉の思想・実践との関係，④ 戦前と戦後における教団と社会事業（社会福祉）との関係である（長谷川，2021：149-157）。

この「書評」で示されたところと「方法と課題」の4つの課題との共通点は，容易に理解できることである。そこで，長谷川が提示したこれらの課題を整理して，そこから導かれるところを検討してみることにしたい。というのも，ここに日本仏教福祉史研究の課題が内包され，長谷川の研究から学ぶべきポイン

トが明らかにされているからである。

「方法と課題」と「書評」で示した課題に共通するのが「布教と福祉との関係」である。ここには，両者が「分かちがたく行なわれてきた」ことに着目し，仏教徒にとって，自らの信仰の表出は，他者にどう伝えるかによって確かとなる側面が見出される。

個人の内面の救いでもある信仰の内実と福祉実践を関係づけた「書評」の課題設定とも関わって，こうした社会的関係への導きに意義を求めたことが，地域との連携を喚起し，「地域史」の視点ともなっていく。この波及的な広がりが，近代以降には，これらを担い，推し進めた教団関係者の尽力により「教団社会事業」という枠組みへと発展していくのである。

その一方，この「教団社会事業」には「仏教の通規と宗派の別規」という二面性があると指摘している。この二面性とは，「仏教の教説としての共通性と所属教団の教義としての独自性」という2つの面である。そのため広く支援を呼びかけるためには宗派色を控えて，通仏教的な理念を打ち出すなどの措置が求められるなど，二面性が持つ問題点を内包する。

いずれにせよ，近世仏教の影響を受けながら，近代への道を切り開こうしてきた仏教教団は，教団としての伝統的な影響力を頼みに教団の組織を固めて，社会事業への道を模索したことは明らかであった。

長谷川の日本仏教福祉史研究の課題設定は，こうしたいくつかの問題点を見通しつつ，今後に向けた研究の深化を求めたものだ。それは，仏教の社会貢献としての仏教福祉を，学問分野を超えた共同研究によって解いていくべきとも提起している。筆者は，ここで提起された課題を踏まえて，自らの視点から解きほぐして学ぶべきポイントを求めていくことにする。

2　社会福祉と福祉・慈善を考える

前項であげた長谷川が提起する4つの課題を，筆者なりの視点から，次のような問題設定を試みることにした。

この問題には，課題設定の前提である「仏教福祉史研究の方法における前近

代と近現代」をどう取り扱うかという観点に立つことが重要である。「書評」でも示されていた「戦前と戦後」というように，長谷川には異なる時代を橋渡しする視点を導入することで，問題点を集約していくところがあり，この視点からの学びを得て，作業を試みることにしたい。

そのために，近代社会の概念である社会福祉と前近代社会の枠組みに位置する福祉・慈善とを理解し，2つの時代区分の中で捉え直していくべき視点を見出すことが必要ではないか。この視点を持つことで，「教団社会事業」へと特化していくところを読み解くことができるのではないだろうか。

そこで，前項であげた前近代から近現代への道筋を考えるために，まず前近代の仏教福祉史を読み解いてみたい。

吉田久一と長谷川の共著である『日本仏教福祉思想史』の吉田が担当した部分で，「福祉思想の定義」をしている。そこでは，福祉思想といったときに，①社会的普遍性と福祉実践がどれだけ浸透したか，②その実践の感受性が豊かで社会的論理性を持ち，思想まで上昇したのか，③時代の変化の中で主体性を護持し，どれだけ持続したのかといった3点を福祉思想の定義としてあげている。そこには，絶えず社会との接点をベースに置いて普遍性，論理性，主体性というところを明らかにすることで，福祉思想が成立してくると主張している（吉田・長谷川，2001：6）。

これをもとに前掲の『日本仏教福祉思想史』から，中世の章を取り上げてみると，福祉思想としてあげたのが法然，親鸞，道元，重源，明恵，叡尊という先覚者であり，忍性の場合には慈悲救済というタイトルをつけている。こうした点から，忍性は勧進型の実践を重ねて，どちらかというと思想よりも実践に力を入れてきたと理解している。師である叡尊も，忍性には実践に過ぎたところがあると評価している。そういった意味で，実践という観点からみると，忍性は慈善救済となる。一方，法然や親鸞は具体的な実践はないけれど，人間の平等性なり，浄土教から導かれる普遍的な理念を持ちながら人々と接し，教化してきたのであった。その意味で，福祉思想としての位置づけがなされたのであった。

こうした福祉思想の定義と中世仏教の先覚者の到達点などを踏まえて，吉田は『日本社会福祉思想史』の中で，社会福祉思想史への視点として，次のような提起をして，前近代への視座の有用性を説いている。

> 　資本主義社会対社会問題だけを社会福祉思想史と考えるならともかく，総合史として見た場合，明治以降120年の資本主義社会の社会福祉思想だけで，1000年に余る国民生活の経験である福祉思想を見ることはできない。明治以前を欠けば，明治の慈善救済事業が解けないばかりではなく，近代社会事業思想はその対決相手をも見失うことになる。そして，社会福祉のグローバルな現代的要請にもこたえられなくなるであろう。
>
> 　　　　　　　　　　　　　　　　　　　　　　　　　　　（吉田，1989：14）

　吉田はこのように述べて，「1000年に余る」福祉思想を総合史の中に捉え返して，「国民生活」を基盤に位置づける提起をしたのであった。この「1000年に余る」歴史こそが，中世鎌倉仏教の祖師たちが切り開いた福祉思想であり慈善救済でもある。先述のように，そこには平等思想や普遍的理念が内包され，福祉思想の内実を意味づけている。

　ここに吉田が提起した意義を確認すると，そこからさらに福祉思想という面をもう少し深めて考えていくと，近代を包括するような捉え方ができないかと考え，次に池田敬正と中垣昌美の定義をあげてみることにする。

　池田，中垣はともに社会福祉史，社会福祉学の第一人者として，長く学界をリードしてきた。池田は『福祉原論を考える』の中で，福祉という概念に対して，「よいくらしむき」「ひとの存在のよさ」に社会共同を通じての共有と理解し，「人間としてともに生きていくという価値観を自由がもたらす理性的判断に基づいて普遍的に形成された」という理解を明らかにした。ただその場合，古代にあっては東洋的専制君主の下に置かれる，あるいは中世では共同体的な規制や近世では身分制的な差別といったようなさまざまな規制が加わっているというところに，前近代の問題が残されていると指摘している（池田，2005：

26-27)。

　さらに『福祉学を構想する』では，社会福祉に関しては人類史に広がって見られる社会現象としての共生である福祉が，「自由の現代的展開に基づいて客観的に認識できる段階に形成されたことを意味する」という認識を示し，「福祉は人類史の全時代に広がる社会科学の対象として」の理念を，「社会の現代的行動に基づく社会福祉に内包せしめた」と述べている（池田，2011：1）。

　池田は，このような到達点を明らかにして，福祉という普遍的な価値観がこの社会福祉の中に包まれることで，社会福祉たり得たという認識を示したのではないか。つまり福祉を人類史における普遍的な価値と捉え，その福祉を社会福祉が包摂することで，20世紀以降の社会福祉という社会問題に向き合う解決策としての思想なり，理論というものとなったと提起したのであった。そういう意味で，前近代，近代をつなぐ一つのながれが，そこに導かれてくるのではないかと考える。

　それに対して中垣は，『仏教社会福祉論考』(1998)や日本仏教社会福祉学会編『仏教社会福祉辞典』(2006)などで，仏教社会福祉の概念を規定する試みを重ねてきた。そこでは，社会事業・社会福祉の概念の混同と混乱を指摘してきた（中垣，1998：14）。

　この指摘には，仏教だから福祉があるという短絡的に求めていくことへの疑問がある。また福祉という理念を広げていき過ぎると，超歴史的な把握になってしまうのではないかという懸念と批判でもある。したがって，この福祉あるいは慈善という用語が内包しているところを検討していくことが，必要ではないかと考える。

　というのも，中垣の指摘は，仏教と福祉ないし社会福祉に対する曖昧な理解への警鐘であり，これらの用語が簡単に一つに括られていることに，一定の危険性があるということである。その意味で，吉田が提起したように，1000年以上の歴史を有して展開してきたことを考えるべきではないか。この日本の社会に根ざした福祉の文化的土壌というものを検討対象にしていかないと，捉えきれないところがあるのではないか。それを慈善という一括りで捉えることに

よって，逆に見えるべきものが見えなくなってしまうところがあるのではないか。

こうした観点をここに提起して，「1000年に余る国民生活経験である福祉思想」を捉え返していくために，福祉思想に内在している普遍性と平等性を確認し，一括りにする危険を認識しつつ，前近代から近代へとつながっていく福祉思想・実践への視座を，長谷川の研究を通じて学び直してみたいと考える。

第2節　研究の柱から学ぶ
1　研究の歩み

このような視点に立って，長谷川の研究についてもう一度見直してみることにしたい。膨大な量に及ぶその業績は，筆者の力量を超えるところがあり，十分に分析できないところがあることをお断りしておきたい。また，田宮仁と長谷川によって提起された仏教とターミナルケアについては十分に触れることができないことも，あわせてお断りしておきたい。

長谷川の研究には大きく分けて，最初の著書である『近世念仏者集団の行動と思想』(1980) がひとつの皮切りになって，近世仏教史に関わる念仏聖の研究を積み上げていく歩みがあった。そして，『社会福祉法人　マハヤナ学園65年史』(1984) や『近代浄土宗の社会事業―人とその実践』(1994) などの共編著にみられる，浄土宗を基盤とする近代以降の社会事業史の研究へと進み，そして吉田久一との共著である『日本仏教福祉思想史』(前掲) があり，さらには共同研究『戦後仏教教団の社会福祉事業の歴史』(2007) などにみられる，包括的な仏教教団の社会福祉事業の歴史的研究を主導した。そして，法然上人の800年大遠忌を記念して刊行された単著『念仏者の福祉思想と実践―近世から近代にいたる浄土宗僧の系譜』(2011) がある。これらに先述の田宮らとの共編『臨終行儀』(1993) が加わってくる。

このように近世仏教史研究から始まって，近代へとつなげていったのがその研究の基本であった。そこには，近代社会事業への筋道を浄土宗に依拠しながら，仏教の福祉思想とその実践へとつなげ，仏教教団全般を対象とする方向に

広げたのであった。こうした点を捉えた上で，まず，近世仏教史研究から述べていくことにしたい。

2　近世仏教史研究に学ぶ

長谷川の近世仏教史研究に関しては，最初の著書『近世念仏者集団の行動と思想』（前掲）以降，以下にあげたように数冊に渡る研究書を上梓し，近世仏教史研究に一石を投じてきたのであった。

　　『近世浄土宗の信仰と教化』（北辰堂，1988 年）
　　『近世の念仏聖無能と民衆』（吉川弘文館，2003 年）
　　『近世の地方寺院と庶民信仰』（岩田書院，2007 年）
　　『近世浄土宗・時宗檀林史の研究』（法藏館，2020 年）
　　『近世民衆の念仏者群像；浄土宗の往生論・往生伝にみる』（淑徳大学長谷川仏教文化研究所，2024 年）

これら一連の著作では，戦前の日本仏教史研究をリードしてきた辻善之助によって提起され，通説化した「近世仏教堕落論」への疑義を明らかにしてきた点に着目したい。この「近世仏教堕落論」は，江戸時代以降の仏教が寺壇制度の手厚い保護のもとで制度化されていったことによって，仏教それ自身のエネルギーが消滅してしまったというもので，戦後の研究においても影響を保ち続けた。

それに対して長谷川は徹底した史料発掘を通して，陸奥国の浄土宗捨世派の僧・無能を中心に，その教化の実際を明らかにしてきた。言うなれば，辻善之助の提示した通説が中央の仏教を研究対象にすることにより，仏教教団の堕落としてきたが，長谷川はその論に対し，地方に点在していた僧侶たちのひたむきな活動や民衆との接点を深めたところを問題とすることで，批判的視座を獲得したのであった。ここに，史料発掘をとおした研究の深化と従来の定説への疑義を投げかけたのである[2]。

長谷川の史料発掘を通じた研究は，近世仏教史研究の基本であり，未だ発掘されていない膨大な史料が地方寺院をはじめ各地に所在している。この地道な

成果が定説批判となったわけである。こうして，長谷川の近世仏教史研究は，史料調査を通じて深められていくことになった。

　これらの著書では，浄土宗捨世派の僧たちを取り上げた。この捨世派は，江戸時代以前の段階から登場してきた一群の僧侶たちで，諸寺院，諸宗派が安定した地位を獲得してきた中で世俗的価値に疑問を持ち，しかも彼らは法然の念仏の教えとともに法然が守ってきた戒律を固く護持していく立場をとり，名利（名声や利得）を捨てていくことも主張した。近世仏教という大きな括りの中では捉えきれないところがあり，長谷川は脱体制仏教と位置づけている。とりわけ捨世派の無能は戒律堅固の念仏者であった。

　この無能をとりあげた『近世の念仏聖無能と民衆』(前掲)の書評をした澤博勝は，決して高く評価されていなかった無能に徹底的な史資料調査を行うことで正しい評価を与え，社会的存在意義を知らしめたとしている(澤, 2005：88)。また，同書を紹介した佐賀枝夏文は，脱体制を貫く捨世派の活動を捉えた長谷川の見解を高く評価している(佐賀枝, 2006：81)。

　これら2人の見解から明らかなように，長谷川の史料発掘の成果によって，無能の存在意義が学問的な評価を得て今日に伝えられることになった。

　こうした一連の成果を得て，無能は地方巡教や社会的に排除された人々との出会いをとおして，その人たちに念仏を教化していくという福祉実践の活動を展開することとなった。名利を排する，名利を捨てることが，社会的に排除された人々の出会いとなり，その教化・布教を通じて福祉実践への導きとなったことで，仏教福祉実践の構図が提起されたのであった。

　その無能の弟子・不能は，師の教えを守るべく，無能寺という寺院を建立したが，そのことについて，長谷川は史資料調査を通じて地域の古老の人たちから聞き取りをし，この無能寺に行けば「喰いっぱぐれがない」という伝承があったと記述している(長谷川, 1997：34)。こうした無能の活動に対して，弟子たちがその教えを継承する拠点としての寺院を造営し，それを支える地域の人々がいたことが，この捨世派の人たちのもう一つの実践形態であった。こういった意味で，近世仏教という括りの中で，史料発掘，聞き取り等をとおして，新

たな光を当てられたと理解することができる。

　こうした見解に，先に上げた4つの課題にある「布教と福祉との関係」ないし「地域史の視点」というところとの関連性を見出すことができるのである。

3　近代への導き

　前項で提起した問題点から，次に近代を対象とする研究ではどのような意義があったのかを考えていく。

　そこで，長谷川は，『近代浄土宗の社会事業』（前掲），『念仏者の福祉思想と実践』（前掲）などをとおして，近代の念仏者の福祉と実践について明らかにしている。そこでは，福田行誡，椎尾弁匡，長谷川良信という近代の浄土宗を支えた先覚者をあげ，彼らの思想，実践を通して一つの到達点というものを明らかにした。

　まず，福田行誡は，福田会育児院の運営にあたった僧として著名であるが，その説くところは「随喜他善」というように，人々のつながりを重視する社会協同の議論を立てている（長谷川，2011：131）。また，椎尾弁匡は「共生（ともいき）」を提唱した仏教者として広く知られているが，仏教には，社会的宗教としての役割があることを主張している（長谷川，1994：14；2011：203）。

　さらに，長谷川良信に関しては，多くの研究成果を発表している。その中からとくに強調したところは，「衆生報恩」あるいは「経済は相救互済」という点で，良信の言葉でいうと「フォアヒムではなくトギャザー・ウィズヒム」という点を特記している（長谷川，2011：149）。そうした形で他者との関わり，社会問題と向き合うところを「社会化」と捉え，社会との接点を深化していくことによって，浄土宗の存在意義を近代社会において明らかにしていこうとしたのであった。

　そうした社会への目差しを貫いたことは，実は法然が指し示した「平等の慈悲」[3]で明らかにされたところでもあった。法然は「造像起塔」（仏像を造り，塔を建てること）が往生の本願であるならば，貧窮困乏の人々には往生の望みがないではないかと述べ，しかも富貴の者は少なく，貧しい者は甚だ多いとい

う社会の現実があることで、多くの人々は永遠に往生することができないことになるのではないのかと主張していた。だから、法然は称名念仏という易行をもって本願とすることで、往生が可能となると説いたのである。この他にも「智慧高才」「多聞多見」「持戒持律」などをあげて、そうしたことが往生の本願ではなく、「愚鈍下智」「少聞少見」「破戒無戒」の立場にある人々の往生を願うことに、「平等の慈悲」としての「称名念仏」の意義があるとした。

　このように、社会的に恵まれた人々は少なく、そうではない人々が圧倒的に多いという社会の現実を見据えて、「平等の慈悲」というところにつなげたのである。そういった点から、筆者は社会実態を直視したところに、法然が念仏往生を説いた意義があると考えている。単に称名念仏が正しいということではなくて、社会の実態の中で求められる念仏は称名にあるとするところに到達したのではないか。そういう意味での平等の人間観というものが社会実態をベースとしていると考えることができる。

　こうした観点から、近代の浄土宗の先覚者が社会との関わりや他者との関わりを導くことで、社会事業への理解を深めていったのではないかと考えるが、この問題について、長谷川は念仏者の福祉思想・実践の一つのポイントがあるとしている。

　こうして福田行誡をはじめとする近代浄土宗の先覚者を見据え、先に述べた近世の浄土宗捨世派の僧をあげていけば、あたかも日本の仏教において優れた実践が連綿として続いてきたように見えるが、現実の歴史的展開はそれとは乖離した部分が多く存在してきた。そういった意味で、近代への導きは、先覚者たちが築いてきた社会との接点をどう理解していくかを提示してきたといえるだろう。

　このような社会との接点を問う立場が、長谷川が提示した4つの課題の一つ「布教と福祉の関係」および「書評」で示した「布教・教化と福祉実践との関係」と関わって、自らの信の表出を他者のみならず社会に向けていくことで、福祉実践への道筋となっていくのであり、それが「教団社会事業」を生み出す礎となっていくという見通しを得ることができたのであった。

第3節　前近代と近代をめぐる課題

　浄土宗捨世派を中心とする近世仏教史研究，近代浄土宗の社会事業の史的研究と，長谷川の研究の柱について述べてきた。そこで，この2つの柱から導かれる問題として，社会福祉の歴史研究において問われ続けてきた，前近代と近代をどのようにつなげていくべきかという課題について，長谷川がその研究から明らかにしたところから考えていきたい。

　そのための議論として，ここではまず「近世・近代浄土宗における仏教福祉思想の系譜」（前掲）で論じたところから，無能から福田行誡にいたる系譜を分析してみたい。次に，『念仏者の福祉思想と実践』（前掲）の中で取り上げた法洲（ほうじゅう）について論じてきた問題点を取り上げて，考えることにしたい。

　これらの問題については，拙稿で分析したことがあり，これを加筆修正して，ここに記していくこととする（宮城，2022：139-144）。

1　無能から福田行誡にいたる課題設定

　無能と福田行誡についてはすでに取り上げたので，まず簡潔にここでの議論の柱を提示し，そこから近世から近代へとつなぐ課題について考えたい。

　無能が厳しく戒律を堅持したうえで，教化・勧化の活動を広げ，社会的に排除された人々の出会いをとおして，その教化にあたったことを先に述べた。戒律護持の立場が社会から排除されようとしていた人々との交流を生みだしたのであった。

　この戒律護持の立場は，明治初期の社会的混乱から身寄りを失った子どもたちのための「福田会育児院」創設に尽力した福田行誡とのつながりに着目したことが，長谷川の着眼点であった。行誡に「戒善」「仏祖大慈悲のひそみ」「報恩」の3つの思想基盤があり，これが「貧児窮嬰」の現実に「心を痛めていた」ことで，その行動を導いたとした（長谷川，2011：126）。清貧を旨とした持律の僧らが名利から距離を置くことで，市井の民への福祉実践となった。こうして無能の捨世の立場と行誡にみる持律の立場が共通するところを，見出すことができる。両者に直接的な連関性はみられないが，前近代から近代にいたる時代

の変化にあって，戒律を共通の基盤とした2人の僧が，福祉実践への道筋を獲得したことに，2つの時代を橋渡しする意義があり，戒律の系譜ともいうべきところがあったのではないか。そこに着目した長谷川は，異なる時代を超えていく仏教徒の立場を見定めたのであった。

　なお，行誡はその後に浄土宗管長などを歴任し，その浄土宗から渡辺海旭，矢吹慶喜，長谷川良信ら社会事業の先駆者が輩出していくことになる。そこに社会との接点を求めていく浄土宗が開祖・法然以来培ってきた土壌が形成されていたともいえるし，無能から行誡に至る戒律と福祉実践という連関に着目することにもなった。そうした意味で，長谷川が近世から近代へとつながっていく浄土宗の系譜を提起することになったのではないだろうか。

2　法洲の「平等法性の理」について

　次の問題が，法洲の「平等法性の理」についての解釈である。法洲は「極楽へ往生すれは皆同じ平等法性の理を悟るゆゑ，賢愚の差別は無く平等なり」[4]と述べるなど，往生における平等を説いている。この立場に対し，長谷川は次の4点の特色をあげている（長谷川，2011：76-77）。

　第1に，差別を否定する言説はないが，往生後の平等を説くことで念仏信仰者に自信と誇りを与えたのではないか。第2に，それによって現実社会の価値や秩序が相対的なものでしかないと感得させたと考えられること。第3に，往生によって得られる証を説示することで，現実の相対的差別から主観的に自由になる励みとなったのではないか。第4に，こうした教説が念仏者に宗教的平等を自覚させ，同信者間の平等意識を涵養させたのではないかとしている。

　こうした4点をあげたが，長谷川も指摘するように，その前提となる身分制社会が内包する差別への否定が示されていない点がある。そのため，こうした議論に関して多くの論者が述べてきたように，「差別の助長」もしくは「諦め」へとつながる論理で，差別容認につながるとされてきた。こうした考えは，近代社会の平等論を踏まえつつ，現代社会になお残るさまざまな差別の実態に対し，差別を許さない態度を貫くために求められる立場であり，近代思想が獲得

した普遍的な価値観でもある。

　長谷川は，こうした法洲について批判的視点を持ちつつ，厳しい身分制度の渦中からの問いかけによって，その生きた社会の現実の中で，平等を唱えた意義を導き出そうとした。つまり，苛酷な身分制社会の中から表出された平等論であることで，往生を願う人にとって「自信と誇りを与えずにおかなった」こと，身分制社会の価値や秩序がそのまま死後に反映されるものではなく相対的なものと「感得」させるものだとする（長谷川，2011：76）。

　こうして，「平等法性の理」には，近世社会の渦中から問いかける研究方法の一端を示すものとなっている。そのことによって，近代思想からのアプローチだけではない方法を提起することで，近世の念仏者の論理を導くことになったのではないかと考える。この議論の中に，前近代の「平等」への理解を，近代の「平等観」からではない方法で問うていく方法を提示したのであった。この前近代の「平等」は，先述の法然が説いた「平等の慈悲」（『選択本願念仏集』）とも関わって，「平等」を介して前近代の考え方や捉え方を提起することで，前近代から近代へと橋渡しする方法を提起することにもなったのではないだろうか。

　こうして近世と近代という2つの歴史区分を考える視点として，2点の課題設定について述べてみた。無能から行誡に至る捨世・持律の系譜と，その立場が生み出した社会から排除されようとしていた人々への教化・救済の実践を捉えた意義があった。また，身分制社会の渦中から平等論を唱えた法洲の立場を認めることで，時代状況の中から念仏往生の意義を見出す方法を提示し，近代の「平等観」を改めて問いかけることにもなるのではないだろうか。

　以上のような観点から，長谷川の研究から学ぶところを，もう一度確認してみたい。

　第1に，近世仏教史研究をとおして得られた知見を，近代の浄土宗の社会事業へと導いたこと。

　第2に，こうした検証作業を経て，日本仏教福祉史研究の4つの課題を提示

して，今後の研究の指針を明らかにしたこと。

　第3に，近代以前の福祉思想に照射を試みて，近代思想からの批判的捉え方だけではなく，時代状況に立脚して分析する手法を明示したこと。そして，その両者を摺り合わせながら，議論していく必要性を提起したこと。

　これら3点を確認し，前近代から近代への歴史研究を通じて明らかにされた研究の意義を掘り下げることで，その研究への学びを確かとすることができるのではないだろうか。

註
(1)　書評は，長谷川匡俊『仏教福祉の考察と未来―仏教の死生観―』「Ⅱ―第五　宗教社会福祉の独自性と仏教社会福祉研究の課題　二，宗教社会福祉の独自性をどこに求めるか―キリスト教社会福祉をも視野に入れて―」(149-157頁，2021年，国書刊行会) に所載。
(2)　「近世仏教堕落論」の誤りは，すでに共通認識として定着している。たとえば，末木文美士編『日本仏教再入門』(28頁，2024年，講談社) を参照。同書の初出は2018年。
(3)　大橋俊雄校『選択本願念仏集　岩波日本思想大系10』(106頁，1971年，岩波書店)
(4)　岸法洲法道三師遺稿『大日比三師講説集　中巻』(883頁，1910年，大日比西円寺)　国会図書館デジタルコレクションにて閲覧。
　　https://dl.ndl.go.jp/pid/820099/1/445 (2024年8月18日閲覧)

引用・参考文献
池田敬正 (2005)『福祉原論を考える』高菅出版
池田敬正 (2011)『福祉学を構想する』高菅出版
澤勝 (2005)「書評 近代の念仏聖無能と民衆」『歴史評論658号』歴史科学協議会
佐賀枝夏文 (2006)「新刊紹介 近代の念仏聖無能と民衆」『近代仏教　第12号』日本近代仏教史研究会
中垣昌美 (1998)『仏教社会福祉論考』法藏館
日本仏教社会福祉学会編 (2006)『仏教社会福祉辞典』法藏館
長谷川匡俊 (1980)『近世念仏者集団の行動と思想』評論社
長谷川匡俊編 (1994)『近代浄土宗の社会事業』相川書房
長谷川匡俊 (1997)「近世・近代浄土宗における仏教福祉思想の系譜」『大正大学研究論叢第5号』大正大学

長谷川匡俊編（2007）『戦後仏教教団の社会福祉事業の歴史』法藏館
長谷川匡俊（2011）『念仏者の福祉思想と実践―近世から近代にいたる浄土宗僧の系譜』法藏館
長谷川匡俊（2022）「日本仏教福祉史研究の方法と課題」社会事業史学会創立 50 周年記念論文集刊行委員会編『戦後社会福祉の歴史研究と方法―継承・展開・創造 第 1 巻』近現代資料刊行会
長谷川匡俊・田宮仁・藤腹明子ほか編（1993）『臨終行儀：日本的ターミナル・ケアの原点』渓水社
マハヤナ学園六十五年史編集委員会編（1984）『社会福祉法人マハヤナ学園六十五年史　通史編，資料編』マハヤナ学園
宮城洋一郎（2022）「前近代仏教福祉史研究の課題設定をめぐる問題点」社会事業史学会創立 50 周年記念論文集刊行委員会編『戦後社会福祉の歴史研究と方法―継承・展開・創造 第 1 巻』近現代資料刊行会
吉田久一・長谷川匡俊（2001）『日本仏教福祉思想史』法藏館
吉田久一（1989）『日本社会福祉思想史』川島書店

付記

　本章は，拙稿「日本社会福祉史における前近代と近代をめぐる課題―長谷川匡俊先生の研究に学ぶ―」『淑徳大学社会福祉研究 第 21 号』（2014，淑徳大学社会福祉学会）を全面的に改稿している。

第 2 部

仏教・仏教社会福祉の研究

1. 渡辺海旭の幼少期

古宇田 亮修

　近代日本の仏者として，学術（主として印度学仏教学分野），教育，社会事業等，多分野で顕著な業績を残した渡辺海旭の名は著名であるが，その知名度に比して伝記的事実については，それほど研究が進んでいるとはいえない[1]。本章では，海旭が住職を務めた西光寺に伝わる史料等を活用し，その幼少期に焦点を当てて再考することとしたい。史料の引用が多くなるが，従来の研究で殆ど参照されていないものが多いため諒解されたい。

第1節　渡辺海旭の家系

　1872（明治5）年1月15日，渡辺海旭は，東京市浅草区田原町3丁目11番地に，啓蔵，となの長男として生まれた。住所は，現在の台東区雷門1丁目に当たり，田原小学校の近くである。幼名は芳蔵といい，海旭という名は，芳蔵13歳の時に師僧・端山海定により命名された僧名である。以下，本章においては，便宜上，改名時期にかかわらず「海旭」で統一して表記する[2]。
　海旭の家系を論じる前に，まず新出の史料1点を紹介することにする。新出とはいっても，海旭が第16世住職を務めた東京墨田区の西光寺にこれが存在することに筆者は1995年頃には気づいていたが，当時はこの種の古文書に無知であったため，それを読むことも，その内容を推測することもできなかった。2005年に北区古文書会に翻刻を依頼し，ようやく筆者にも読解可能となったのである。当史料は，『壺月和尚之面影』という書物の末尾にのり付けされた封筒に入っていたものである。封筒の表には，「明治14 12 26 渡辺（海旭）芳蔵

廃嫡願 15 1 19 許可」と記されている。これは海旭自身の筆跡と推測される。海旭自身の手になる一次史料は，関東大震災と東京大空襲という2度の災禍により西光寺にはほとんど残っていないが，これはその数少ない例外である。当史料はこよりで綴じられた3丁から成る海旭自身の戸籍であり，「肌身離さず」ではないが，海旭が自身の戸籍を証明するものとして大事に保管してきたものと推測される[3]。史料の性格からして一般に公開するにはなじまないものであるが，歴史を後世に伝えるため，敢えてここに掲載するものである。

「庶務　丙七六　十五年一月十九日　宿直　本田　石井　花押
　明治十五年一月廿日収受
　戸籍第四四九号

　　　　絶家再興ニ付廃嫡願
　　　　　浅草区
　　　　　　浅草北田原町三丁目
　　　　　　　拾壱番地平民
　　　　　　渡辺啓蔵長男
　　　　　　　渡　辺　芳　蔵

右肩書啓蔵奉申上候私実父金助義ハ旧幕臣松平筑後守家来ニ而其頃渡辺定次郎ト相名乗病身ニ而同家退身ノ後金助ト改名武州多摩郡新井村梅照院江随身中安政五年八月死亡致候ニ付浅草区浅草松清町四十四中順満照寺ヘ埋葬候其後単身ニ相成候ニ付活計向都合ニヨリ文久二年十二月私方家名ヲ廃シ渡辺兵七養子ニ相成養家住持罷在候義ニ候条，
然ルニ生家ノ廃絶実ニ嘆ケ敷存罷在候折柄今般親戚協議之上前書長男芳蔵ヲ以廃絶ノ生家則渡辺家名再興致度候，尤私方家名之義ハ二男省三郎ヲ以追而継承可為致候条右何レモ親戚協議済ニ付何卒特別之御詮議ヲ以
　　　長男廃嫡ノ義御採用被成下度連署ヲ以此段奉願候也

　　　　　　　　　右
　　　　　　　　　　渡　辺　啓　蔵　○印
明治十四年十二月廿六日
　　　　　京橋区南鞘町五番地
　　　　　　親戚従弟　渡　辺　　清　　○印
　　　　　　仕□人世話掛
　　　　　　　　　津輪市右衛門
東京府知事松田道之殿
　　　　前書出願ニ付奥印候也
　　　　　浅草区長町田今亮　　□印
第五百四拾四号
書面願之趣聞届候事
　　　　　明治十五年一月十九日
　　　　　　東京府知事松田道之　□印」

　当史料により，海旭の祖父の経歴が判明した。すなわち，名前は定次郎，のちに金助と改名。旧幕臣松平筑後守の家来を務め，病気により同家退身ののち，真言宗豊山派の梅照院（新井薬師）に身を寄せたという。ここでいう「松平筑後守」とは，福岡藩第十代藩主黒田斉清（1795-1851）のことであろうか。金助は1858（安政5）年8月に亡くなり，浅草松清町の寺院，真宗大谷派の満照寺（現台東区西浅草1丁目）へ埋葬されたという。ちなみに，海旭の妹かめの孫に当たる古宇田敬子によると，かめは「昭和30年頃祖父の墓をかたづけた」と言っているのを聞いているから，満照寺からお骨を引き取って西光寺に埋葬し直したものと考えられるが，西光寺に記録は残っていない。いずれにせよ海旭は終生独身を通したため，渡辺金助の家は海旭の代で途絶えたのである。

　「廃嫡願」に戻ると，海旭の父啓蔵は1862（文久2）年「活計向都合ニヨリ」渡辺兵七養子となったという。それにより，金助の渡辺家が絶えてしまったため，海旭（芳蔵）に再興させ，継がせることに決めたという。

従来の研究では、海旭の廃嫡届が出されたということまでは判明していたが、その詳細は不明であった。しかし、当史料により、海旭（芳蔵）は父方の家系から廃嫡となり、祖父の家を再興して継ぐことになったことが明らかとなった。そして、啓蔵の家は、次男省三郎に継がせる旨が述べられている。

ただし、ここでいう「絶家再興」とは、文字通り継ぐべき財産も何もないので、実際には出家のための廃嫡であった可能性が考えられる。それを裏づける証言は、次の渡辺泰城の談話である（芹川、1978：4-5）。渡辺泰城は、宗教学者大島泰信の兄熊次郎の四男で、海旭の妹つると養子縁組をして、渡辺（啓蔵）家を継いだ浄土宗僧侶である。

「海旭は幼名を芳蔵といった。目的や名称は不明であるが、明治14年（1881）12月26日に抜嫡のための改名届を提出し、翌年1月19日（海旭10歳）に許可されている。海旭はまた、東京・小石川源覚寺で得度する前に『まんじょう寺』に入寺したことがあり、この寺の住職と源覚寺住職端山海定とが知人であったことが、海定と海旭の出会いの因縁をつくったといわれている。海旭の名は師僧海定から継承したものであろうが、抜嫡のための改名は最初の入寺のときになされたのかもしれない。

父啓蔵は、東京・小伝馬町の『まごめ』の番頭をしていたこともあったが、海旭（芳蔵）の育つ頃はかなり生活に困窮していたことが想像される。海旭には、つる（のち、大島泰信と結婚、二男一女をもうけ、作家の武田泰淳はこの次男である）、かめ（のち、赤尾白嶺に嫁し、光雄を生んでいる）の妹や「しょうざん」（出家名と思われるが、若いうちに死去している）という弟がおり、その他に、一人以上の姉妹がいた――渡辺泰城氏談」

ここで「名称は不明であるが」という改名届は、先の史料から「（父方の）渡辺芳蔵」→「（祖父方の）渡辺芳蔵」という改名であることが判明している。

また、ここでいう「まんじょう寺」は、海旭の実家にほど近い、祖父の墓がある「満照寺」に比定されよう。その「目的」については、渡辺泰城が述べる

ように，確実な史料は存在しない。しかし想像をたくましくすれば，病気になったのち梅照院に身を寄せ，おそらくは寺男として働いたであろう祖父・金助の仏縁を偲び，啓蔵は，長男芳蔵を満照寺で出家させるためにこの「廃嫡願」を提出したのかもしれない。

また，その背景には，次の段落で述べられたような，渡辺家の経済的困窮が大きかったのかもしれない。啓蔵がかつて勤めていたという「まごめ」とは，江戸時代の草分名主(くさわけなぬし)で道中伝馬役(どうちゅうてんまやく)を務めた馬込氏のことであり，その当主は代々馬込勘解由(まごめかげゆ)を名乗った。「道中伝馬役」とは，松崎欣一によれば，「中央の伝馬所として江戸府内から，品川・高井戸（後に内藤新宿）・板橋・千住宿など，主として街道筋にかかる人足・伝馬の継立てとそれに伴う先触れとを行い，公用の交通・通信を担当する役割を担った」（松崎，1969：32）とされ，戦国時代から続く伝馬制度の一角を担っていた。江戸時代には現在の中央区日本橋大伝馬町(おおでんまちょう)において，馬込勘解由の支配下にあった伝馬請負人たちが経営する木綿問屋が多数存在したという（北島，1962：62）。しかし，明治維新を迎え，時代の変革とともに，馬込家も衰退の途をたどった。その辺の事情は，次節にあげる赤尾光雄の記述に譲る。

第2節　赤尾光雄の描写する海旭の幼少期

次に，海旭の生立ちを知る上で，重要な証言と考えられる史料を紹介したい。これは短編小説の形式をとる活字史料であり，月刊誌『浄土』（1936年2月号：14-17）に掲載されたものであるが，先行研究では参照された形跡が見られないので，長文になるが全文引用することとする。これを書いたのは，海旭の甥に当たる赤尾光雄(こうゆう)（1910-44）である。光雄は，海旭の妹かめと赤尾光山（白嶺）の間に生まれた長男であり，芝中学校，大正大学卒業後，（江東区）潮江院住職，（墨田区）西光寺住職（第17世）を務めた。また，法然上人鑽仰会で発行された月刊誌『浄土』の印刷人を創刊号から約10年間（1935年5月号〜1944年9月号）務めている。なお，旧仮名遣いは新仮名遣いに改め，読点を一部補った。原文は総ルビであるが，一部のみを残した。

渡辺海旭師の生立

赤尾光雄

　凍りつくような夜，本堂へ通づる廊下をトントンと渡って来たのは西光寺の住持海定老和尚，役寮の前まで来ると戸のすき間から火がもれている。もう十二時過ぎている。

　「海旭！　まだ起きてるのか，火を消せ，油が無駄だ！」大声が暗夜に響き渡った。

　やがて火が消えた，ボトボト暗い廊下を伝わって方丈へ帰る老僧の足音も小さくきえた。

×　　　×　　　×

　二月初旬の朝四時と云えばまだ真暗である，星がキラキラと輝いている，勿論近所で起きてる家は一軒もない，車井戸の棕櫚縄が手に凍りつく，冷さが食ひ入る様だ，ガラガラと汲む音が響く，ツルツルに凍った敷石の上を大桶を担いで台所に運ぶ足どりがよろよろとあぶない。滑れば百年目，冷水を浴びて着物が肌に凍りつくだろう。西光寺の台所では竈の火が盛んに燃えている。水汲みを終へた海旭は竈の前に座り火を直し薪をくべた，バット上った焔が顔を赤く照らした。竈の前に座った海旭は懐中から昨夜読みかけの本を取り出し竈の火を手便に読み出した。昨夜老僧から「油を倹約しろ！」とどなられた為め，夜中の勉学が出来なくなったので，早朝竈の火で読書する事に思いついたのだ。それ程海旭は少年時代から読書が好きだった。

　海旭は寺の息子ではない。父は渡辺啓蔵と云って，江戸浅草の人，当時の豪商馬込家の支配人であった。江戸城出入の帯刀御免の商人とてなかなかハブリもよかった。富豪安田善次郎も当時同じく馬込家の番頭であったそうだ。維新の変革に馬込家も没落し，借財整理に奔走した渡辺啓蔵にも不運が続いた，多少の財産もスッカリ無くし八人の妻子をかゝえて途方に暮れたのだ。家財道具を売り立てたり，晩年囲碁の指南，俳句の宗匠などとし，なんとか家計をつないでいたのだが，子供の教育までは手が延びな

1. 渡辺海旭の幼少期

いので，馬込家の菩提寺浅草善徳寺の住職の紹介にて長男由蔵(芳)を深川西光寺の端山海定師(はやまかいじょうし)に弟子入りさせた。由蔵十五歳出家して海旭と号したのだ。

「お父さん，僕を本屋へ奉公に出して下さい。小僧になるなら本屋が一番いゝと思ひますから，」と云い出したのは由蔵(芳)が十四歳の時，子供心に本が読みたい一心から本屋に奉公させて呉(く)れと歎願したのだ。早速今の博文館の小僧になったのだが，本屋の小僧に勉学する余暇はない。再び家に舞いもどり父の勧めで出家することになったのだ。

西光寺の海定和尚は節約家で有名である。無駄な事は一切大嫌い，出来るだけ自給自足主義でやり通した。野菜も少々ばかりは庭で作り，墓地のお線香から，焼香用の五種香まで自分で作り，寺の田地(でんち)へは檀家の米屋をつれて見廻りに歩いたほどである。

人数(ひとかず)の少い西光寺の小僧になった海旭の仕事は山程ある。早朝の水汲みから，飯炊(めした)き，本堂掃除，畠(はたけ)の手入れ，肥汲(こえく)みまでせねばならなかった。西光寺に入山したばかりの，十五歳の少年にとっては仕事が多過ぎた。余暇があれば，読経の稽古，檀家廻(まわ)り，等(など)せねばならず，好きな読書は夜ふけ以外には出来よう筈がない。それも油の節約の為め不可能になり，早暁(そうぎょう)の竈の前が唯一の勉強場所だったのだ。

× × ×

西光寺の門前に住むお年寄りは近所では一番の早起きである。今日は父の命日だから西光寺の本堂に参拝しようと起きぬけに家を出た。西光寺の門はちゃんと開かれて本堂の扉も開いている。寒空(さむぞら)にはまだ星がキラメイている。五時前であろう。水汲(さす)む音が響いて来る，流石(さすが)にお寺は早いなと，思いながら門をくゞると，十五六のお小僧が大きな桶を天ビンで背負い，ヨタヨタと重そうに歩いて来る，感心な小僧だと見ている内に，敷石(しきいし)につまづいてのめった。アッと驚く間もなく桶諸共(もろとも)ひっくりかへった，馳(か)けよって起(おこ)そうとしたが，起き上がる力が無いか，着物が水びたしになり敷石の上にグンナリと横たわってしまった。

「しっかりしなさい。さ，お起き上って」と老母(としより)は小僧の手を取り起

上らせたが唇は真白に、ガタガタとふるえている、かゝえるようにして門前の自分の家につれ込み、ずぶ濡れになった着物をぬがせて介抱した。凍傷(しもやけ)で真赤にふくれた手、皹(ひび)だらけの青白い顔を見た老母(としよリ)は、すっかり同情してしまった。

其の日その老母(ろうぼ)は海旭の父である渡辺啓蔵を浅草俵町に訪れ、仔細(しさい)を語り、西光寺に子供を置く事は可憐そうだから、家に引取る様にと勧めたのである。啓蔵も早速様子を見る為め、西光寺に海旭を訪れた。

「なかなかお寺の修行はつらい様で、身体(からだ)の弱いおまえには少々、つらかろうから、坊さんになる事を断念して家に帰ったらどうか」と問ふのだ。海旭はだまって下俯向(したうつむ)いていたが、昂然(こうぜん)と答へた。

「僕は一度出家すると云って家を出たのだから、帰る必要はないと思います、僕は立派な坊さんになろうと決心しましたから、少し位のつらい事は我慢しましょう。弟省山(しょうざん)とも約束しました、おまえは禅宗のえらい坊主(ぼうず)になれ、おれは浄土宗の立派な坊主になる、今に二人で仏教界を牛耳(ぎゅうじ)るんだと話し合いました。兄である僕が真先(まっさき)にへこたれる事はできません」と。

父啓蔵も海旭の決心の強いのに驚かされて、海定老師にくれぐれも海旭の行末(ゆくすえ)を依頼して帰宅した。海旭のすぐの弟も駒込高林寺(こうりんじ)にて出家し省山と号した。省山も頗(すこぶ)る頭脳明晰で幼少乍(なが)ら高林寺第一と称された。問答をしても負けた事がないので同室の者も驚かされたそうである。晩年海旭がある人に、「若し弟の省山が今まで生きていたら、大したものだ、きっと、おれよりえらくなったぞ、子供の時兄貴のくせによく弟にやられたものだが、実に惜しい」と語った事がある。

又ある冬の朝、西光寺の庭前で一詩を口づさんで、涙ぐんでいた。恐らく少年時代弟の省山と二人で吟じ合ったのだろう、広瀬淡窓の詩「道ふこ(い)とを休(やめ)よ他郷(たきょう)苦辛(くしん)多しと、同袍(どうほう)友(ゆう)有(あ)り自(みずか)ら相(あい)親(したし)む柴扉(さいひ)暁(あかつき)に出づれば霜雪(しもゆき)の如し、君は前川に汲(く)め吾は薪(たきぎ)を拾わん」である。省山は十九歳で没した、事実二人とも今まで生きていて、兄弟二人揃って仏教界を牛耳る

事を想像すれば寔(まこと)に面白いではないか。

×　　　×　　　×

　海旭は学校に通い出した。学校では吃(ども)りがひどいのですぐ有名になった，だまりこんで，しかめ面をした秀才は何処(どこ)か人を引きつける所があり，次第に人望(じんぼう)を得(う)る様(よう)になった。小学校入学当時，吃が甚しいので先生が白痴ではないかと心配したとの事である。

　木綿(もめん)の白衣(はくえ)，黒衣(くろごろも)の袖も長く，高い朴歯(ほおば)の下駄をはいてガラガラと深川から芝まで歩いて通ふ道すがらも，海旭は無駄な時間を費(ついや)さなかった。

　父啓蔵が俳句をやっていたので，少年ながら俳句の道にも通じていた。西光寺に入山してからは付近の漢学の先生の処(ところ)に通ひ漢詩文を学習した。学校への通ひ道は漢詩作成の道場だった，道すがら，電針柱(信)一本毎に詩句一句を作る練習をした。詩韻精髄(しいんせいずい)を片手に詩句を口づさみつゝ歩み。電柱一本毎に会心の句を得て道の遠きを知らなかったわけだ。後年宴会などで，即席に一句を作り朗々と吟じた声は少年時代登校途上の電柱の一句に始められていたのだ。

「おい，学校で上草履(うわぞうり)を，はかん奴がいるぞ」

「うん，いるいる，あいつは冬でも裸足(はだし)で廊下を歩いているぜ，変ってるな，」

　此んな噂の立った張本人(ちょうほんにん)は海旭である。寒中でも決して寺では足袋(たび)を履かなかったから学校で草履をはかなくても，冷たくは感じなかったのだろう。小遣(こづかい)が足りなくて上草履が買えなかったと聞いている。が，実際は友人の内で学費の足りない者に毎月自分の小使(遣)を提供した為めである。

「海旭の食事を見たか，実に面白いぞ」

　此所(ここ)でも又話題が出来た，それは，宿舎で海旭は食事の時只(ただ)一ツの茶碗で食事をすませたからだ。茶碗に飯を盛り，汁(しる)もお菜(さい)も，皆一つの茶碗にかきまぜ，大速力で，カッ込むのだ，従って茶碗は一つで足りる訳である。部屋の隅によごれた茶碗と箸がころがっているのをよく見かけたそうである。海旭の簡易生活は此の辺から始まっている。学生時代茶碗も一つで済

み，後日自分も独身で過（す）してしまったのだ。独逸遊学（ドイツゆうがく）から帰ってからは，洋服生活もし，和服も着たが，留学以前は決して俗服（ぞくふく）を着なかった。洋行を一転期として多少生活に潤（うるお）いが出来たのだが，それ以前の青年時代にはなかなか面白い話が沢山ある。何れ機会を見て語ろう。

　以上が，赤尾光雄の描写する海旭の幼少期である。一つ残念な点は，光雄はこの短編の最後に予告された続編を発表することはなくこの世を去ったことである[4]。この短編が渡辺泰城の談話と異なる点は，

　① 一度目の「まんじょう寺への入寺」に言及しないこと，
　② 馬込家の菩提寺である浅草善徳寺の紹介で，端山海定（小石川区初音町源覚寺住職）に弟子入りすることになった，

という２点である。満照寺に入ったのが10歳，端山師の元で得度したのが13歳という時間差を考え合わせると，浄土真宗の満照寺住職が端山師に紹介したというよりも，同じ浄土宗の善徳寺住職が仲介したと考えるほうが自然である。屋上屋（おくじょうおく）を重ねるような想像であるが，一度目の入寺が満照寺であったとすると，啓蔵は自宅からわずか数百メートルという距離にある満照寺ならば，10歳という年齢でも安心して預けられたのかもしれないが，寺に入れられた子どもの側からすれば，寝ぼけて歩いても実家に帰れるという状況であれば，寺での生活を続けることはかえって難しかったと考えられる。ほどなく最初の出家生活は挫折に終わったのであろう。

　海旭の弟省三郎（僧名省山）については，この赤尾光雄の記述以外には，現在のところ史料が見つかっていない。現在も文京区向丘２丁目に位置する単立寺院（元曹洞宗）高林寺は1596（慶長元）年に神田に創建された寺院であり，お茶の水を経て，明暦の大火後に現在地に移転した。緒方洪庵の墓があることでも知られる（江幡，1978：184）。

第３節　海旭の母とその他の兄弟

　その他の兄弟にふれる前に，西光寺に現存する海旭の母とな（1851-1906）の

1. 渡辺海旭の幼少期　63

墓石に刻まれた墓誌をここに掲げることにする。

「先妣諱登那尾島氏二十一歳帰渡
　邊家挙三男四女明治三十九年九
　月二十二日亡寿五十有六大正元
　年七周忌辰此墓誌焉男海旭謹誌」

これを現代語に直せば，以下のようになろうか。

「先妣(死んだ母)の諱は登那，尾島氏の出であり，21歳にして渡辺家に嫁ぎ，三男四女をもうけ，1906(明治39)年9月22日に56歳で亡くなる。大正元年七周忌に当りこの墓誌をここに海旭謹んで誌す」

これによれば，海旭は三男四女の7人兄弟であったことがわかる[5]。すなわち，長男芳蔵(海旭)，次男省三郎(僧名省山)，三男(不明)，長女(不明)，次女こう，三女もと(通称つる)，四女かめ，の七人兄弟である。先に述べたように，海旭の父・啓蔵は，海旭を廃嫡にして，自身の家督は次男省三郎に継がせるつもりであったが，結果的には次男も出家させることになった。三男と長女については名前を含め全くの不明(夭逝か)であるが，家督を継がせる状況にはなかったようである。文芸評論家で『武田泰淳伝』を著した川西政明の調査(川西，2005：95)によると，1892(明治25)年9月28日，父啓蔵の死亡により，次女こうが家督を相続した。1901(明治34)年6月6日こうは三女もとを家督相続人に指定し届け出，これが裁判所に認められ，7月10日にもとは家督を受け継ぐ。こうは東京市小石川区小石川柳町に住む沢村佐吉と結婚するためであった(同年8月5日)。その後，もとも大島泰信との結婚話がまとまり，渡辺家(兵七→啓蔵→こう→もと)を継ぐ人間が必要となった(川西，2005：97)。その結果，大島泰信の兄熊次郎の四男であった城(じょう)と養子縁組を結ぶこととなり，1907年7月6日に役所に提出，受理がなされた(もとは8月1日に結婚)。城はその後得度し，泰城と改名した。この間の経緯は複雑であったが，海旭の父啓蔵の家督は結果として渡辺泰城に引き継がれ，現在，その御子孫が目黒区の浄土宗寺院・長泉院を護持されているのである。また渡辺泰城は，その縁により，光雄亡き後の西光寺の兼務住職も務めることとなった。

第4節　本屋での丁稚奉公

　海旭の幼少期の最初の史実が10歳時の満照寺の入寺であったとすると，二番目の史実は，1884（明治17）年12歳のとき本屋で店員修業を行ったことである。丹野勲によると，江戸時代には「大きな商家では別家の子弟や主人の同郷者などを10〜13歳前後で雇い入れ，住み込みの小僧・丁稚として無給で雑用に使役し，その間に読み書き算盤を習得させた」（丹野，2001：64）というが，この丁稚という習慣は明治時代はもちろん先の大戦が終わるまで続いていた。雑用の内容は，品物の出し入れといった力仕事や単純な使い走りが多かったとされる。赤尾光雄がいうように「本屋の小僧に勉学する余暇はない」ことが理由か，力仕事に体が音を上げたのが理由かは判然としないが，これも結果として長続きすることはなかった。

　海旭の学生時代の友人の一人である安西覚順は，当時浄土宗学本校でシッペをかけるトランプが流行しており，「渡辺の奴，元は丁稚で車引きなどやったもんだから，手の平が堅くて，シッペをくれるときには，割が悪かったよ」とこぼしていたとのことだが（渡辺，1933下：610），その握力はこの頃培われた可能性はあろう。

　ここで一つ注意しなくてはならない点は，『壺月全集』下の「伝記」には，「幼にして厳父を亡い，慈母両妹を離れて博文館に小店員となる。」とあるが（渡辺，1933下：601-608），明治・大正・昭和初期に隆盛を誇った出版社・博文館の創業は1887（明治20）年であり，その創業者大橋佐平が長岡から上京したのは1886（明治19）年末のことであるので（坪谷，1937：8），海旭が1884（明治17）年に書店で奉公をしたという記述とは矛盾する。そのうえ，「幼にして厳父を亡い」とする記述も，父啓蔵が亡くなったのは1892（明治25）年9月28日であり，海旭すでに20歳になっていたから完全な誤りである。ここでも明らかなように，『壺月全集』の記述を鵜呑みにして研究を進めることはできないことをあらためて指摘しておく。また，先に指摘した書店名の誤りが意図的なものか否かは不明だが，海旭が亡くなった1933（昭和8）年当時に栄えていた出版社の威光を借りた潤色の可能性が高いと推測される[6]。

以上，海旭の幼少期に関する諸事項を再検討した。ここに明らかとなった個々の事実が，渡辺海旭伝の全体像にどのような変更を迫るかについては今後の研究課題としたい。

註
(1)　文献学者としての側面については，(古宇田，2015) を参照されたい。
(2)　ちなみに「海旭」の読みは，ドイツで提出した博士論文のローマ字でも「Kaikioku」であったから，少なくとも本人は「かいきょく」と称したのであろう。しかし，海旭の妹にあたる「もと（通称つる）」「かめ」を始めとして，海旭没後の親族の間でも，「かいぎょくせんせい」と呼ぶのが習わしであったので，「かいきょく」と呼んでいた人が当時どれだけいたのかは疑わしいところである。筆者としては，それらの慣用を考慮し，今後も「かいぎょく」の読みを使用することとする。言語学的な裏づけを述べれば，これは「株式会社」の「会社」という部分を「がいしゃ」と発音するのと同様の現象であり，母音の i の後で，k → g という有声音化が生じるという一般的な音声変化である。さらに詳しく言えば，「かいきょく」というには，「かい」と「きょく」の間で，いったん息の「蛇口」を閉めなくてはならないが，「かいぎょく」という場合にはその動作がいらないので発音が楽なのである。
(3)　西光寺では，関東大震災と東京大空襲の大火の際，寺にいた人たちは過去帳だけを持って逃げ回ったと伝えられる。そのため，2度本堂その他が焼失したにもかかわらず，過去帳だけは無事に現存しているのである。同様に「渡辺芳蔵廃嫡願」が現存しているのも，関東大震災の際には，過去帳の間に挟んで保管されていたか，もしくは海旭が常用する鞄に入れて持ち歩いていたか，という2つの要因を想定し得る。
(4)　赤尾光雄は，1944年11月26日，中国で戦病死している。戦後，光雄の遺骨（とされる物）が両国駅に到着し，母・赤尾かめが受け取りにいったという逸話が伝えられる（光雄の次女・古宇田敬子談）。
(5)　以下の記述を理解するには，(川西，2005：口絵) にある家系図を参照されたい。同書は，武田家のみならず渡辺家についても詳しく述べられており，今後の渡辺海旭研究の基礎資料とみなされる。
(6)　『壺月全集』下に収録される「伝記」(全8頁) の著者は不明。長谷川良信の「渡辺海旭伝」(長谷川，1960) は，この「伝記」とほぼ同様の内容であるが，長谷川がこの「伝記」を参考にして書いたのか，長谷川自身が「伝記」を書いたのかは不明。また，上に引用した赤尾光雄 (1936) も，「博文館の小僧になった」とするが，これも『壺月全集』の記述に従った可能性がある。

引用・参考文献
赤尾光雄（1936）「渡辺海旭師の生立」『浄土』（1936 年 2 月号）法然上人鑽仰会
赤尾光雄（1939）「聖僧海旭上人を偲ふ」『浄土』（1939 年 2 月号）法然上人鑽仰会
江幡潤（1978）『東京史跡ガイド⑤ 文京区史跡散歩』學生社
川西政明（2005）『武田泰淳伝』講談社
北島正元編著（1962）『江戸商業と伊勢店 ―木綿問屋長谷川家の経営を中心として―』吉川弘文館
古宇田亮修（2015）「文献学者としての渡辺海旭」『佛教文化学会紀要 24』佛教文化学会
壺月先生を語るの集ひ（1933）『壺月和尚之面影』非売品
芹川博通（1978）『渡辺海旭研究 ―その思想と行動―』大東出版社
丹野勲（2001）「江戸時代の奉公人制度と日本的雇用慣行」『国際経営論集 41』神奈川大学
坪谷善四郎編（1937）『博文館五十年史』博文館
長谷川良信（1960）「渡辺海旭伝」『あそか 10』聖典普及会
松崎欣一（1969）「江戸両伝馬町の道中伝馬役運営」『史学 42-1』慶應義塾大学
渡辺海旭（1933）『壺月全集（上・下）』壺月全集刊行会［改訂版1977年，大東出版社］

2. 明治新政府の社寺領政策と地域寺院
—山形県鶴岡市黒川の法光院を中心に—

桜井 昭男

　徳川幕府を倒して成立した明治新政府の社寺領[1]政策として，神仏分離政策と社寺領上知政策をあげることができる。筆者はかつて山形県鶴岡市大字黒川（旧黒川村）の鎮守である春日神社を事例として，1871（明治4）年正月5日に出されたいわゆる社寺領上知令が社寺経営にどのような影響を与えたかの具体的な検討を行った（桜井，2001：37-67）[2]。そこでは春日神社の別当寺である寺尾山法光院（真言宗智山派）については，神仏習合のもとで春日神社と一体的に取り扱うにとどまっていた。

　そこで本章では，明治新政府の神仏分離政策を受けて独自の経営を進めていかざるを得なくなった法光院にあらためて焦点をあて，明治維新期において一地域寺院が経験した社寺領上知政策の影響について検討することを目的とする。

第1節　黒川村の宗教をめぐる状況

　本章を進めていくにあたって，法光院および春日神社，そしてこの両社が所在する黒川村について説明しておく。

　黒川村は，徳川四天王の一人酒井忠次の長男忠勝が信州松代から庄内に移封された1622（元和8）年以降，江戸時代を通じて酒井氏を領主とする庄内藩領として存在した。この黒川村には，室町時代から500年を超えて伝承されている「黒川能」[3]という伝統芸能が存在している。黒川能は春日神社の氏子である黒川村の農民が，上座と下座の2つの座に分かれて春日神社の祭礼に奉仕する神事能である。春日神社の組織は，神主と別当寺である法光院，それに上

座・下座それぞれの座の長であり，かつ座ごとに組織されている能役者を統率する能太夫2名の合計4名が「一山衆」として氏子を統括するというもので，この「一山衆」は黒川村の村役人よりも大きな権威を持つという，特異な構造を持っていた（桜井，1999：9-34）。

春日神社は807（大同2）年の創建といわれ，江戸時代初期には「八幡神社」とも呼ばれていたようであるが，その後は「四所明神」あるいは「新山明神」などと称され，寛政期ごろから「春日四所明神」と「春日」の呼称が資料に見られるようになり，1868（明治元）年3月28日の神仏分離令によって正式に「春日神社」と社名を改めた。1612（慶長17）年に，酒井氏の庄内入部以前に庄内を領していた最上義光から56石1斗1升4合の黒印地を与えられ，それはその後庄内に入った酒井氏の時代にも引き継がれ，明治を迎えるまで存続した。この56石1斗1升4合は，表2-2-1のように神主，法光院，能太夫2名のほか，神社に奉仕する人物や神社に奉納する供物の費用，神社の祭礼を主催する立場で毎年氏子のなかの最高齢者が就任する「当人」や「脇当」らに配分されていた。

一方法光院[4]は，もともとは「源心山宝光院」と称して黒川村内の別の場所に所在していたが，その後春日神社の別当寺になると春日神社の境内地に庵を移し，山号を寺尾山に，寺号を法光院に改めたとされている。

ここで法光院に注目すると，社領の配分高が1624（寛永元）年は1石7斗8升，1683（天和3）年は6石6斗と4石8斗2升の増加となっている。これに対して上座と下座の能太夫はそれぞれ5石8斗6升6合8勺の減少，宮太夫は3石7斗9升9合8勺の減少となっている。

1683年の場合を例にとってもう少し詳しくみると，神社運営費ともいうべき費用として，上座と下座の能太夫には5石2斗9升1合2勺，宮太夫には4石8斗9升1合2勺がそれぞれ預けられているので，この分を差し引くと，能太夫自身への配分は5石2斗，宮太夫自身への配分は4石8斗であり，「一山衆」のうち法光院だけが配分高を増加させている。その他の承仕や与力，彦三郎といった神社に仕えていると思われる人物や，神社への供物費用，それに神社の祭礼を主催する「当人」や「脇当」への配分が増加しているが，これは祭礼費

表 2-2-1　春日神社社領配分

	上能太夫	下能太夫	法光院	宮太夫	承仕	与力
寛永元年（石）〈A〉	16.358	16.358	1.78	13.491	1.3	1.3
内神社運営費〈B〉	12.191	12.191		12.191		
差引〈A − B〉	4.167	4.167		1.3		
天和3年（石）〈C〉	10.4912	10.4912	6.6	9.6912	1.3	1.3
内神社運営費〈D〉	5.2912	5.2912		4.8192		
差引〈C − D〉	5.2	5.2		4.8		
増減（△減）〈A − C〉	△ 5.8668	△ 5.8668	4.82	△ 3.7998		

	彦三郎	年中供物	正月3日当2人	上下脇当4人	合計
寛永元年（石）〈A〉	0.5346	5.04			56.1616
内神社運営費〈B〉					
差引〈A − B〉					
天和3年（石）〈C〉		5.04	4.00	7.20	56.1136
内神社運営費〈D〉					
差引〈C − D〉					
増減（△減）〈A − C〉	△ 0.5346		4.00	7.20	△ 0.048

註）この表は、大瀬欣也氏の作表（『黒川能資料』所収、1959年、櫛引村教育委員会）を、寛永元年については蛸井伊右衛門家文書、天和3年については上野由部家文書をもとに筆者が校訂・作成した。公式な社領高56石1斗1升4合とは多少異なっている。

用として必要な分を能太夫や宮太夫の配分から支出したためであり、法光院の春日神社の別当としての立場を強めていることがうかがえる。「一山衆」のなかでの力関係の変化を示しているものといってよいだろう。春日神社の能舞台には「法光院柱」と呼ばれる柱があり、法光院がこの柱に寄りかかって能を見たという言い伝えがあるが、ここに法光院の黒川における位置づけをみてとることもできよう。

第2節　大泉藩の社寺領政策

　1867（慶応3）年12月9日の王政復古の大号令に始まり、翌年の戊辰戦争の勝利によって確立した明治新政府は、それまでの封建的諸制度を廃し、天皇を

中心とした中央集権化のための諸政策を遂行していくことになる。そのための政策の一つに神仏分離政策があった。これは，神仏習合を基本とした近世までの神道と仏教の関係を切り離し，神社から仏教色を排除することによって国家神道への道を切り開き，その頂点としての天皇の神権的絶対性を強調するというもので，中央集権的国家支配の精神的基盤となるものであった。

その具体的な展開は，1868（慶応4）年3月13日に「王政復古」「祭政一致」や神祇官再興といった理念が示されると，その後全国の神社を神祇官が管轄する体制の構築を踏まえて，3月17日に神社の別当僧や社僧に復飾が命じられたのを最初として，仏像を神体とする「神仏混淆」を禁止するなどの法令が立て続けに出されたのである。

このような神仏分離政策は，それ自身としては直接的に仏教攻撃を意図したものではなかったが，平田派の国学者や神官らによって神社内にある仏堂や仏具，仏像などが除去・破壊されるといった廃仏毀釈の嵐が吹き荒れたことによって，全国的に多くの寺院が廃寺などの憂き目を見ることとなった（鎌倉市，1994）。

ここで目を庄内に転じると，幕末の庄内藩は1863（文久3）年4月15日に，江戸市中警備のために幕府が浪士を集めて結成した新徴組の管理を委任され，さらに江戸市中の警備を命ぜられるなど佐幕の重要藩として活動したことから，1864（元治元）年8月に2万7千石の加増を受け16万7千石を領することになった（斎藤，1990：176-177）。庄内藩は戊辰戦争の過程でも新政府軍との戦いを繰り広げたが，奥羽越列藩同盟の諸藩が降伏すると庄内藩も1868（明治元）年9月16日に降伏するに至った。庄内藩に対する処分はその年の12月に出され，磐城平12万石への転封が決まるが，翌1869年7月に庄内への復帰が許され，9月に大泉藩と改称する（斎藤，1990：188-189）。

しかし，あらためて宛がわれた12万石のうちには，社寺領分である1,437石余が含まれていた。この社寺領分は基本的に黒印地など年貢免除地であるため，大泉藩は庄内藩時代に比べ大幅な減収を強いられることとなったのである。このため大泉藩は1869年11月に，社寺領分1,437石余は「従前禄高ノ外ニ罷成

居候」分であるとの理由により（山形県，1978：19），この社寺領分を旧庄内藩の時と同様12万石とは別に扱ってほしいとの歎願を行うが，新政府の民部省はこれを拒否する（鶴岡市役所，1975：136）。これを受けて大泉藩は1870年8月，これまで年貢免除地であった社寺領からあらたに課税したい旨を新政府に願い出たのである（山形県，1978：18）[5]。

第3節　神仏分離政策と法光院

　神仏分離政策を受け，社僧は復飾して僧籍を離れ社人になることも多かったが，法光院は1870（明治3）年9月大泉藩の寺社奉行所に対して次のような願書を提出する[6]。

　　　　　　　　　　乍恐以書付奉願候
今般神仏混淆御廃相成候ニ付，別当社僧之輩者復飾之上神勤可仕旨兼々被仰達候趣奉得其意候，拙寺儀社僧ニ而滅罪檀家者無御座候得共，祈願檀家弐百五拾軒御座候ニ付，右ニ而是迄漸々取続罷在候ニ付，復飾仕右之祈願檀家ニ引離候事ニ相成候而者纔之黒印而已ニ而自然後計も出來兼，往々廃寺ニ相成候哉外有御座間鋪与歎敷奉存候，猶又祈願檀家ニも相談仕候処，是迄年来祈願仕来候拙寺復飾相成引離候事者甚心外至極ニ付，可相成者是迄之通ニ而祈願ヲも請申度，夫共強而復飾仕候事ニ候ハヽ，旧来之神主社人等之祈願ニ相成候旨申聞候次第も有之色々説得仕候得共，何分大勢之檀中新キ社人之祈願請候，拙者甚タ不帰依之由強而申聞候者迚，右祈願ゟ引離候事ニ而，前段申上候通相続難相立仕合当惑至極ニ奉存候，依之御歎申上候も御時節柄恐多奉存候得共，以来春日社之社僧并関係向共寸切ニ引離，社地境内混淆不仕候様別紙絵図面朱引之通境界引分，以来新義真言宗一通ニ而相続仕度奉存候，何卒前段之次第被為聞召分格別之以御沙汰右奉願候通被　仰付被下置候ハヽ，難有仕合奉存候，以上
　　明治三年　　　　　　　　　　　　　　　　法光院　印
　　　　午九月　　　　　　　　　　　　　　　釵持兵庫印

　　　　　　　　　　　　　　　　　　　上野与四印
　　　　　　　　　　　　　　　　　　　釼持　安印
　　　　　　　　　　　　祈願旦家惣代　重左衛門印
　　　　　　　　　　　　　　　同　　　六郎兵衛印
　　　　　　　　　　　　　　肝煎　　　所右衛門印
　　　　　　　　　　　　　　　同　　　喜三郎　印
　　　　　　　　　　　　　　　同　　　長左衛門印
　　　　　　　　　　　　　　加判　　矢田部理三郎印
　寺社御奉行所

　神仏混淆が廃止となったことにより，別当も復飾して神社に仕えることを求められたため，当然のことながら法光院も復飾，神勤を求められることとなった。しかし法光院には「滅罪檀家」，すなわち檀那寺に属して葬儀などを行う，通常言われるところの檀家は存在せず，「祈願檀家」，すなわち法光院の祈願のみを受ける檀家250軒を有するという寺院であった[7]。このため，法光院には6石6斗の社領からの配分があったが，復飾して「祈願檀家」に対する祈願ができなくなるとすれば収入の道がせばまり，配分のみでは生活や寺院の維持もおぼつかなくなり，廃寺となってしまうかもしれないと訴えたのである。

　また，この問題への対応について「祈願檀家」にも相談したところ，「甚心外至極」と法光院の復飾には反対の意向であった。法光院は，法光院が復飾しても旧来の神主たちが祈願してくれると説明しても「祈願檀家」側は理解を示してくれなかったため，今後は春日神社との関係を断つこととし，春日神社と法光院の土地も図2-2-1のように境界を定めて別々とすることを願い出た[8]。法光院は，黒川の「祈願寺」という生き残りの道を選択したのである。黒川村内には4軒の寺院があり（桜井，2003：7），村民はこの4軒の寺院のいずれかの檀家に属していた。法光院は黒川村内の他の寺院とは違う特別な役割を担っていたのである。

　この資料に連印しているのは，法光院以外に，春日神社の神主である釼持兵

2. 明治新政府の社寺領政策と地域寺院　73

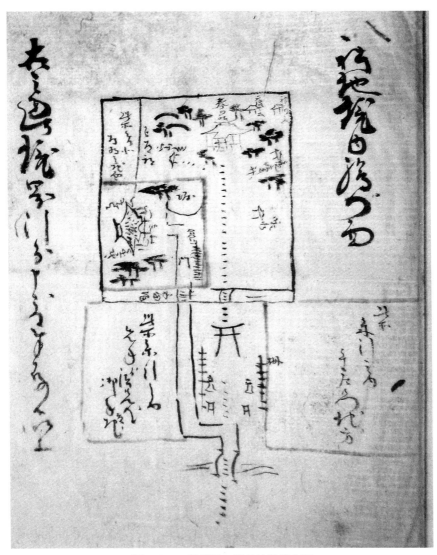

図 2-2-1　法光院・春日神社境内図
出所）黒川法光院文書 T2-5

庫，下座の能太夫である上野与四（太夫），上座の能太夫である釼持安（太夫）で，このほか「祈願旦(檀)家惣代」と村役人である「肝煎」たちであり，この願書が黒川村の総意であったことを示している。

　なお「加判」の矢部理三郎は，旧庄内藩以来の役職である「大庄屋」である。「大庄屋」とは庄内藩の行政吏で，村に居住して庄内藩の行政単位である「組」（黒川村は黒川組21ヵ村の親村であった）を支配していた。村から藩へ願書などを提出する場合には，その書類に必ず大庄屋が加判することとなっていた。大庄屋が加判することによって願書が正当なものであることが証明さるのである。

　ただし，春日神社と法光院の関係について付言すれば，実際には春日神社の氏子たちの集まりを法光院で行うなど[9]，春日神社と法光院の関係が一切なくなったわけではなく，両者のつながりは残されていた。

第4節　社寺領上知政策と法光院

　1870（明治3）年11月，春日神社の神主と上下能太夫は大泉藩に対して，次の資料のような年貢額の試算を提出する（桜井，1998：250-251）。

　　　　　　　　　　覚
　　　　高五拾六石壱斗壱升四合　　　　黒川村分
　　　　　此苅稲四千五拾束
　　　　　俵田渡口七拾表五升七合
　　　　　　　　　右年々私共江収納米
　　　　　　此度増御取立ニ可相成分
　　　　高五拾六石壱斗壱升四合　　　　免六ツ
　　　　　取米三拾三石六斗六升八合四勺
　　　　　　口米壱石三斗四升六合七勺
　　　　　本口合三十五石壱升五合壱勺
　　　　　表〆八拾七表弐斗壱升五合壱勺
　　　　一米三斗五升弐勺　　　　　　　右下敷米

2. 明治新政府の社寺領政策と地域寺院　75

一同弐拾四表三斗三升弐合弐勺　　諸浮役米
　　　　　　　　　　　　　　　　　大凡見積
出表百拾三表九升七合五勺　　御年貢米
　　不足米四拾三表四升五勺
右之通相違無御座候，必至と難渋至極ニ奉存候，以上
　　　午十一月　　　　　　　　　　　　黒川村
　　　　　　　　　　　　　　　　　釼持兵庫㊞
　　　　　　　　　　　　　　　　同村
　　　　　　　　　　　　　　　　　上野与四
　　　　　　　　　　　　　　　　同村
　　　　　　　　　　　　　　　　　釼持　安
　　　寺社方
　　　　御役所

　この資料では，社領56石1斗1升4合からの「俵田渡し口（小作料）」，すなわち収入を70俵5升7合とし，これに対する年貢額を試算しているのであるが，ここでは収入のうちどの程度の割合で年貢を賦課するかという年貢率を「免六ツ」すなわち6割としている。これは，大泉藩における通常の村に対する年貢率の平均が「免六ツ」であったため（朝日村役場，1980：293），社寺領に対する年貢率も「村並」すなわち村と同様の年貢率としたことに従ったからで，その年貢米は33石6斗6升8合4勺。これに付加税としての「口米」1石3斗4升6合7勺を加えて87俵2斗1升5合1勺（1俵4斗詰で計算）。さらに年貢の徴収を行う藩の役人の手当にあてる「下敷米」などの諸税を加え，年貢額は113俵9升7合5勺となり，収入の70俵5升7合をはるかに超えた年貢額となっている。

　これに対して黒川村では同じ1870年11月，とりあえず今年だけは社寺領への年貢賦課をとりやめてもらうよう歎願するが（桜井，1998：246-247），そのようななか明治新政府は1871（明治4）正月5日，いわゆる社寺領上知令を布告

する⁽¹⁰⁾。これによって社寺領は基本的に「現在境内地」や「墓地」などを除いたほとんどが上知されることとなった。なお明治新政府は，上知される社寺の生活基盤や社寺の運営を担保するために，それまでの収納高の半分を社寺に給与する「半租給与」を実施し，社寺の動揺を抑えるよう努めている。

この1871年の動向を見ると次の通りである⁽¹¹⁾。

　　　　　先般社寺領上地被　仰出候ニ付而ハ，現収納取調之上御定之禄制を以
　　　　夫々稟米御渡可相成処，調方御不都合之次第も有之当未年分ハ元社寺領収
　　　　納物成凡五分通を目的ニ致シ各地方官ゟ相渡し，追而稟米之割合被　仰出
　　　　候節ハ過不足精算可致候事
　　　　　　但府藩県之分ハ大蔵省江申立之上渡方可取計事
　　　　　　　辛未七月

社寺領が上知されたことにともなって，本来ならば収納高を調べた上で給与金額を取り決めるべきところ，その調査が進んでいないため，今年度については元の社寺領の収納米の半分を支給することとし，その後支給額が決まったところでその過不足を清算するとしている。方針は決まったが，まだ具体的な準備が進んでいない状況をみてとることができる。

10月になると具体的な動きが見られるようになる。次の資料は，法光院と同様現在鶴岡市内の真言宗龍覚寺が提出したものである⁽¹²⁾。

　　　　　　　社寺領今度御蔵米之内被下置候付未年分現収納之半通受取申事
　　　　高三石九升七合五勺
　　　　一米七表三斗弐升壱合　　　　　　納四斗入端斗立
　　　　右者東京表御模様御治定不相成候得共，口米者相除先以現収納之半通御
　　　渡被成下，東京表ゟ御差図次第夫々御沙汰可被成下旨被　仰達候，依之相
　　　渡候様御末書可被下候，以上
　　　　　　未十月　　　　　　　　　　　　　　　　　　　　　　　　龍覚寺印

2．明治新政府の社寺領政策と地域寺院

　　寺院御掛中

　まだ新政府の方針が固まらないものの，収納の半分を実際に受け取るための準備が始められている様子がわかる。この時期の法光院の動向を示す資料は残されてはいないが，この動きは法光院も同様だったと思われる。

　以上，1868（明治元）年の神仏分離から社寺領上知にいたる新政府の政策，およびそれを踏まえた庄内藩および大泉藩の政策のなかでの法光院の動きを追ってきた。筆者はかつて春日神社の動向について具体的に検討し，黒川村の鎮守としての春日神社の精神的，宗教的立場を，春日神社に奉仕する神事能・黒川能を利用しながら，あらたな時代環境の下で再編成していく過程を示した（桜井，2001）。しかし，神仏習合から神仏分離という明治新政府の政策のなかでは，神社と寺院の双方を視野に入れる必要があることから，本章ではとくに春日神社の別当寺であった法光院に焦点をあてて検討した。

　その結果，明治新政府の神仏分離政策を受けて復飾への道を迫られると，「滅罪檀家」，通常いうところの檀家を持っていなかった法光院は，村民の希望もあり「祈願檀家」を対象に祈禱に特化した宗教活動を選択し，寺院としての生き残りを模索した。また，社寺領上知に際しては，なかなか先の見通せない状況のなかで，その対応に苦慮している様子を見ることができた。

　本章ではその具体的な展開過程について十分に触れることはできなかったが，そのためにはもう少し長い期間を対象として設定してあらためて検討することが必要であり，これは今後の課題としておきたい。

註
(1)　一般的には「寺社」という表現をする場合が多いが，明治新政府による「神道国教化政策」が推し進められていく事情を踏まえ，本章では「社寺」という表現を採用している。
(2)　論文の題名は「山形県東田川郡櫛引町」となっているが，「櫛引町」は2005（平成17）年10月1日に合併して鶴岡市となった。

(3) 黒川能は，1952（昭和27）年に国の無形文化財に指定されるが，間もなく法律の改正によって解除され，1976（昭和51）年にあらためて国の重要無形文化財に指定されている。
(4) 法光院の創建は春日神社と同じ807（大同2）年という説と，853（仁寿3）年という説があるが，詳しいことは不明である。なお本章では，「法光院」といった場合，寺院としての法光院を意味する場合と，寺院である法光院の住職を意味する場合があることを断っておく。
(5) なお，これに対する明治新政府の回答は確認されていない。
(6) 黒川法光院文書T2-5，1870年9月「乍恐以書付奉願候（春日神社と法光院境界引分に付）」。
(7) 黒川村の村民は，黒川に所在する他の寺院の檀家となっていた。たとえば春日神社の神主釵持主衛は黒川村内の牧童院の檀家であったが，神葬祭を行うため1871（明治4）年9月に離檀届を大泉県に提出している。
(8) 図2-2-1の鳥居の先の四角く区切られた社地のうち，左下のおよそ4分の1を法光院の土地，その他を春日神社の土地という形で境界を定めている。
(9) 黒川五十嵐喜市家文書No.5「享和年代略記」。
(10) 内閣官房局『法令全書』明治4年太政官布告第4号。
(11) 註（6） S44，1871年1月～12月「未御用留帳」。
(12) 註（11）

引用・参考文献
朝日村役場（1980）『朝日村史 上巻』
鎌倉市（1994）『鎌倉市史 近代通史編』吉川弘文館
斎藤正一（1990）『庄内藩』吉川弘文館
桜井昭男（1998）『黒川村春日神社文書』東北出版企画
桜井昭男（1999）「村落支配をめぐる宗教的権威の位相―出羽国田川郡黒川村の『一山衆』と村役人―」大濱徹也編『国民国家の構図』雄山閣
桜井昭男（2001）「社寺領上知の地域的展開―山形県東田川郡櫛引町黒川春日神社をめぐって」三上昭美先生古稀記念論文集刊行会編『近代日本の政治と社会』岩田書院
桜井昭男（2003）『黒川能と興行』同成社
鶴岡市役所（1975）『鶴岡市史 中巻』
山形県（1978）『山形県史資料編十九 近現代史料1』

3. 近世仏教から学ぶ生ききることを支えるケアへの展望
―日本的看取りの再生に向けて―

野田 隆生

　現代社会を生きるわたしたちにとって，医療の技術が日進月歩で向上しているとしても，「死」に対して納得のいく模範解答があるとはいえない。むしろ，一人ひとりが「死」に対峙した時に，どのように向き合えるのかが問われている。不治の病に冒されたり，認知症や心身機能の低下により介護サービスを利用することになった時に，どのような人生の最期を迎えることができるのでしょうか。

　仏教では，人は四苦とどう向き合いながら生きていけばいいのかを説示している。「四苦」とは，「生・老・病・死」の四つの苦しみを表しているが，まさに，「誕生」「老い」「病」「死」に関しては，現代社会において欠くことのできない憂慮すべき課題として，生涯にわたり抱えていかなければならないといっても過言ではない。

　本章では，主題に掲げる「生ききることを支えるケア」について，誕生すれば誰しもが死に向かって生きていくことになるが，最期を迎えるにあたって，その最期にどのように向き合っていくことが必要とされているのかを，日本人が築いてきた慣習と仏教との融合性について言及しながら，とくに近世仏教が民衆とともに築いてきた看取りの様態を確認しながら抽出していきたい。

第1節　日本人と仏教
1　自然崇拝と仏教の融合

　外来の思想である仏教の日本への伝来は6世紀頃であるが，なぜ日本に定着

していったのかを考えてみたい。日本人の信仰の源泉には自然崇拝がある。「いわゆる山川草木，鳥獣虫魚，あらゆる自然物の中に宇宙の不思議な生命力が宿っていると信じ，それを霊力，霊魂，神々として崇めることに始まり，そのような大自然に宿る偉大な生命力への畏敬の念が，古代日本人の自然崇拝となった。さらに，定住農耕を基礎とする島国なので，他民族との領土を巡る争いも少なく生活する文化を築く」ことができた（小林，1997：241）。

では，このような定住農耕生活を営む古代の日本人が，神とどのような関係にあったのかをみてみたい。古代日本人にとっては，「神は人間の祖先であり，山河大地であり草木花鳥である。自分たちも死ねば，その神々の仲間入りをする。神と人間とは，日常生活の中で，生産や冠婚葬祭を通して絶えず交渉を保っている」とされ（磯部，1976：86），日本人にとって神は特別な存在ではなく，生活に欠かすことのできない身近な存在であったことが理解できる。

一方，外来の宗教である仏教との関わりについては，「日本人の死後の観念，即ち霊は永久にこの国土の内に留まって，さう遠くへは行ってしまわないといふ信仰が，恐らくは世の始めから，少なくとも今日まで，可なり根強くまだ持ち続けられて居るといふことである。是が何れの外来宗教の教理とも明白に喰い違った重要な点であると思ふのだが，どういう上手な説き方をしたものか，2つを突き合せてどちらが本当かといふやうな論争はついに起らずに，ただ何と無くそこを曙染のやうにぼかして居た」とある（柳田，1969：42）。

また，柳田は「霊は永久にこの国土の内に留まって，さう遠くへは行」かないという信仰に，仏教の輪廻，転生，再生などといった思想が対立することなく「曙染のやうにぼかして」いる点を特徴としてあげている。異文化の思想である仏教を，あたかも日本の土着の思想として，農村共同体の習俗の中に生きていた霊魂観や祖先崇拝と深く融合することによって，仏教が日本の思想信仰として根付いていくのである。

中世以降，仏教は古代の鎮護国家のための仏教から，死者への葬式・追善などを通して民衆との関わりが深まってきた。さらに，「現世利益的な息災・延命のための治病宗教として，民衆との密接なつながり」をもつようになってき

た（圭室，1967：156）。朝廷や貴族が信仰する限定された宗教から，民衆へと信仰の裾野が広まっていく過程をたどることになる。とくに，近世においては仏教が政治支配体制の手段として利用されることになっていく。近世の仏教は，民衆の生活と葬祭・治病・招福を通じて定着しており，仏教の本来的な信仰内容と直接つながっておらず，むしろ「多分に常民的な固有信仰に融合した性格のものであり，現実的，功利的な精神とつながって」いるものであった（圭室，1967：155）。

2 幕藩体制下の仏教

前項のように，仏教が民衆と結びついた形態としては，仏教的年中行事や開帳，縁日，巡礼，講などがあげられる。年中行事に関しては，2月25日の涅槃会，4月8日の灌仏会，盂蘭盆会，春秋彼岸会などがあり，とくに盂蘭盆会や彼岸会は祖霊祭としての意味をもち，民間における固有の祖霊崇拝と結合した葬祭仏教の性格をよく示している。このような仏教行事は，仏教側から提唱されてきたのではなく，幕藩体制下における「寺請檀家制」によって，民衆は必ず菩提寺をもたなければならなくなったことに起因する。それを示す法令が，後世に仮託して作られたものといわれている，1613（慶長18）年5月付の「神君御掟目十六箇条　宗門檀那請合掟」であり，その一部を紹介したい。

　一，頭檀那なり共，祖師忌，仏忌，盆，彼岸，先祖命日に絶えて参詣仕らざる者は判形をひき，宗旨役所へ断り，きっと吟味を遂ぐべき事
　一，親代々の宗門に元付き，八宗九宗の内何れかの宗旨に紛れも無く共，其の子如何様なる勧により心底邪宗に組合やも知れず，宗門寺より吟味遂ぐべき事
　一，死後死骸に頭剃刀を与える事，是は宗門寺の住持，死相を見届けて邪宗にて無之段，慥かに受合の上にて引導す可き也
　一，先祖の仏事，歩行達者なる者，参詣仕らず，不沙汰に修行申す者は吟味を遂ぐべし，其者の持仏堂の供え物，能々吟味を遂ぐべき事

一．先祖の仏事他寺へ持参致し法事勤め申す事堅く禁制す．然りと雖も他国にて死去候時は格別の事，能々吟味遂ぐべき事

(石井，1959：78-80)

　第1項は，仏教行事への参詣を理由なく休むことはできないこと。第2項は，子どもが宗旨替えをすることがないように寺僧が管理すること。第3項は，寺僧が必ず檀家の死体を検死することが義務付けられ，その後，通夜や葬儀式を行うこと。第4項は，ご先祖様のお勤めに病気でもないのに行かない場合には，その理由について寺僧が問いただすこと。第5項は，ご先祖様のお勤めを宗門寺ではないお寺で勤めてはならないが，旅先などで死去した場合にはその限りではないこと。
　その他に，正月に檀家の年始詣でと付届けに対する返礼として年始回りをすることや，盆に棚経と称して檀家参りすることも，古来から行われていた民間行事に仏教的色彩を付与したものである。このような形式で寺僧と民衆との関わりが16箇条にわたり制定され，幕藩からの寺僧と民衆への統制による圧力がかけられていることをうかがい知ることができる。

第2節　近世における「臨終行儀」と『往生伝』
1　僧侶の俗化と民衆

　近世の仏教が幕藩体制下に組み込まれ，寺請檀家制度によって半ば強制的に民衆が仏教徒になったことについてはすでに述べた。統制される仏教という受け身の立場が強調されているようにも思われるが，逆に制度によって寺僧と民衆の仏教を介したつながりができるようになったと捉えることもできるであろう。すなわち，仏教が日本に定着する過程に目を向けると，思想の衝突を望むのではなく，むしろその違いを活かし，日本古来の霊魂観と祖先崇拝に深く融合しながら，日本の宗教として仏教を位置づけてきた。近世の仏教は，寺請檀家制度によって民衆の生活と葬祭・治病・招福に寄り添うことのできる寺僧とのつながりができるようになってきたと捉えることができる。

では，なぜ幕府が寺僧に対して統制を図ろうとしてきたのか，その一端を紐解いてみよう。1816（文化13）年に書かれた武陽隠士（本名不明）の『世事見聞録』に，「当時は僧侶は御代の結構なる故に，更に困窮を知らずして，衣食住を極め，安楽に身を過ごす事無類なり。殊に世に養れ人の蔭にて立行身の程を忘れ，悉く高慢に構えたるものなり」とある（武陽，1930：5-6）。当時の僧侶が寺請檀家制度によって安逸と徒食を貪り，職分をまっとうすることもなく，裕福で意気揚々と生活している様を記している。同書は，武士・百姓・町人・寺社など主に中下層の身分の人を中心にその様態を記しており，当時の風俗を知る上で重要な書物となっている。すべての僧侶が，安逸と徒食を貪るような生活をしているわけではなかったであろうが，江戸期には度々「諸宗寺院法度」等が発布されていることからも，そのような僧侶がいたことは想像に難くないであろう。それ故に，先の僧侶に対する批評は強ち間違っているとはいえない。

　また，民衆の信仰という点では，いかほどの信仰心を仏教に対して抱いていたのであろうか。「朝題目に夕念仏」ということばがあるが，その意味は「天台宗で朝に法華懺法，夕に例時作法が行われる日常の勤行法を指す。本来は，平安浄土教の信仰形態を表す用語である。（中略）後世になると意味を誤解して，一貫性のない信仰・態度を指す」とあり（浄土宗，2016），昨今は後者の意味で使われることが多い。そのような信仰心がよくわかる一説を紹介したい。

　　　日蓮宗の檀家の者が，菩提寺の普請の手伝に行き，壁下地（こまい）を掻いていたが，縄が切れて高い所から下に落ちた。その瞬間に，「南無阿弥陀」と叫んだ。同じなかまが介抱して，ようやく人心地が少し出て来た時に，「お前はかりそめにもお題目を唱えずに，なんだって外道の念仏なんか唱えたのだ」と詰問すると，「そのことさ。さっき落ちるときは，てっきり死ぬと思ったもの。」　　　　　　　（安楽庵策伝，1972：193-194）

　これは，落語の祖といわれる，浄土宗西山深草派の僧である安楽庵策伝が記したものであり，当時の世相をよく表している。要約すると，日蓮宗寺院の檀

家でありながら，いざ死を覚悟する場面に遭遇すると，咄嗟の一言で「南無妙法蓮華経」ではなく，宗義の違う念仏を発してしまった，という落ちがついている。檀家制度によってそれぞれが特定の宗派に属することになったとしても，民衆の日々の営みの中では，死を前にすると後生の安穏をまず願うという欲求が先立つことが，時代を経てもなお通ずることに着目をするべきであろう。

2　臨終行儀書と『往生伝』の流布

　そうした宗風を刷新するべく，本来の寺院と僧侶のあり方に警鐘を鳴らす革新的な寺僧がいたことも否定できない。また，前節において寺請檀家制度により葬祭や仏教行事については，寺僧の手に委ねられていることはすでに述べている。なかでも，一部の寺僧が，寺檀の関係性を活かしながら，この世での生き方や死に方を説き，最期の看取りに寄与しているという事実を，臨終行儀書や『往生伝』の伝播や流布により知ることができる。長谷川は，「死に方，それは死を前にした病者への看とりのあり方にも及ぶもの」（長谷川，1992：56）であり，中世を境に編纂されてこなかった臨終行儀書が，江戸期の17世紀中葉までに徐々に編纂されるようになってきた。またその特徴は，「源信以降中世までの作法や心得を踏襲しているにせよ，信者との師檀関係を通じて，具体的に看とりの臨床を積み重ねて得られた貴重な経験に裏打ちされている」という（長谷川，1992：57），実践としての「臨終行儀」が展開されていることにある。

　また，江戸期の看取りがどのように行われていたのかを知る上で『往生伝』の伝播を見逃すことはできない。『往生伝』は，往生人の人柄や生きざまについて紹介し，臨末から死，死後に至るその過程を記録として書きとどめた，江戸期のケースファイルのようなものである。江戸期には，1688（元禄元）年に了智の『緇白往生伝　三巻』を皮切りに編纂が活発に行われるようになった（長谷川，1980：84）。その特徴は，江戸中期から後期にかけて和文体で記述されるようになったこと，寺請檀家制度によって寺僧と民衆との関わりが緊密になり，死後の葬祭仏事のみならず，臨末への往生人との関わりにまで及んでいること，書名に「勢州」「南紀」「淡海」などの地名が冠されており，民衆が生活する地

3．近世仏教から学ぶ生ききることを支えるケアへの展望

域での看取りの習俗などを知ることができることがあげられる（長谷川，1980）。

元禄文化といわれる独自の生活文化を築きあげていく江戸期にあって，幕藩の政策によって，民衆は寺僧に管理されるような関係性へとなってはいるが，逆に仏教が，民衆の生活の中に溶け込んでいく契機となったとみることもできなくはない。それ故に，民衆の冠婚葬祭に深く寺僧が関わることで，生死に寄り添う新たな布教・教化の流れが育まれていくことになったのであろう。その一つの事例が，中世以降世間に流布することが無かった先述の，臨終行儀書や『往生伝』の編纂や刊行が重ねて行われていったことにある。

日本での「臨終行儀」の源をたどると，平安時代に天台宗の僧侶である源信が985（寛和元）年に著した『往生要集』巻中「臨終行儀」の項目にみることができる。そこでは，唐の道宣の『四分律行事鈔』瞻病送終篇中国本伝や善導の『観念法門』，善導作とされる『臨終正念訣』が引用され，その後の「臨終行儀」において宗派を問わずに広く引用されるようになった（神居ほか，1993：42-44）。

ここで，『往生要集』巻中「臨終行儀」に引用されている道宣の『四分律行事鈔』の一部分を紹介したい。

　　祇洹の西北の角，日光の没する処に無常院を為れり。もし病者あらば，安置して中に在く。およそ貧染を生ずるものは，本房の内の衣鉢・衆具を見て，多く恋著を生じ，心に厭背することなきを以ての故に，制して別処に至らしむるなり。堂を無常と号く。来る者は極めて多く，還反るものは一，二なり。事に即きて求め，専心に法を念ず。その堂の中に，一の立像を置けり。金薄にてこれに塗り，面を西方に向けたり。その像の右手は挙げ，左手の中には，一の五綵の幡の，脚は垂れて地に曳けるを繋ぐ。当に病者を安んぜんとして，像の後に在き，左手に幡の脚を執り，仏に従いて仏の浄刹に往く意を作さしむべし。瞻病の者は，香を焼き華を散らして病者を荘厳す。乃至，もし尿屎・吐唾あらば，あるに随ひてこれを除く

（石田，1992：29-30）

命終に際して，気持ちが乱れないように別処，すなわち無常院に移ること。仏像を安置し，その後ろに病者の顔を西方に向けて寝かせ，仏像と五綵の幡でつなげること。瞻病の者（病者の傍にいる者）は環境整備と尿や痰，嘔吐物を処理することなどが記述されており，こうした内容が宗派を超えて以降の「臨終行儀」にも踏襲されていくことになる。

また，源信はこの「臨終行儀」を比叡山横川首楞厳院において，986（寛和2）年に修行仲間と結衆し「二十五三昧会」を創設，そのあと『横川首楞厳院二十五三昧起請』を作成した。そこには，毎月15日に不断念仏を行うこと，病人が出たときには互いに看病をすること，死者が出た場合には葬儀を行い，念仏をすることなどがある。平素の修行のみならず臨末から死，死後までのことを記すことで，『往生要集』で伝えたい「臨終行儀」を具現化していることに着目すべきであろう。すなわち，『往生要集』を通じて，まずは地獄の恐ろしさを伝え，それとは逆に極楽という安楽な世界を提示している。次いで往生するためにはどうすればいいのかを先人の要文を引用しながら，そこに自身の解釈を加えて，その作法や心得を通して往生の方法を説示している。それを「二十五三昧会」において，結集相互の看取り，看取られの関係性を築き，その組織化を図りながら，実践へとつなげていく過程であった。このような源信の行動が，後世の日本において「臨終行儀」が広まっていくことに影響を与えていることは言うまでもない。

前述しているが，江戸期になって，善導作とされる『臨終正念訣』の注釈に始まり，既存の臨終行儀書の校訂編集や出版がなされ，元禄以降『往生伝』が多数編纂され，民衆がどのように生きて最期を迎えているのかを知ることができる。次節においては，看取るものと看取られるものそれぞれの役割や心得を，両書より見出しながらその特徴を把握していきたい。

第3節　江戸期の看取りと民衆

1　看取るものの役割と心得

「臨終行儀」には，看取るものの役割と心得について示されていることはす

3．近世仏教から学ぶ生ききることを支えるケアへの展望　87

でに述べた。『往生要集』以降の「臨終行儀」の体裁については，古代より踏襲されている項目に加えて，同時代に即した内容へと加筆された項目などと進化を遂げている。そこで，江戸期の臨終行儀書である，① 慈空『臨終節要』1686（貞享3）年と，② 可円『臨終用心』1780（安永9）年の両書を頼りに[(1)]，病床に配置する人数と役割について考えてみたい。

(1)　病人の辺り(ほと)には三人。その一人は知識。すべからく専(もつ)はら，慈悲の念に住して佛前に向かひ，病人に代りて焼香散華，心を潰して念佛すべし。(中略)その二人は看病。一人は近く床の下に在りて，病人の眼(まなこ)いろ，且つは，息あいに心を係て，静に為(ゆか)めに念佛(もと)すべし。又一人は，便り宜きに居て，用事を辨じ，外かに言ひ伝えよ。

或は，四五人には過ぐべからず。人多ければ騒しく，その心乱やすきが故に。もし日を重て看病せば，互ひに代りて休むべし。病人の辺にて，睡ること無らんが為めなり。但し，この三五人の人，もっとも択ぶべし。曰く，後世の志ふかき人，精進にして勇みある人，柔和にして瞋(いかり)なき人，睡眠(すいめん)あさき人，縦令(たとひ)，その子息なり共，菩提心ありて，病人の資助(たすけ)にならん人は，許用(ゆるし)よ　　　　　（長谷川，1992：66）（波線は筆者）

　ここでは，病人のそばには3人が必要で，その役割には，知識として1人，看病に2人を配することを役割とともに示している。さらには，誰彼でもいいのではなく，ふさわしい人物を選ぶことが必要だとしている。4〜5人は多すぎるが，病人のそばで居眠りをしないために，交代をしながら休憩をとり修することを奨励している。

(2)　今を最期と見は，その席へ大勢入べからず。只三人にてよし。一人は称名(しょうみょう)，一人は看病，一人は次に居て，諸事の用を弁するなり。称名する人は，静に鉦(かね)を打て，声高からす低からす，遠からす近からす，病人の耳に聞ゆるくらゐにすべし。又せわしからぬやうに，病人の息つかひに合わせて称ふべし。本尊よ，香よ，燈明よとさはく事なかれ。今臨終にて，一生の大事ぞなどいふ事なかれ。唯静に念佛すべし。もし病人が本尊拝

みたき由願はゝ，望に任すへし。香花燈明，御手の糸，頭北面西等，右同前たり　　　　　　　　　　　　　　　　（長谷川，1992：83）（波線は筆者）

　ここでは，病床の周りには大勢は必要なく，3人でよいとしているのは（1）と変わらないが，その役割は，称名（念仏を唱えること）と看病と控えの間に居る者となっている。「称名をする人」は静かに鉦を鳴らし，念仏の声は高くもなく，低くもない音程で，病人の耳に届くようにしなさい。また早すぎないように心がけ，病人の呼吸の状態に合わせて唱えなさい。本尊がない，香を焚かねば，燈明を，などと騒がしくすることはない。今が臨終のときだから，一生に一度の大事なときだなどと言ってはならない。ただ静かに念仏を唱えなさい。もし病人が本尊を拝みたいと願ったならばそれに従いましょう。香，花，燈明，御手の糸（前節で述べた五綵の幡（『往生要集』）のように本尊阿弥陀如来のみ手と病人の手を結ぶ糸），病人の頭を北にして，顔を西方に向けるなどといったことについては，病人の願いに従いなさい，と。

　この（1）と（2）から，病床においては，多すぎない人員の配置とその人選が大切であることが述べられている。また，（1）では病人の傍で居眠りをすることを禁じていたり，交代しながら休憩することが記述されている。さながら江戸期のシフト勤務といえるのではないか。（2）では本尊，香，花等々，病室のしつらえについて注意喚起がなされている。すなわち，臨床の場において病人の意にそわない人がいたり，「臨終行儀」に示されている通りに行動したり，病床の環境設定にのみ気持ちを注ぐ人がいたのではないだろうか。

　先述の10世紀に刊行された『往生要集』巻中「臨終行儀」に，「私に云く，もし別処なくは，ただ病者をして面を西に向けしめ，香を焼き花を散らし，種々に勧進せよ。或は端厳なる仏像を見せしむべし」とある（石田，1992：31）。

　臨終を迎える場所としての別処（無常院のような場所）がない場合には無理をせず，ただ病者の顔を西に向けて，香を焚き，花を散じて，念仏を勧めたり，あるいは端正で荘厳な仏様を拝めるようにしなさい，とある。別所をしつらえることができない生活環境や，病態が重く移動できない場合には，そこででき

ることをまず行う必要が出てくる。このように，ただし書きを文中に添えるということは，いわゆる「マニュアル人間」が，同時代にも存在していたといえるのではないだろうか。

2　看取られるものの心得

　臨終行儀書には，看取るものについてのみ，その心得や作法が示されているのではなく，看取られるものについても言及されているところにその特徴を見ることができる。前項と同じ臨終行儀書を引用して考えてみたい。

(1)　① 行基大士の言く，浄土にあらざれば，すなわち心にかなうところ無し，云々。おおよそ病人は始めより，この意を得て看病等において，② 毛頭不足の思いを存ずべからず。まさに思へ，③ わが身だに，わが心にかなはぬものを増て他人をやと。また思へ，④ むなしく野外に捨てらるべき不浄の身を，同行の因みとてかくの如く。看病し，兎角あつかひ給こと，実に ⑤ 有がたき過分の志しかなと。喜悦の色をあらはし，満足の言を述べよ。看病人等，是を聞く時，心いよいよ勇みありて，必ず労を忘るゝ者なり。是れ病人の兼て心得べき事にてある也
　　　　　　　　（長谷川，1992：70-71）（丸囲み数字ならびに波線は筆者）

(2)　① 行基菩薩の云，浄土にあらざれば心にかなふ處なし。聖衆にあらざれば意に随ふ人なしと。凡病人は初より此意を得て，看病等におゐて ② 少しも不足のおもひを存ずべからず。③ わが身さへ吾心に叶はぬものを，まして他人をや。④ 空しく野山に捨らるべき不浄の此身を，妻なれはこそ，朋友なれはこそ，同行なれはこそ，かくまで看病しあつかひくれる事，⑤ 過分のことなりと，心にも思ひ，口にもいふべし。かねて此意を得ざれは，臨終に心かなわぬ事のみ出来て，瞋恚を起し，臨終の障となるなり　　　　　　（長谷川，1992：81）（丸囲み数字ならびに波線は筆者）

　(1) と (2) は，波線箇所を見るとわかるように，ほぼ同じ内容になっている

ことがわかる。両書の刊行された年代には，おおよそ 100 年の隔たりがある。編者の生没年をみると，慈空は 1646 〜 1719 年であり京都出身で，浄土宗西山派の高僧である。可円は 1693 〜 1780 年であり信州出身で，浄土律の高僧である。慈空の晩年と可円の青年期が 30 年ほど重なってはいるが，可円は 13 歳で得度をし，まもなくして江戸の檀林深川霊巌寺に入山し，宗戒両脈を受けたのち帰郷して西教寺に住していることからすると（長谷川，1992：57-60），両師の接点があるとは断言できない。しかし，江戸期において臨終行儀書が埋もれることなく継承され，世に流布していることは間違いなく，民衆への布教の一手段として，また看取りに際してどのように取り組めばいいのかを伝える，良き教導書になっていたのではないだろうか。

　話を戻すが，看取られるものの心得について，波線 ① は行基菩薩のことばである，「浄土のほかに心にかなうところはなく，聖衆のほかに意に従う人はいない」の引用箇所から始まっている。波線 ② では「看病に対して不満を抱いてはいけない」，波線 ③ では「わが身でさえ自分の思い通りにならないのに，まして他人であるこの身を気遣ってくれる人があろうか」，波線 ④ では「普通であれば野山に放置されるほどのこの不浄の身を，妻だからこそ，友人だからこそ，同心者だからこそ」看病してくれる。波線 ⑤ では「ありがたくも過分のおもてなしであり，心より感謝し，言葉にも言い表しなさい」とある。

　看取られるものにも，患者としてケアを受けることに際して心得るべきことがあることが述べられており，現代社会におけるケアの現場にも通ずる大切な視点が示されている。看病人に対して，日ごろのケアへの感謝のことばを声に出して伝えることで，看病人の心が奮いたって，心労を忘れる効果があることを示している。

3　『往生伝』にみる看取りの実際

　ここからは，『往生伝』にみるケースを紹介しながら，江戸期を生きていた人の生きざまと死にざまを通して考えていきたい。

3. 近世仏教から学ぶ生ききることを支えるケアへの展望　91

(1) ケース1：痛み緩和のための服薬（関通『随聞往生記』巻中）

　　円寿院殿寂岸知性大姉は，芝山中納言某卿の母堂であり，ある時死を予兆する夢を見て，死が近きことを知り，その一部始終を子息に告げることになった。「近々浄土に往生することになるので，その際には医師など招いて物騒がしくしないように」と述べ，「これから安心のために薬を服用します」と苦痛を和らげる服薬を始めた。その後，痛みもなく最期を迎えることができたという内容である。　　　　　　　　（笠原，1979：153-154）

　このケースは，「中納言」とあるので，国政を司る要職に就いている高官である子息の母の往生について記されている。その家柄ゆえに，身体に変調を来したら祈祷師や医師を呼び治療をうけることを先決とすることが平素の対応であったのだろう。しかし，母は自ら「騒がしきこと」と一切の治療を断り，心身の安定と痛みの除去のために服薬を行い，臨終正念[2]を願うことを選択したケースである。

(2) ケース2：生前の沐浴と死後の沐浴（徳演『三河往生験記』）

　　農夫の勇誉善念信士，名前は弥助という。年末12月27日に体調に異変を感じて，医師の診断を仰ぎながら年始を迎えた。1月5日に身体疲労が増し，看病人が「病苦はいかが」と問う。6日「① 我命終の後沐浴する時，ありし人々へは我死体を見せ給へ，結縁となるべし」と。9日顔色悪く，音声も衰えている。② 看病の尼が「気分はいかが」と尋ねると，「病中にしては快い。久々に入浴し，身体を清浄にして仏壇を拝みたい」と述べると，看病の尼は「③ 入浴は病体によくない」ということで，④ 手拭にて身体の清拭を行い，その後，手を洗い，口を漱ぎ，お参りできたので大変悦んでいた，という内容である。　　　　　　　（笠原，1979：372-375）

　　　　　　　　　　　　　　　　　　（丸囲み数字ならびに波線は筆者）

　このケースは，波線 ① は自身の死体を「湯灌」[3]する際に，親族や知人の

方にも見届けてほしいという生前の意思を示している場面である。現代は，死亡場所の移り変わりで，家で湯灌をすることはほとんど見かけなくなっている。この湯灌を通じて死体と向き合うことで，明日はわが身を想起して，今を生きることへの価値を見出すことはデス・エデュケーションとして大切な視点になるであろう。

次に，波線②であるが，看病人の一人として尼が参画しており，先述の「知識」や「称名」ではなく「看病の尼」と記されていることに着目したい。波線③では，看病の尼が病人のコンディションを察知し，湯船につかるだけの体力はないと判断し，波線④にあるように床上にて身体を手拭で拭くということを行っている。現在でも病院や介護の現場において行われている，清拭介助の技術とも重なってくるのではないだろうか。

以上を踏まえて，少しくまとめに入っていきたい。筆者が担当する講義で学生に向けてこのようなことをいっている。「みなさんはすでに誕生しています。故に死に向かって生きています」と。学生の反応としては，「死に向かって生きている？」の意味がつかみきれない学生もいる。なかには，身内の死に直面したことがない学生もいる。先述の「命終の後沐浴する時，我死体を（親しい方々に）見せ」てくださいとの懇請に出会うことはほぼないのであろう。

江戸期を生きた人々と向き合う寺僧の「死」を介した関わりの中から，看取るものとしての心得，適正な人員配置，ケア中の居眠りや疲労を回避するためのシフト勤務など，現代においても活かすことのできる視点が抽出できたのではないだろうか。

また，医療，福祉，介護の対象者は，あくまで生者であり，死者ではない。よくターミナル・ケアの分野では，「死にゆく患者」という表現を使用している。まだ死んではいないのだが，もう先が見えていて「死を待つだけの人」というネガティブな印象を与えていることは否めない。『往生伝』に登場する往生人は，難治の病をきっかけに覚悟をして往生に向けた準備に入っていく。むしろ，それは最期まで生ききって後生を信仰に委ねるという，きわめてポジティブな

「死」との対峙といえる。そうなると，これからは「死にゆく患者」ではなく，「生ききる患者」へのケアが大切となっていくのではないだろうか。今回の研究を踏まえて，さらに看取りの日本的なるものの考究を進めていきたい。

註

（1） 両書に関する書評や編者の解説については「引用・参考文献」の長谷川（1992）を参照されたし。
（2） 「臨終正念」とは，「臨終のときに心が乱れることなく，執着心に苛まれることのない状態のこと。「正念」とは，「八正道の一つ。正しく心に思いとどめること，邪念を離れてありのままの姿や本性を正しく心に思いとどめて記憶すること」である。（『WEB版 新纂浄土宗大辞典』にて閲覧）
（3） 藤井正雄・八木澤壯一監修『日本葬送文化大事典』（2009，四季社）を参照。

引用・参考文献

安楽庵策伝著，鈴木棠三訳（1972）『醒睡笑』東洋文庫
家永三郎・赤松俊秀・圭室諦成監修（1967）『日本佛教史Ⅲ 近世・近代篇』法蔵館
磯部忠正（1976）『「無常」の構造―幽の世界』講談社
石井良助校訂（1959）『徳川禁令考 前集5』創文社
石田瑞麿訳注（1992）『往生要集（下）』岩波書店
笠原一男（1978）『近世往生伝集成一』山川出版
笠原一男（1979）『近世往生伝集成二』山川出版
笠原一男（1980）『近世往生伝集成三』山川出版
神居文彰・田宮仁・長谷川匡俊・藤腹明子（1993）『臨終行儀―日本的ターミナル・ケアの原点』北辰堂
小林道憲（1997）『宗教とはなにか 古代世界の神話と儀礼から』NHKブックス
浄土宗総合研究所（2016）『WEB版 新纂浄土宗大辞典』（2024年8月28日閲覧）
　　https://jodoshuzensho.jp/daijiten/index.php/
武陽隠士著・本庄栄次郎校訂（1930）『世事見聞録』改造社出版
野田隆生（2018）「生死考」『京都華頂大学・華頂短期大学研究紀要 第63号』京都華頂大学・華頂短期大学
野田隆生（2015：80-82）「近世仏教と看取りの文化 その一 〜幕藩体制下の仏教と民衆〜」『地域ケアリング Vol.17 No.13』北隆館
野田隆生（2016：86-88）「近世仏教と看取りの文化 その二 〜信仰と「死」の看取り〜」『地域ケアリング Vol.18 No.1』北隆館
野田隆生（2016：73-75）「近世仏教と看取りの文化 その三 〜看取るものと看取られるもの〜」『地域ケアリング Vol.18 No.2』北隆館

長谷川匡俊（1980）「Ⅲ布教の方法と巷への定着」『近世念仏者集団の行動と思想―浄土宗の場合』評論社
長谷川匡俊（1992）「江戸時代の『臨終行儀』史料の紹介と若干の考察」『淑徳大学大学院研究紀要 創刊号』淑徳大学
柳田國男（1969）「先祖の話」『定本柳田國男集 第10巻』筑摩書房

4. 親鸞にみる社会福祉の思想

工藤 隆治

　平安時代の末期，日本では戦乱や地方における行政の荒廃により，社会が混乱し，人々のなかに不安が広がっていた。鎌倉時代には末法思想が普及していくなかで，人々は現実生活の苦しさから逃れるために，仏教思想に救いを求めた。鎌倉時代は仏教慈善思想において注目すべき時期であり，人々が感じていた社会不安に応えるために，多くの高僧が現れた。鎌倉新仏教の代表的人物である，法然（1133～1212），親鸞（1173～1262），一遍（1239～1289）は，身分の格差に関係なく仏教の信仰を布教した。

　鎌倉時代の新仏教の動向に対して刺激を受け，旧仏教も革新的な考えを持った高僧が，慈善事業の実践を行うなど，活発な活動を行った。重源（1120～1206），叡尊（1201～1290），忍性（1217～1303）は，鎌倉時代の仏教における三大慈善事業家として活躍した。

　鎌倉時代において，浄土真宗の開祖といわれているのが親鸞である。主著は，『顕浄土真実教行証文類』（教行信証）であり，浄土教思想を体系化したものであった。親鸞に関連ある有名な著書の一つである『歎異抄』は，親鸞の門下生である唯円が，親鸞の言葉を編集して著したものといわれている。社会福祉の思想に関連ある重要な親鸞の言説のなかで，本章では，「御同朋御同行」「悪人正機説」「雑毒の善」「聖道の慈悲」「浄土の慈悲」に注目する。そして，この考えを踏まえて，社会福祉の言説である福祉社会，自己覚知，ボランティアを取り上げ，考察することを目的とする。

第1節　親鸞の略歴

　若干，神話的なことも含めて親鸞の履歴を辿ると，1173（承安3）年，親鸞は京都において，下級の貴族であった日野有範の長男として生を受けた。1181（養和元）年，9歳の時に仏門へ入門し，比叡山延暦寺の僧になり，約20年間，当地で修行を経験した。1201（建仁元）年の29歳の時に，親鸞は比叡山を下り，京都の六角堂までの百日間参籠を実践し，その後，救世観音菩薩姿の聖徳太子が夢に現れるという夢告を受けた。同年，初めて法然（69歳）に出会い，これを契機に，親鸞は約20年間の比叡山延暦寺の僧であった地位を捨て，専修念仏を説く法然の門下に入った。

　1207（承元元）年，当時の朝廷と既存仏教が，勢力を拡大する専修念仏の停止と念仏弾圧を行った「承元の法難」により，師匠である法然は土佐に，親鸞は越後の国府に流刑された。この時，法然は75歳，親鸞は35歳であり，これが師匠との生涯の別離となった。1211（建暦元）年，親鸞が39歳の時，朝廷により流罪が赦免となり自由の身となった。翌1212（建暦2）年に，法然が80歳で往生した後，1214（建保2）年，親鸞（42歳）は家族とともに，現在の茨城県である常陸国に移住した。この地を基盤に教化活動を行いながら，『教行信証』の草稿を書き上げたといわれている。そして，1235（嘉禎元）年頃の60歳を過ぎた時に常陸国を去り，京都に帰った。

　親鸞の師匠である法然の教えは，貧富の格差にかかわらず，どのような階層の人々でも，平易に理解できる内容であり，人々の生活形態にかかわらず，すべての人が念仏によって浄土に救われるという思想であった。親鸞が仏教の教化活動を実践した平安末期から鎌倉時代は，末法思想が広がっていた。このような社会状況のなかで，法然の専修念仏は，当時の人々の不安を精神的に救済する教えであった。

　親鸞が常陸国から京都に帰った後，関東地方で間違った法然の思想が流布されていたので，息子の善鸞を派遣した。しかし，善鸞は自分勝手な自説を関東の地で展開したため，親鸞は善鸞との親子の縁を切ったといわれている。これは，親鸞の法然の教えに対する絶対的な信頼と信仰に対する強い思いが推察さ

れるエピソードである。1262（弘長2）年，強い意思と信仰心を持ちながら，波乱の人生を送った親鸞は静かに永眠した。享年90歳であった。

第2節　親鸞の思想（言説）─社会福祉との関連で─

1　御同朋御同行─同朋の精神

　浄土真宗の名称の由来は，親鸞が著した，『教行信証』などに真実の浄土門，一乗究極の教えが記述されていたことにより，呼称されたものである。この名称は，浄土宗からの反発で，公に認められたのは1872（明治5）年であった。親鸞は法然の教えに忠実にしたがっていたといわれている。したがって，浄土真宗の本質は，阿弥陀仏が創造した浄土に往生する道という意味である。

　親鸞が教化活動を行っている当時の仏教界は，師資相承（ししそうしょう）という師弟関係を重視していた。現代の宗教界を見ても，この師資相承が一部残存しているよう思える。宗門などの開祖が存在し，開祖からの説法などによって信仰の実践が行われているケースがある。

　『歎異抄』のなかで，「親鸞は弟子一人（いちにん）ももたずさふらふ。」と記述されている（酒井，1985：66）。親鸞は，念仏による救済だけを信じる同志は，師匠と弟子という上下・主従の閉鎖的な関係ではなく，阿弥陀仏の前では同じ念仏を信仰する仲間であると考えており，師匠と弟子は対等で水平的な関係であると考えている。この考え方は，「御同朋御同行」という絶対的な平等の概念として説明できる。

　親鸞が比叡山で修行したときの仏教は，自力による聖道の仏教（顕密仏教（けんみつ））であった。これは，個人が出家をした後，厳しい修行や学問に精進し，今生（こんじょう）において成仏を達成するという信仰である。顕密仏教は，出家した者が山の寺に籠もり，戒律を守って，均一・画一的な生活を送るという閉鎖的なものであった。親鸞の師匠である法然は，顕密仏教に対して批判の目を向けた。一般の在家者は，多種多様な職業に就き，個々別々の生活様式をとおして，阿弥陀仏の救済を目標に生きていかなければならない。在家者が阿弥陀仏の本願を求めて，念仏の一行により救済されていくという専修念仏を推進したのが，法然で

ある（本多，2006：231-233）。

　親鸞は法然と出会い，性別，階級，年齢など関係なく，平等に仏の道を歩む，共同体的な専修念仏の集団と接触したことにより，「御同朋御同行」の教えを悟った。「御同朋御同行」は，社会連帯，共同連帯の意味を内包しているが，この連帯の思想は，福祉社会を構築していくうえでの基盤となる言説である（長谷川，2002：59）。

2　悪人正機説

　『歎異抄』の序，第3条に「善人なほもて往生をとぐ，いはんや悪人をや。しかるを世のひとつねにいはく，悪人なほ往生す，いかにいはんや善人をやと。」という一節がある（酒井，1985：40）。これは，『歎異抄』を象徴する一つの節で，悪人正機説を表わした教えである。世間一般の人々は，悪人が往生するのであれば，善人が往生すると考えるが，これは常識的な見識である。善人とは，自分の力で修行を重ね，善根を行っていく人のことである。悪人とは，煩悩を持ち続け，自分の真相や姿におののき，自力で修行ができない人のことである。善人は，阿弥陀仏に対する念仏によって，往生するという他力の心が希薄であり，自力の修行と善根で往生できると考えている。

　一方，悪人は煩悩具足の存在である。一般の人々も，完全に煩悩から開放されることはない。したがって，阿弥陀仏は，煩悩具足の人々を哀れに思い，悪人を救済しようとしている。悪人正機説とは，阿弥陀仏からの他力に頼ることによって，悪人こそ浄土に往生できるという考え方である。他力は，「自然法爾」に置き換えることができる。「自然法爾」とは，阿弥陀仏の願いや働きのままに任せていくという意味である。

　つまり，自己の知識や行動には限界があり，そこには不完全な人間の姿がある。ここに，人は不完全な自己を認識したうえで，他者の力（他力）を借りながら，行動していく必要性が生まれてくる。

3 自我の追究

親鸞の『正像末和讃』には、「小慈小悲もなき身にて」という一節がある（増井，2010：180）。これは、小悲（衆生縁）、中非（法縁）、大悲（無縁）という三縁の慈悲のうち、衆生縁である小慈悲もない自分が存在するということを表わしている。衆生縁とは、現実に苦痛で苦しんでいる者のなかで、縁がある人だけに支援をする慈悲のことで、凡夫や外道が持つ小慈悲のことである。つまり、自己中心の愛でしか生きていけない凡夫のことを指す。親鸞は徹底的に自分自身を見つめ、内省することができる人物であると理解できる。この内省の追究は、「雑毒の善」につながる思考と考えられる。

「雑毒の善」は、中国の唐の時代の高僧である善導（613～681）が示した概念で、人間の善には、煩悩という毒が混じっているという語意である。親鸞によると、人間の言動や努力は真実の業ではなく、「雑毒の善」であるため不完全な行為といえる。たとえば、ボランティアなど人に対して支援を行う動機が、他人から評価を受けたいという心からかもしれない。また、好きな人に体裁を良く見てもらいたいという意思が、ボランティア活動を行う要因になっている可能性がある。人は純粋な善意によって支援する機会は少なく、多かれ少なかれ、不純な毒をもって、人への援助を行っているのではないかと考えられる。

親鸞は、『歎異抄』において、「今生に、いかにいとをし、不便とおもふとも、存知のごとくたすけがたければ、この慈悲、始終なし。」と説明している（酒井，1985：52）。この一節は、今生における人の慈悲の限界について言及している。社会的に弱い立場にある人に対し、同情や優しさの心を持っていても、すべてその思いのとおりに支援することはできないため、凡夫による慈悲は不完全であるということを意味している。

4 聖道の慈悲と浄土の慈悲

慈悲は、智慧と並んで仏教の基本となる徳目である。「慈」は、サンスクリットのMaitrīを訳したもので、原意は最高の普遍的友情を表わしている。「悲」は、同様にサンスクリットのKaruṇāを訳したもので、「原意は呻き、苦悩す

る者への理解,同苦の思いやり」の意味がある(浦辺他,1986:69)。慈悲は,徹底的な平等思想を基本としており,仏教的慈善は平等という人間観をもとに,善の行為を行っていくことであるといえる。

『歎異抄』の第4条には,慈悲について,「慈悲に聖道・浄土のかはりめあり。聖道の慈悲といふは,ものをあはれみ,かなしみ,はぐくむなり。しかれども,おもふがごとくたすけとぐること,きはめてありがたし。また浄土の慈悲といふは,念仏して,いそぎ仏になりて,大慈大悲心をもて,おもふがごとく衆生を利益するをいふべきなり。」と記述されている(酒井,1985:52)。この一節によると,慈悲には「聖道の慈悲」と「浄土の慈悲」がある。「聖道の慈悲」とは,生命のあるすべての生物に対し,人々は,哀れみ,愛するという気持ちを持ち,その心情から支援をしようとすることである。しかし,その支援の行動は不完全なもので,思いどおりに続けていくことができない。なぜなら,人は自分の身が大切であるという利己主義の心があるからである。親鸞は,「聖道の慈悲」により,心の動きにおける行動の限界を説明していると考えることもできる。一方,「浄土の慈悲」とは,「聖道の慈悲」における言動の限界性に対して,凡夫は浄土に往生するために念仏を唱え,阿弥陀仏のように悟りを開くとともに,還相回向という衆生救済を実現する利他行を実行して生きるという考え方である。

「聖道の慈悲」は,自力による慈悲と考えることができる。人間には,煩悩があるため,思いやりや同情のなかに「雑毒の善」がある。「雑毒の善」を克服していけるのが,念仏をとおして人の心や言動に見えてくる大慈悲心である。親鸞は,人が「聖道の慈悲」を踏まえた実践を行うときに,うぬぼれるのではなく,人への支援の言動には,限界があるということを意識して,支援することを求めているように思える。「聖道の慈悲」に基づく人間的な社会福祉の支援やボランティアの活動を続けていくためには,阿弥陀仏による他力のような力が必要であると思う。したがって,生活実感のなかで,阿弥陀仏による他力とは何かということを追求していかなければない。筆者が考えるところでは,人が「聖道の慈悲」を「浄土の慈悲」に近づけようとする努力が,念仏信仰の

一つの考え方なのかもしれない。

第3節　親鸞の思想（言説）と社会福祉
1　親鸞の思想（言説）と福祉社会

1973年の第1次オイル・ショック後，福祉社会（論）は，社会福祉の分野で注目された概念の一つである。1970年代後半から1990年代にかけて，福祉社会に関する書籍や論文，公的文書が公表されている。武川は福祉社会について，次のように諸説を整理し，類型化を行って，説明している（武川，1999：1-22）。

武川が分類した福祉社会の考え方の第1は，ロブソン（Robson, W. A.）が言及した福祉社会である。ロブソンは，福祉国家と福祉社会の違いを明確にし，福祉国家の基盤を福祉社会に位置づけ，「福祉国家は議会が定め，政府が実行するものであり，福祉社会は公衆の福祉にかかわる問題について人びとが行ない，感じ，そして考えるものである。」と定義した（ロブソン，=2000：ⅰ）。

ロブソンの定義によると，福祉社会は，社会における個々人，諸集団の福祉に対する意識が重要である。福祉を積極的・肯定的に推進していこうとする市民の意識があれば，福祉国家を中心とした制度・政策のシステムが維持されていくことを意味している。

第2は，「福祉コミュニティの形成」「福祉のまちづくり」に代表される福祉社会である。これは，地域を限定し，社会的に弱い立場にある障害者や高齢者，子どもに対象を絞り，利用者が安心して生活できる社会を構築するという考え方である。

第3は，社会全体の福祉の水準を向上させようとする福祉社会で，福祉国家は，福祉社会の一つ要素として捉えられる。福祉社会が，インフォーマルな家族や近隣，営利を追求する企業などに福祉を求める社会と捉え，社会保障関係費の削減を一つの目的として考えている場合，日本型福祉社会は典型的なモデルであるといえる。

第4は，福祉サービスの供給主体に注目した福祉社会で，福祉多元主義や自治型地域福祉が当てはまる概念である。この福祉社会の考え方では，政府など

の公的部門，家族・親族などのインフォーマル部門，ボランティア組織やNPO (Non-Profit Organization) などの民間非営利部門，株式会社や企業などの民間営利部門の役割が問われ，各部門の連携の仕組みが重視される。

2000年代から2010年代に，日本の行政関連では，地域における社会福祉のシステムに重点をおいた概念である，「地域包括ケアシステム」や「地域共生社会」という言説が提案された。この2つの考えは，日本における地域の福祉の実態に合わせた，福祉社会のビジョンであると考えられる。

福祉社会について諸説あるが，その中核の意義は，地域社会における市民の福祉に対する意識や福祉サービスを提供していくうえでのシステムに関わっている。福祉社会が市民の意識に関連していたとしても，また，地域における福祉システムについて言及していたとしても，人の生活や生き方に影響を与えるのであれば，福祉社会には哲学が必要である。しかし，現在のところ，福祉社会に対する哲学や理論は体系化されていないように思える。親鸞の言説から，福祉社会の哲学，思想に関連ある概念が，「御同朋御同行」である。先に述べたとおり，「御同朋御同行」は，社会連帯や共同連帯とほぼ同義と考えられる。

福祉社会における構成要素の一つで，社会福祉供給主体の公的部門である国家は，社会保障や社会福祉制度によって，憲法上国民の生存権を保障している。社会保障制度には所得の再分配機能があり，国民の高所得階層や中間階層などから広く租税や保険料を負担してもらい，同階層または低所得階層に所得を再配分している。この公的な制度は，国民や市民の間における社会連帯，共同連帯を社会的にシステム化している。連帯を喪失した自由主義の社会では，富裕階層と貧困階層に二元化する可能性があり，社会的な不安が表面化する。

福祉社会のなかで，福祉サービスを普遍的に供給するために，国民や市民の意識が，社会維持を目的とする国民負担を義務と考えれば，社会保障制度を中核とした地域福祉システムを維持することができる。社会福祉制度などにおける国民の連帯や社会福祉に対する義務という意識は，「御同朋御同行」の哲学に関連しているといえる。

2 親鸞の思想（言説）と自己覚知

　ソーシャルワークやケアワークにおける技法の一つが，自己覚知である。加藤薗子は自己覚知について次のように記述している。

　「援助者（ソーシャルワーカー）と援助を求める利用者との専門的援助関係において，援助者に求められる深い自己理解と自己統制のこと。この関係において援助者が個人的感情や自己の価値観・倫理観を持ち込むことは，利用者についての人間理解や問題状況を誤って判断することに結びつき，したがって援助方針・内容をも誤ることになる。異なる社会・経済・文化的背景や，多様な問題・要求・感情を持つ人々と向き合う援助者は，可能なかぎり客観的な態度と冷静な思考をもって利用者とかかわることが必要である。そうした援助者の自己覚知を促す方法としてスーパービジョンは有効である。」（社会福祉辞典編集委員会編，2002：202）。

　自己覚知は，ソーシャルワーカーとクライエント（利用者）の間の専門的な関係で成立する。クライエントは，福祉に関連する重大な個別的問題や課題を抱えているため，ソーシャルワーカーからの支援に期待している。さまざまな課題を持っているクライエントに対して，ソーシャルワーカーが自分自身の先入観や態度を示した場合，ソーシャルワーカーとクライエントの間のラポールを築くことは不可能である。そして，ソーシャルワーカーが，自分の感情を律することができずに支援を行えば，クライエントを理解するうえで，重大な間違いを起す可能性がある。また，ソーシャルワーカーが精神的な側面での葛藤を抱えていれば，クライエントへの援助に支障が生じると考えられる。

　自己覚知を実行していくうえで，ソーシャルワーカーが自身の力だけで，自分を客観視して，理解することはほぼ不可能に近い。ソーシャルワーカー自身が自分の偏見や先入観を自覚することは，非常に難しい行為であるといえる。なぜなら，人は主観的に物事を見て，行動する側面があるからである。自己覚知は，ソーシャルワーカーなどの社会福祉の専門職が，単独で独自に追究していくことは難しいので，スーパーバイザーの支援が必要である。したがって，ソーシャルワーカーの支援の質を高めるために，スーパービジョンという研鑽

のプロセスが重要な意味を持っているといえる。山辺朗子はスーパービジョンを,「ソーシャルワーカーの養成と処遇の向上を目的として,スーパーバイザーとスーパーバイジーの信頼関係にもとづくスーパービジョン関係のなかで,管理的,教育的,支持的機能を果たす過程であると定義している」(社会福祉辞典編集委員会編,2002：309)。

　ソーシャルワーカーは,生育歴から形成された価値観や思想を把握しながら,どのような集団に育てられ,生きてきた過程を経験して,自分自身のパーソナリティを形作ってきたのかという自己理解をしていかなければならない。ソーシャルワーカーとクライエントは,クライエントの援助に対する意図や目的を設定して結ばれる専門的関係であるので,スーパーバイザーの力を借りながら,専門職としての自分に対する深い洞察が必要になる。

　ソーシャルワーカーが自身で自己覚知を実践しながら,自我を内省しても,人には「雑毒の善」が内包しているという事実がある。「聖道の慈悲」による他者への支援に限界があるのは,人には自己中心的な心が存在しているからである。自力で自己覚知を推進しても,ソーシャルワーカーが本来の価値観や思想を自覚することは困難である。したがって,他力として考えられるスーパーバイザーから専門職の質を高める研鑽のプロセスを受けることにより,ソーシャルワーカーは,自分自身の肯定的・否定的内面を見つめることができる。

3　親鸞の思想(言説)とボランティア(Volunteer)

　1640年代のイギリスで,ボランティアという言葉が最初に使われたといわれている。ボランティア活動は,社会福祉の援助を展開するうえで,歴史上,一定の役割を果たしてきた。ボランティア活動の主な原則は,①自主性・主体性,②社会性・連帯性,③無償性・無給性・非営利性,④創造性・先駆性・開拓性,⑤福祉性である(全国社会福祉協議会ほか,2003：6)。阿部志郎は実生活を想定して,ボランティアを,次のように解説をしている。

　「自分だけでは問題解決の困難な人を受け入れる"他人"が,ボランティアではないかと思うのです。すなわち,ボランティアはもともと縁のない他人と

かかわる人を意味することになります。他人同士というのは，なんとなく落ち着きの悪い，なじみにくい関係です。それを一歩踏み込んで，『他人』から『縁ある関係』にもっていけるかどうかが，ボランティアにとってはキーポイントになるでしょう。」(阿部，1990：9)。そして，阿部はボランティアを次のように定義をしている。

> 「ボランティアとは決して特殊な人を指すのではないと思います。お互いの生活の中でできることを，自分の能力を，金銭を，知恵を，時間を，少しでも隣人のために，そして，隣人と共にサービスしよう，しかも，それを他人や役所に強制されてではなく，自発的，自主的に行動にあらわそうという人を言うのです。ですから，誰にでもできることなのです。」
>
> (阿部，1990：32)

ボランティアは，ラテン語のVolo（ウオロ）を語源とした，自由意志を表わしている，Voluntas（ウォルンタス）から創作された言葉である。人の自由意志で助け合っていくことが，ボランティアの一つ基本である。そして，人の自由意志から，他人と縁を結び，関係をつくっていくことが，ボランティアにおける意義の一つと考えられる。ボランティアは，自発的・自主的に，自由意志で，誰にでもできる活動であり，人間としての精神的な営みが実践される。

ボランティアの具体的な活動は，日常生活の中で実践されることもあれば，非日常的な状況で行われることもある。たとえば，車イスを使用している人が，街の道路の段差で困っているとき，車イスのキャスター上げなど移動の補助をする。視覚障がい者が道に迷って立ち止まっているときに，声をかけて誘導する。このような行為は，日常生活のなかで実践されるボランティアである。

災害が発生したときに，被災地で苦しんでいる人たちに対しての支援のために現地に赴いていくという行動は，非日常的な生活のなかでボランティアを行っている事例である。人が日常・非日常の生活で，このような行動を実践しようとするのは，今，目の前で辛い思いをしている人たちの痛みを感じ，共感す

るという心が基盤になっていると思われる。

　ボランティア活動の体験談などを聞くと，ボランティアは支援者が困っている人に無償の自主的な援助を行うことで，他者を生活の中で活かしているのかもしれないが，逆に支援者が，活動の実践過程を経験することにより，障がいを有する人たちや被災者の人たちなどから活かされていることを実感している。

　ある会社員は，日々の生活で利益を追求する仕事に追われ，自分を見失っている生活を送っていた。彼は日常における労働の生活に疑問を抱き，ボランティア活動を始めた。具体的には，障がいを持った子どもたちと街で買い物をしたり，遊びに出かけたりという経験をした。その結果，彼は生活の中で自分の本当の役割を見つけることができたという。この会社員のように，無償の活動から生きる意義とは何かを発見する場合もある。

　一方，ボランティア活動を実践することによって，辛い経験をする人も存在する。ボランティアは援助者の自己満足，偽善行為といわれるときがあるし，活動過程でボランティアと利用者の間でコミュニケーションの乖離や精神的な衝突が生じ，心理的葛藤が明らかになる場面を経験することもある。

　現在，ボランティアには，専門的な内容を含む行為として考えられる場合もあるが，普段の日常生活で実践されるボランティア活動もあるし，被災地のような特殊な状況のなかで行われるボランティア活動もある。ボランティアにはさまざまな形態があるが，専門性が伴わないのであれば，通常，誰にでもできる援助であるといえる。誰にでもできるというのが一つの魅力であるが，一方で弱点のようにも思える。親，兄弟，親戚などの縁のある人や，街中にいる縁のない人が，一時的に困っている状況に対し，自発的・無償の支援をすることはできる。しかし，長期間支援を必要とする人たちに，他人が縁を結びながら，ボランティア活動を維持していくことは難しい。

　人には前述したとおり，「雑毒の善」がある。そして，「聖道の慈悲」による自力に頼るボランティアは，その場の支援や期限が限定されている援助であれば可能である。しかし，ボランティア活動を他人との縁を結びながら，持続的に実践していくためには，「浄土の慈悲」が必要ではないかと考えられる。

ボランティア活動を長期に推進し，他人との縁を構築していくための他力とは何かを考えると，援助を受ける人たちの生きる姿や生活を営むときの思いなどではないかと推測できる。ボランティアにおける人間関係で精神的に傷つくこともあるが，多くの場合，援助する側（ボランティア）が活かされていることに気付く。ボランティアは，一般的に辛い経験をしている人の前向きな生き方や生活の様子，言動などを感じて，活動を続けたいという思いを持続させているのではないだろうか。援助を受けている側からの影響が他力となって，ボランティアを続けていく原動力になっていると考えられる。

　親鸞の思想からみる社会福祉を考えていくうえで，本章では「御同朋御同行」「悪人正機説」「雑毒の善」「聖道の慈悲」「浄土の慈悲」に焦点をあて，5つの考えを基盤に，福祉社会，自己覚知，ボランティアについて考察した。人は，過去において縁がなかった他人を支援していく過程で，さまざまな限界や困難に直面する。学術的な視点をもって，地域社会で相互に助け合うシステムを構築していくためには，哲学的な考えを追究する必要がある。
　親鸞は弟子一人ももたずとし，仏教界の師弟の上下関係を否定した。そして，仏教における師と弟子も，同じ念仏を唱える信仰の仲間であり，水平の関係に位置づけている。この信仰の仲間という捉え方は，他者を否定しないで認めていくことであり，共に信仰の生活を歩んでいく関係である。ここに，親鸞が求めた共生の思想があり，「御同朋御同行」の一つの中核となる理念である。
　同朋大学の建学の理念は「同朋和敬（どうほうわきょう）」である。これは，親鸞の「同朋」と聖徳太子の「和」と「敬」の精神を継承している。同朋大学では，この建学の理念を「共なるいのちを生きる」と表現し，学友がともに敬い，尊重しあうことを重視している。そして，真実や真理の追究のために，親鸞聖人の教えを基盤にしている。この教えは，学生と教職員間の尊重とともに，研究，学習する教育環境の整備に結びついており，学びあうことを実感できる学舎を創造している。つまり，「同朋」は共生社会の意義を追究している概念である。
　一般社会では，意気投合できない人とも，人間関係を築かなければならない

場面がある。心が通い合う人たちだけで生活することはできない。普段の日常生活を営んでいく過程では，苦手な人を回避することはできるかもしれない。しかし，災害時の避難所のように，社会環境が激変したときなどは，見知らぬ人も含めて，心理的な障壁がある他人と助け合わなければならない。

　社会福祉の専門職は，自分自身を見つめながら，クライエントへの支援を実践していく必要がある。共生や人への支援行為の継続的な実現は，非常に困難である。人がこの難しさを自覚したときに，社会連帯の基盤となる哲学や阿弥陀仏による他力が必要になることを，親鸞は現代社会に問いかけているように思える。

引用・参考文献

Robson, W. A. (1976) *Welfare State and Welfare Society*, George Allen & Unwin Ltd.（=2000 辻清明・星野信也訳『福祉国家と福祉社会 幻想と現実』東京大学出版会）
阿部志郎（1990）『講演集2 ボランタリズム』海声社
一番ヶ瀬康子・高島進編（1984）『社会福祉の歴史』（講座社会福祉 第2巻）有斐閣
浦辺史・岡村重夫・木村武夫ほか編（1986）『社会福祉要論』ミネルヴァ書房
大阪ボランティア協会（1996）『ボランティア=参加する福祉』ミネルヴァ書房
大津雅之（2009）「社会福祉分野における『自己覚知』に対する考察―概念・必要性・方法論の視点から―」『ヒューマンセキュリティ・サイエンス』第4巻ヒューマンセキュリティ・サイエンス学会
工藤隆治（2006）『社会福祉学概論』宇部フロンティア大学出版会
訓覇法子（2002）『アプローチとしての福祉社会システム論』法律文化社
原典仏教福祉編集委員会編（1997）『原典仏教福祉』北辰堂
酒井源次（1985）『歎異抄に学ぶ―その解釈と解説―』信濃教育会出版部
社会福祉辞典編集委員会編（2002）『社会福祉辞典』大月書店
釈徹宗（2020）『歎異抄―仏にわが身をゆだねよ』NHK出版
鈴木依子（2000）『社会福祉のあゆみ―日本編―』一橋出版
全国社会福祉協議会ほか編（2003）『ボランティア あなたは知ってる？ ボランティア活動の基礎知識・シニア版』（改訂版第2刷）全国社会福祉協議会・全国ボランティア活動振興センター
武川正吾（1999）『福祉社会の社会政策―続・福祉国家と市民社会―』法律文化社
武川正吾（2007）『連帯と承認　グローバル化と個人化のなかの福祉国家』東京大学出版会

中嶋充洋（1999）『ボランティア論　共生の社会づくりをめざして』中央法規出版
中村元・福永光司・田村芳朗ほか編（2002）『岩波 仏教辞典』（第2版）岩波書店
長谷川匡俊（2002）『宗教福祉論』医歯薬出版
本多静芳（2006）『仏典を読むシリーズ「歎異抄」を読む』角川書店
増井吾朗（2010）『「三帖和讃」講讃下　正像末和讃』白馬社
吉田久一（1989）『新版 日本社会事業の歴史』勁草書房

5. 仏教福祉の思想と歴史

山口 幸照

　第二次大戦前までは，社会福祉問題における私的な援助に仏教者や僧侶が深く関わっていた。政府や地方行政の政策・制度が先行するのではなく，民間の篤志家や仏教者，僧侶が率先して社会の救済に尽力し，政府や地方行政は後方から支援するという形で進められていった。

　そこで本章では，大戦前までに，仏教者や僧侶が社会福祉にどのように関わってきたのかを概観していくが，現代における仏教者や僧侶の社会福祉について考える一助となればと考える。

第1節　仏教福祉の思想
1　現代仏教福祉の展開

　現代日本の社会福祉の基本的枠組みは，第二次世界大戦後に GHQ が作成した「日本国憲法」を根拠にして成立している。憲法第25条の「健康で文化的な生活」を保障するという条項によって社会福祉関係法律が制定され，貧困問題や児童問題，障害者問題や高齢者問題等の社会福祉問題は，国家がすべてその責任をもち国民すべてを対象とするようになった。

　従来の日本の社会福祉は，慈善事業，救済事業，感化事業，社会事業等といわれ，その国家責任性は乏しく，個人の責任を原則として地域住民や家族の助け合いによって行われてきた。つまり，「自助」や「共助」によって解決をはかろうとし，それでもどうしても解決できない場合だけ「公助」による救済がなされた。そのようななかで，民間の篤志者として仏教者や僧侶が活躍をし，

同時に仏教への帰依者も増えるという効果をもたらした。しかし，現代では社会福祉問題への対応が国家責任でなされるため，僧侶や仏教者は出る幕がないようにもみえる。

　大戦前の仏教者や寺院・僧侶が活躍した時代は，現代のように必ずしも物質的には豊かではない。しかし，精神的な支えとなり，援助を求める人々との「同悲」「同苦」「同行」を通して，個人・家族・地域が一体的共同体として，貧しいけれども楽しい生き生きとした生活を送っていたといえるだろう。

2　仏教福祉が求められる背景

　現代社会ほど豊かな社会はどの時代にも存在しなかった。しかし一方，モラルハザード（道徳観の欠如）がはなはだしく，「民主主義」や「人権」の風化，陰湿な「差別」の横行，学校での「いじめ」など，いずれも閉塞的状況と混迷的状態を写し出している。混迷する現代社会における，外面的な社会的制度やシステムはある程度整備されてきているが，人間自身の内面的な心や精神，思想，理念には何の指針も存在していないかにみえる。ただ拝金主義的傾向だけが一人歩きして，すべての基本指針のように思える。

　仏教は現代社会の外面的規範だけではなく，人間の内面的規律を整えることが重要な課題であるが，なかんずく仏教宗団は，特に戦後においてその課題に取り組むことなく，中味のない空虚な宗教として形式だけ残ってしまい，いわば「葬式仏教」と揶揄されるようになってしまった。かつて人間の内面的側面に深く関与した寺院・僧侶の活動はその残影すらない。

　現代社会の閉塞的状況の中で，仏教の「自他不二」を中核とした「慈悲」の思想，社会福祉的にいえば「共生」の思想の実践が強く求められている。いまこそ先達の実践に学び活動を展開すべきかと考える。これからは内面的精神生活に深く関わる仏教の基本的理念をもとにした，普遍的な活動が必要となってこなければならない。そのことに大きく関わったかつての仏教者や僧侶の活動について考えることが大切である。

第2節　仏教福祉の歴史
1　古代社会の仏教福祉（飛鳥・奈良・平安時代）

　飛鳥時代の仏教福祉は聖徳太子に代表され，日本社会福祉の始祖として一定の系譜を形成している。著書『三経義疏』はいずれも福祉と関係が深く，内容を一言で言えば「菩薩利他実践思想」である。仏教の受容期に社会福祉的な菩薩思想が示されたことは注目に値する。

　行基は奈良時代の仏教福祉活動実践者として，歴史上最も著名な人物の一人である。その活動の基本的立場性は，民衆伝道と慈善活動を両輪として展開したことにある。代表的な事業をあげると，①菩薩思想を背景にした民間の慈善活動を展開（国家とは対立した），②貧困な一般民衆の生活改善に尽力，③単に救済施設を設置し入所させるのではなく，在宅での救済を目指した，④農業・土木・架橋等の技術を駆使し，幅広い社会福祉事業を展開したことなどがある。

　平安時代の仏教福祉の代表的な人物は最澄と空海である。最澄が開祖である天台宗の「煩悩即菩提」「凡聖一如」は，絶対的平等思想を説いている。この平等思想は，現代の福祉思想の基本をなす重要な要素の一つである。

　空海の福祉思想の最大の特徴は，観念的ではなく，すぐれた「実践性」にあり，一般庶民の中にとけ込んでいったことである。特に「即身成仏義」における即身成仏思想は，本来成仏を前提とした利他即自利の実践が起こることを説いている。この実践的福祉は，鎌倉時代の真言律宗の叡尊・忍性，江戸時代の慈雲等の思想的源流となり多くの影響を与えた。さらに社会事業ばかりでなく，土木事業や教育事業にも多くの業績を残している。すなわち満濃池の築池や益田池の碑文の撰文，庶民の教育のための綜芸種智院の設立など，その時代における先駆的な役割を果たしている。

　その他として，最澄と空海のすぐ後に，空也と千観が浄土教に基づいて福祉活動にあたった。飢饉・疫病・戦乱のただ中にあって，民間教化僧として勧進・慈善・施食・治病に努めた。特に空也は市聖と呼ばれ，遊行をしながら民衆救済にあたった。

2　中世社会と仏教福祉（鎌倉時代）

　この時代は，社会的には律令体制から封建体制へ変換し，深刻な末法観が蔓延していた。そしてそれを背景にして鎌倉新仏教が生まれた。この新仏教は基本的には天台宗の一派であり，その範疇を出ていないと考えるが，仏教教理の一部をデフォルメする形で立場性を明らかにしている。最近の研究では，新仏教と旧仏教とを対立的にみるのではなく，顕密仏教という立場でみるという方向性が提示されている。

　法然は浄土教の立場から，念仏をもって往生の本願とする以上，単なる「凡夫」を救済する「小善」ではなく，阿弥陀仏にすがることこそ大切であるとしている。それそのものが福祉の平等思想につながる。

　親鸞は「凡夫」はすべて「悪人」であり，自らの力によって自分を救うことができない，自己の無力さを悟って，阿弥陀如来の本願によって救われるといった「悪人正機」を説いた。

　道元は現実世界が即「仏性」であるとの認識である。「仏法の大海に回向し」「仏制に任せて」慈悲を行うことが大切とした。その慈悲の活動は単なるプロセスではなく仏法そのものであるとしており，「捨身供養」「不惜身命」の実践こそ究極の目標であるとした。

　日蓮は「法華経」に基本的立場性をおき，『立正安国論』において「仏国土と成し，民衆を成就す」と現世を肯定的に見ている。その生涯も「飢渇」と「災難」を問題意識として使命感による菩薩行として活動している。民衆への「共感」がありながらも，他仏教者，特に忍性への激しい批判は「仏国土」の理想への裏返しと見るべきかも知れない。

　鎌倉新仏教と対峙する形でいわば鎌倉旧仏教の活動がある。明恵上人は生類すべて平等と見た。それは仏と民衆とを同体と認識したからに他ならない。またその慈善救済活動は政治権力から離れ純粋信仰からでている。

　叡尊と弟子忍性は，非人乞食・癩病人・囚人の救済や貧窮・孤独・病苦の救済を広く行った。叡尊と忍性は真言律宗西大寺の僧であったが，その事業的才覚と手腕は見るべきものがあった。その事業を展開するにあたって，時の政治

権力と深く結びついたことが日蓮の批判のもととなっている。

重源は東大寺大勧進となって，東大寺の復興に足跡を残した。醍醐寺や高野山において修行した後は密教にその思想的基盤をおき，多くの湯屋を建立して湯船・釜を施入している。東大寺はじめ15ヵ所に建立したといわれている。

3　近世社会と仏教福祉（江戸時代）

この時代の寺院は「寺請制度」や「寺檀制度」の制定により，幕藩体制の協力機関として位置づけられていたので，僧侶一個人の活躍はあまり見られない。幕府の慈善・救済について協力する形で進められていった。

この時代は貧困が進み，全国的飢饉だけでも25回記録されている。また，鎖国政策下での貨幣経済は農民の窮乏化を促進した。為政者はそれを農民の奢侈に転嫁し倹約政策をとった。

江戸の街では災害とくに大火がしばしばあったので，窮民収容施設として御救小屋が置かれ，救済施設としては小石川養生所，石川島授産所，人足寄場などが設立されている。人足寄場は，松平定信が火付盗賊改役の長谷川平蔵の進言をいれて石川島に設立したものである。

幕藩封建社会における仏教教団のあり方が，その後の時代に大きな影を落とすことになる。つまり，幕藩体制に全面的に協力することによって仏教教団は宗派性も高まり，各宗の教義も高まり多くの収穫があった。反面，その活動の停滞も深刻なものであった。そのことは，明治になって表面化することになり，今日の仏教教団のあり方にとっても大きな影となっている。

4　近代社会と仏教福祉

（1）　明治時代

幕藩封建社会体制下における貧困窮乏化は，幕藩封建社会体制の慈善救済事業では対策の打ちようがない状況であった。必然的に社会体制の変革が求められていた。また，この幕藩封建社会には，なぜかカリスマ性をもった仏教指導者が全くといっていいほど出ていない。仏教教団は，幕藩封建社会体制に協力

することでようやく存続してきたといえる。従来仏教教団がもっていた活力は見られなくなっている。まして，貧民の窮乏化に対しての一部を除いて仏教の慈善救済事業などはなされていない。

　さらなる貧困農民の増加，都市下層民の窮乏化によって，一揆や打ちこわしなどが頻発し，社会不安が増大した。そのような状況の中で明治維新をむかえた。しかし，明治維新になって，維新の動乱，貧困者の流動化などにより一層窮乏化が進んでいる。さらに政治改革による士族の貧困が新たに出てくることとなった。

　1874（明治7）年には，歴史に残る公的救済制度として「恤救規則（じゅっきゅうきそく）」が制定されている。この制度は現在の「生活保護法」の前身である。「恤救規則」は江戸時代の幕藩封建社会体制とは違い，国が初めて全国的に統一した政策を実施したことに意味がある。

　明治になってから国は中央集権的に次々と政策を展開している。それは江戸時代の仁愛的なことではなく，組織的に政策を出していることにポイントがある。救済事業に限って代表的施策を紹介すると，貧困者対策は「恤救規則」により救済し，児童教育では「棄子養育米に対する通達」により施米し，浮浪者対策として「脱籍無産者復籍規則」を制定し授産をさせた。救済施設は，浮浪者対策として東京府養育院が設立されたのをはじめとして全国各地に設置された。

　明治初めの近代的慈善思想は蘭学者，プロテスタント，啓蒙思想家が中心となって展開された。古代・中世・近世を通して，慈善思想と救済事業の先達をつとめてきた仏教者は，初めて遅れをとることとなった。近代の入口のところでその旧態とした存在を問われたため，以後仏教は慈善救済の表舞台から身を引くこととなってしまった。しかしながら，明治の中ごろから，特にプロテスタントの慈善救済活動に対抗する形で仏教が，その活動を再構築し再展開をすることとなる。

　そしてなによりも民衆が，宗教を要望していたという基盤が存在していたことは，仏教の再構築を可能なものにした。むしろ多くの宗教が競合することに

よって活性化したのではないかと考えられる。一度民衆から見捨てられ，その中から再生した意義は大きいといえる。この仏教による慈善救済活動は，大正期にピークをむかえ第二次世界大戦まで続くこととなる。

　この時期は近世とは違って，公的な救済事業を法制度上整えることを目指した。さらに，貧民救済だけであった慈善救済活動は，児童問題について意識的に事業展開がなされるのが特徴的である。東京府養育院は成人と区別し1878（明治11）年に児童室を設けている。また，翌年設立の仏教慈善施設「福田会育児院(ふくでんかいいくいん)」はその先駆的役割を果たすと同時に，この時期を代表する存在である。内容は堕胎防止と捨子救済を第一義的目的としている。この後，同様な仏教慈善主義に基づく数多くの育児施設が誕生している。

　当初，仏教は近代化によって，その社会的役割を終えたとの考え方が支配的であった。しかし，明治維新期の混乱，キリスト教の慈善事業への積極的関与，社会的弱者に対する国家の保護の推進などの社会状況の変化により，仏教者もその存在意義が問われることになり，積極的に慈善事業に関与せざるを得なくなった事情がある。代表的なものは前述の福田会育児院，横山源之助の『日本之下層社会』に描かれる下層社会を背景に，安達憲忠（東京府養育院責任者）が開いた無料宿泊所や職業紹介所などがある。

　また，仏教各宗派において組織的な財団の設立が相次いでされていった。すなわち大日本慈善会（真宗本願寺派）をはじめとして，大正の中頃にかけてほとんどの宗派において設立されている。

　このように仏教者は，キリスト教者の慈善事業活動に触発されるかたちで慈善事業を展開し，近世までの慈善から近代的脱皮をはかるようになった。その近代的脱皮とは，従来の宗教的慈善から社会的慈善への脱皮を意味していた。「慈悲」の宗教と言われる仏教は，その「慈悲」の中味である「信仰」と「慈善」を車の両輪として活動を展開し，「慈善」は宗教的慈善であることは暗黙の了解事項であった。しかし，社会的慈善と宗教的慈善は相反するものであり，「社会」性を否定するからこそ，仏教の存在意義があるとの立場から，近代的脱皮を否定する仏教者も少なからず存在した。仏教宗団はそのような内部矛盾

を抱えたまま慈善活動を展開せざるを得なかったといえる。

(2) 大正時代

明治以降の社会システムの変化により新たな社会問題が続出する中で、仏教教義の新解釈が盛んに行われるようになった。たとえば「慈悲」観、「衆生恩」や「平等」観等に関する教義が、新しい社会問題に対して有効な思想となるような解釈の試みである。

この時期は暢気な慈善事業から、家族国家観に基づく天皇制を中心とした家族制度や隣保制度の共同性へと変容していった。天皇制と救済事業が強調され、慈恵救済資金としてたびたび下賜されている。この下賜金で設立された代表的なものとして「済生会」が有名である。

さらにこの時期は、国家救済の代替（アドボケート）機関として民間団体が設立されている。貧民研究会、慈善団体懇話会、全国慈善同盟、中央慈善協会（現在の全国社会福祉協議会）などである。その団体の多くは感化救済事業講習会や社会事業講習会などを開催している。仏教者の多くもそれに参加し、仏教各宗派の社会事業活動が史上最も盛んな時期を迎えることになる。なお、第1回感化救済事業講習会を契機として仏教者による仏教同志会が結成され、さらに浮浪者研究会や仏教徒社会事業研究会が結成された。

このような団体は、通仏教で結成された団体として以後活動していくが、仏教各宗派においても独自で団体を設立し活動を組織的に展開していくことになる。このような盛り上がりは歴史上かつてなかったことである。

慈善事業が社会事業へと発展していくのが1918（大正7）年頃であるが、仏教と社会事業との関係について多くの議論がなされた。また、仏教教義との関係で再構築が迫られたのである。

この大正時代の代表的研究者渡辺海旭（宗教大学教授）の五大方針は、この時期の仏教者の共通する認識であった。五大方針とは、仏教的共済主義に則った救済事業の展開を基本にしており、① 感情主義から理性中心主義へ、② 一時的断片的から科学的系統的へ、③ 施与救済から共済主義へ、④ 奴隷主義から人権主義へ、⑤ 事後救済から防貧への5点をあげている。これはこの時期に

おいて通仏教的なコンセンサスを得たものであった。

　このように仏教者は，近世以前のように，独占的に慈善救済事業を展開していた時代から，国家やキリスト教者に対抗する必要性から，仏教独自の教義を新たに構築し活動を展開してきた。皮肉にもその活動が歴史上最も盛んになり，時代に対応する教義も生み出すことになった。

　大正期の「生活不安」は極限まで達して，資本主義の危機的状況を予感させるに充分であった。その「生活不安」が具体的な行動として出たのが「米騒動」であり，続いて世界恐慌が起きた。恐慌で影響を受けたのは，中小零細企業であり大規模な整理（リストラ）が行われた。さらに関東大震災が起こり，それが直接の契機となって，慈善救済事業に変わって社会事業が成立することとなった。

　そのことは宗教者や篤志家が，部分的個人的に社会問題に対応するだけでは不充分となり，社会問題に対して国家として全面的な組織的な対応が求められるようになったことを意味している。国としては家族制度，隣保相扶を尊重しつつ，最低限国民の生活不安と動揺を防止することが基本政策であったが，もはや資本主義の矛盾からくる貧困は，個人の自助だけではいかんともしがたいところまできていたという背景があった。

　この時代の慈善救済事業が貧困を直接の救済対象とするのに対して，社会事業の中心は失業対策であった。「生活不安」層を代表する都市生活労働者層の対策が救済事業の中心とされ，その救済の思想的根拠は，社会連帯に基づく「共同体」の構築を目指すものであった。その社会連帯思想と仏教思想を結びつけようとして，社会事業を展開した代表的な仏教者が矢吹慶輝（宗教大学教授）と長谷川良信（後の淑徳大学学長）であった。特に長谷川は仏教思想を基礎にした「トギャザー・ウイズ・ヒム」と社会連帯思想を統合しようと試みている。

(3)　昭和初期時代

　政府は1929（昭和4）年に救護法を制定し，1932年施行した。この法律は，わが国ではじめての公的義務救済制度であった。救護法の制定により，方面委員の実施や社会事業の組織化のため社会事業調査会が置かれた。この頃から，

仏教者は個人的に社会問題に対応することが困難になり，教団や宗団が全体で組織的に社会問題に取り組むようになる。行政の指導も教団や宗団に対して強くなされるようになっていった。

　教団や宗団が取り組むようになったことは大きな前進だと歓迎されたが，それもつかの間であった。1941年からはじまる戦時厚生事業体制に組み込まれて，戦争遂行の先端として利用されていくことになる。そして破滅への道を歩んだのは周知の通りである。

　慈悲の宗教としての仏教のあり方について，その中味である信仰と慈善の両面を常に意識しながら宗教活動を展開していくプロセスとして，慈善事業や社会事業にコミットし続けてきたのが仏教者であった。しかし，1945年に戦争が終了すると同時に，社会事業活動と仏教活動が全くといっていいほど，その関わりにおいて姿を消してしまった。もちろん，現代でも多くの仏教者が社会福祉に関係している。むしろ他の宗教者よりも仏教者の数のほうが最も多いのではないかとさえ思う。

　仏教福祉は，仏教思想を基本に仏教実践を社会福祉に生かすことである。現在の社会福祉事業の法制度に基づいて，それを忠実に実行することではない。個人の内面的な心の奥の奥まで入り込んで，これを安んずることにその本質がある。また，仏教福祉は，社会福祉ニードに社会福祉サービスを提供するという表面的な社会福祉実践ではない。社会福祉実践は仏教者の生き方そのものでなければならない。

　現代日本の社会は過去のどの時代よりも豊かだといわれている。しかし，現代社会には大きな「ゆらぎ」が存在している。そのことは，無哲学・無思想・無理念のまま，物質的豊かさだけを追求してきた結果だとの指摘どおりである。仏教福祉の歴史は，過去はけっして物質的には豊かではなかったけれども精神的には恵まれていたのではないか。そして，仏教者は必ずどの時代においてもその仏教理念を具現化するために，その時代の社会問題に深く関わっていたことをわれわれは忘れてはならないと考える。

第3節　これからの仏教福祉

　現代日本の社会福祉の理論と実践は，欧米諸国の直輸入であることは良く知られている。そして，その理論と実践はキリスト教の考え方を基本にしたものであることは疑いの余地がない。社会福祉施設，在宅福祉サービス，地域福祉，福祉教育，ボランティア，どれをとってもキリスト教の考え方を基軸にしている。

　古代から近代，そして戦前までの日本の社会福祉は，仏教を中心にしたものであったが，戦前の仏教や民間の社会事業は完全に否定されてしまい，本来的な仏教社会福祉は完全に消滅してしまった。しかし，近年になって欧米的なものの考え方が問い直され，アジア的なものの考え方が見直されつつある。

　現代の社会福祉は，日本国憲法第25条に規定する生存権の保障を，国が実体的に具現化するのが社会福祉の役割である。それに基づいて現代の社会福祉の基本原理を，①国家責任の原理，②無差別平等の原理，③最低生活の原理であるとしている。特に無差別平等の原理は，明治以降のわが国においてはなかったといっていい考え方であった。前述のようにわが国の社会福祉は，戦後GHQの占領政策の一環としてだされたものである。それは，ソーシャルワークを社会福祉と翻訳し，無差別平等の原理は聖書にあるキリストの考え方を直輸入する形で展開されてきたとされてきた。

　わが国の社会福祉においては，無差別平等の原理は存在せず輸入に頼ってきたし，そのように理解されてきた。「近代化は科学的知識の普及をもたらし，知の体系の中での歴史宗教の支配権を崩壊させる。科学および科学を後ろだてとした世俗的世界観（啓蒙的合理主義）が玉座につく。」ということが定説となった。

　科学的知識をもたらした近代化は，かつて豊かに持っていたわが国の思想性を忘れ去ってしまった。資本主義社会の「優勝劣敗」という競争原理に対し，仏教的思想性は永く無力であった。しかし，現代社会における閉塞観による苦難と悲しみは充分すぎるほど人々に行き渡っている。

　現代社会においては，物質的なものの救済だけではなく，精神的なものの救済が求められている。しかし，新宗教や新霊性主義による救済は安心感や充足

感に疑問符がつくところである。わたしたちは近代化と称して，かつて豊かに持っていた思想性を捨象してきた。しかし，ここでは単純にかつての仏教性を復活せよといっているのではない。それを参考にしてこれからの新しい思想性を再構築することが必要ではないかと考える。

社会福祉学はすぐれた実践科学である。その構築には，① 思想と理念，② 法律と制度，③ 臨床と実践が対等にスクランブルすることだとよく言われている。しかし，現代社会福祉学はその3点が大きくいびつなことになっている。憲法第25条の規定を優先するあまり，法律と制度が大きく先行している。そしてそれに臨床と実践が後を追う形で展開している。思想と理念は第二次世界大戦前までは豊かにもっていたが，戦後はあまり関心のないことになってしまった。現代の社会福祉学には思想と理念がないといっても過言ではないと思う。

思想と理念をおろそかにしてきたツケは最近になって顕著になってきている。高齢者虐待や児童虐待，子殺しは日常的なこととなり，社会的弱者が差別をされ虐げられているのが現代社会日本である。われわれはこれからの行くべき指針を失っているかのように見える。かつて仏教のなかに豊かにあった救済の思想を現代によみがえらせることこそ，現代の社会福祉学にとって必要であると考える。これからの社会福祉学の構築は学際的に他の学問から参考にして展開していくことが重要である。そして，思想性豊かな学問としての社会福祉学を再構築し，独自の日本的（仏教的）社会福祉を展開することが重要であると考える。そのためには仏教の歴史的命題を思いおこすことが求められている。

引用・参考文献
天川晃・荒敬・竹前英治ほか編（1998）『GHQ日本占領史23 社会福祉』日本図書センター
池田敬正・土井洋一編（2000）『日本社会福祉総合年表』法律文化社
島薗進（2006）『現代救済宗教論』青弓社
清水海隆（2002）『仏教福祉の思想と展開に関する研究』大東出版社
中垣昌美（1998）『仏教社会福祉論考』法蔵館
中西直樹・高石史人・菊池正治（2013）『戦前期仏教社会事業の研究』不二出版
長谷川匡俊（2011）『念仏者の福祉思想と実践』法蔵館

古川孝順・庄司洋子・定藤丈弘編（1993）『社会福祉論』有斐閣
古川孝順（2002）『社会福祉学』誠信書房
宮城洋一郎（2013）『宗教と福祉の歴史研究』法蔵館
吉田久一（2003）『社会福祉と日本の宗教思想』勁草書房
吉田久一（1984）『日本貧困史』川島書店
吉田久一（2004）『新社会事業の歴史』勁草書房
吉田久一・長谷川匡俊編（2001）『日本仏教福祉思想史』法蔵館

6.「仏教ソーシャルワーク」研究の現在地
―淑徳大学アジア国際社会福祉研究所における「仏教ソーシャルワーク」研究の起点，成果，展望―

藤森　雄介

　「大乗仏教」を建学の精神に持つ淑徳大学が2014年に開設した「アジア仏教社会福祉学術交流センター」（以下，センター）では，開設当初から「仏教ソーシャルワーク」研究を継続的に行ってきた。

　筆者はセンターの「仏教ソーシャルワーク」研究について当初より関わってきたが，本章では，2018年から刊行が開始された「仏教ソーシャルワーク探求」研究シリーズが2024年3月で完結して[1]，一つの区切りと次の展開を迎えるに当たり，これまでの経緯，現状，今後の課題等について，当事者の立場から一部主観的な見解も含めつつ述べていきたい[2]。

　なお，文中に登場する方々の所属や肩書は当時のものであることを，予めお断りしておく。

第1節　起点としてのベトナム共同研究と同センターの設立

　淑徳大学における「仏教ソーシャルワーク」研究の実質的なスタートは，2012年4月～2015年3月の3年間にわたって行われた，ベトナム国立社会科学人文学大学ハノイ校（以下，USSH），日本社会事業大学アジア福祉創造センター，そして淑徳大学の3者による共同研究「ソーシャルワークにおける仏教の役割」である（ベトナムほか，2013；2014；2015）。

　本研究は，USSH社会学部ソーシャルワーク学科長グエン・ホイ・ロアン准教授によって提案され，2012年1月に秋元樹アジア太平洋ソーシャルワーク教育連盟会長（日本社会事業大学アジア福祉創造センター長）より長谷川匡俊淑徳

大学学長に，その趣旨が伝えられたことに端を発する。

　その後，複数回の応答を経て同年3月20〜23日にはベトナムUSSHに訪問して協議を行い，共同研究は正式にスタートした。淑徳大学側は田宮仁教授を研究チームリーダーとし，他に渋谷哲准教授，筆者，佐藤成道（淑徳大学大学院後期課程在籍），菊池結（大正大学総合研究所研究員），通訳としてベトナム人尼僧ティック・タム・チー師（国際仏教大学院大学博士後期課程在籍）で構成した。

　特に現地調査は筆者と佐藤，菊池，ティック・タム・チー師で実施し，3年間で北部ハノイ，南部ホーチミン，中部フエの3地域の仏教寺院21ヵ所，その他の福祉施設等7ヵ所でそれぞれフィールド調査を行った。

　開始当時，ベトナムという国も当地の仏教にもほとんど知識の無かった筆者にとっては手探りの調査であったが，複数の寺院を訪ねていくうちに，各寺院が自発的に行っている事業も，ある種の類型化が可能ではないかと考えるようになった。それは以下のようなものである。

（1）　直接支援施設運営型

　支援が必要な利用者に対して，寺院及び僧職者が施設（場）の提供も含めて直接運営に関わる。さらに形態によって2つのモデルに分類できる。

　①　A寺モデル：「始めに利用者ありき」であり，支援を求めてきた利用者のニーズに応じて施設の機能を対応させつつ事業を展開。

　②　B寺モデル：綿密な運営計画に基づき，予め想定した利用者に対して，ハードとソフトの両面とも充実させた事業を展開。

（2）　寺院セツルメント（隣保事業）型

　寺院を拠点として，僧職者だけではなく信者や当事者の方々も巻き込みながら，当該地域で暮らす人々の福祉ニーズに応える諸サービスを展開する。さらに形態によって2つのモデルに分類できる。

　①　C寺モデル：日本でいうコミュニティケアの要素も併せ持った事業を展開。

　②　D寺モデル：地域社会における寺院の伝統と信頼をベースに，実際の事

業は信者中心のボランティアグループが展開。

　ベトナムでのフィールド調査1年目，筆者は「様々な社会的要請に応える形で行われている寺院の社会的な実践活動を類型化することで，ベトナムでのソーシャルワークにおける仏教の役割や特徴，可能性が視えてくるのではないか」との着想を得ることができた。この「類型化」の着想は，個人的にはベトナムとの共同研究の成果の一つであり今も有効な視点であると考えているが，2年目，3年目とフィールド調査を重ねる毎に，より大きな課題に気づくことになる。それは，「ソーシャルワークにおける仏教の果たす役割はベトナムに限られたことではなく，仏教を主たる宗教としている国々全てにその可能性があるのではないか」という点であった。ただ，このような思いを語ると，共同研究者として度々フィールド調査にも同行して頂いていた秋元会長からは，その着眼点には大いに賛同して頂けた一方で，「ベトナム一国だけでも3年かかっている。もし対象国が10ヵ国とすれば30年，流石にそんなに時間はないよ」との指摘には，すぐに返答できる対案はなかったことを覚えている。

　一方，ベトナムとの共同研究を機縁として，スリランカやネパールといったアジアの国々の研究者や実践者とも，「仏教ソーシャルワーク」をキーワードにつながりができ，それらの成果を踏まえて2014年4月，淑徳大学長谷川仏教文化研究所内に「アジア仏教社会福祉学術交流センター」が設置された。そして，初代のセンター長には秋元が着任したのである。

第2節　私立大学戦略的研究基盤支援事業の採択とアジア国際社会福祉研究所の設立

　ベトナムとの共同研究の一応の区切りが近づくなか，「アジア」「ソーシャルワーク」「仏教」といったキーワードは，依然として筆者の頭の中に居座っていた。そのような2014年の初冬，淑徳大学の研究活動を支援する部署から「文部科学省私立大学戦略的研究基盤形成支援事業」を紹介頂き，当時の足立叡学長の了解も得てエントリーを行った。限られた時間での申請準備であり困難な

作業ではあったが，幸いにも多くの方の賛同や協力を得て，「アジアのソーシャルワークにおける仏教の可能性に関する総合的研究」と題する研究プロジェクト（以下，支援事業）の申請を行った。

2015年6月，申請した支援事業が採択された。そして，その採択を推進力として以前より構想されていた「アジア国際社会福祉研究所」（以下，研究所）設立が具体化され，また，支援事業との連動企画でもある，ワークショップ「アジアにおける仏教"ソーシャルワーク"の現状」（2015年10月8日），淑徳大学建学50周年フォーラム「仏教"ソーシャルワーク"と西洋専門職ソーシャルワーク―次の一歩」（同年10月9日），日本仏教社会福祉学会第50回学術大会「アジアのソーシャルワークにおける仏教の役割」（同年10月10日）の準備と開催が，慌ただしくも充実した日々の中で行われていった。

2016年4月1日，淑徳大学に「アジア国際社会福祉研究所」が開設され，センターも長谷川仏教文化研究所から移管された。秋元樹研究所長兼センター長，筆者が研究所長補佐兼センター長代理の他に，郷堀ヨゼフ上級研究員，松尾加奈研究員の4名の研究体制であった。

研究所では所名にもある通り，「仏教ソーシャルワーク」ばかりではなく，より広い意味で「国際ソーシャルワーク」研究もその守備範囲としているが，当面は支援事業に注力して成果を上げていく方針について全員が合意して，研究所及びセンターの「仏教ソーシャルワーク」研究は進められていった（淑徳大学アジア，2020）。

第3節　「仏教ソーシャルワーク」研究の成果

支援事業を通して得られた成果としてまず取り上げる点は，「アジアにおける仏教ソーシャルワーク」をより俯瞰的に捉えて国内外に明示できたことである。誤解を恐れずにいえば，アジアにおいて仏教を主たる宗教とする国々において，僧侶や信徒，寺院が行っている広範囲の社会的実践活動を「仏教ソーシャルワーク」として捉え直す視点は，一部の国を除いてほとんど持ち得ていなかった。また，戦前期より仏教と福祉を結びつける視点を持ち，1966年には「日

本仏教社会福祉学会」（以下，学会）を設立して，半世紀以上の研究成果の蓄積を持つ日本においても，その関心の範囲は一義的には国内にとどまっており，時に国際的な視点で「アジア」と「仏教」を語る際にも，一部の国に偏っていた感がある[3]。

　研究所の「仏教ソーシャルワーク探求」シリーズを通じて，「仏教ソーシャルワーク」の視点で東南アジアや南アジアの国々にも意識的に視線を向けられたことは，これまでなかった成果の一つであると同時に，この視点はたとえば「ソーシャルワーク」と「イスラム教」との関係や可能性を考える等，類似する研究課題にも活かしていくことができると考えられる（淑徳大学アジア，2016）。

　さらにいえば，学会は専門用語としての「社会」を巡って「仏教福祉」と「仏教社会福祉」について議論の蓄積があるが，筆者の理解では，ここで議論された「（社会）福祉」は，基本的に日本国憲法第25条に根拠を持つ現代日本における「(Social) Welfare」が前提であり，世界全体を包括する意味での「Social Work」ではない。つまり，国境を越える視点を意識した「仏教ソーシャルワーク（Buddhist Social Work）」とは何かという議論は近年までなされてこなかったのである。

　現在，学会のホームページには，以下のように学会の概要を紹介し，国内外に目を向けた視野を持って学会活動のさらなる活性化を図っている。しかし，ここで記された「仏教ソーシャルワーク実践」とは具体的にはどのような「実践」なのか，また「国際」を意識した取り組みとは具体的には何かといった諸点は，学会としてのこれからの課題といえよう。

　日本仏教社会福祉学会は，歴史的・社会的に規定された社会福祉問題・課題に対応する仏教との関係を考究し，仏教精神を主体的な契機として専門的・実践的なソーシャルワークの可能性・固有性を追求します。ソーシャルワークの国際概念に準じれば，仏教ソーシャルワーク（Buddhist social work）は，仏教者による人間と社会（環境）との接合面に焦点を当てた専門的な介入による支援となり，その仏教ソーシャルワーク実践では，仏教的価値・倫理を基底に置いた取り組みを求め続けます。

（日本仏教社会福祉学会ホームページより）

以上のような認識のもと，支援事業の開始に当たっては学会のこれまでの研究の蓄積には敬意を払いつつも，敢えてその研究成果は一旦横に置いて，先入観を持たずにアジア各国の「仏教ソーシャルワーク」の実際をあるがまま観ていく姿勢を堅持した。

そして，その先入観を持たない姿勢の中から，以下の「仏教ソーシャルワーク」の3つのモデルの提示にたどりついたのである[4]。

(1) Aモデル

これは，いわゆる「西洋」に源流を持つオーソドックスな専門職ソーシャルワークの概念定義で，具体的には，2014年に採択された「ソーシャルワーク（専門職）のグローバル定義」である。

いわゆる「西洋」に源流を持ちながら，まさに「各国」を超えた「グローバル」な概念定義として，普遍的なものとして位置づけることで，その実施主体が公的機関であれ，NGO団体，NPO団体であれ，各国認定の関連資格者であれ，仏教寺院，僧侶，尼僧，信者であれ，複写（コピー）的に導入することで，「各国」がある種の共通認識の下でソーシャルワークを行うことができる。しかし一方で，世界は「西洋」に源流を持たない国が多数を占める中で，その定着や展開には少なくない困難が考えられる。

概念定義の根拠となる部分は，以下の通りである。

MODEL A: GLOBAL DEFINITION OF SOCIAL WORK IASSW/ IFSW (2014)

Social work is a practice-based profession and an academic discipline that promotes social change and development, social cohesion, and the empowerment and liberation of people. Principles of social justice, human rights, collective responsibility and respect for diversities are central to social work. Underpinned by theories of social work, social sciences, humanities and indigenous knowledges, social work engages people and structures to address life challenges and enhance wellbeing. The above definition may be amplified at national and/or regional levels.

日本語訳（2016）

> ソーシャルワークは，社会変革と社会開発，社会的結束，および人々のエンパワメントと解放を促進する，実践に基づいた専門職であり学問である。社会正義，人権，集団的責任，および多様性尊重の諸原理は，ソーシャルワークの中核をなす。ソーシャルワークの理論，社会科学，人文学および地域・民族固有の知を基盤として，ソーシャルワークは，生活課題に取り組みウェルビーイングを高めるよう，人々やさまざまな構造に働きかける。この定義は，各国および世界の各地域で展開してもよい。

（社会福祉専門職協議会ホームページより）

（2） Bモデル

Aモデルをベースとしながらも，それを「各国」で展開する際には可能な限り「各国」の事情に応じて変容（インディジナイゼーション）することを求めていくであろうという考え方に立って，「仏教ソーシャルワーク」を捉えようと試みたモデルである。このモデルは現実的には多くの国ですでに取り組まれていると予想されるが，踏み込み度合いによっては，Aモデルの否定につながっていく恐れもある。また一方で，立ち位置によっては「Aモデルとの違いが明確でない」や「Aモデルの範疇に収まるのではないか」との指摘もあり，今後も概念定義をより精緻に行っていく必要があり，「仮定義」の段階である。

Bモデルの概念定義を共有化するために言語化を試みたもの（仮定義）が，以下である。

MODEL B

> Buddhist Social Work is the social work based on the Buddhist philosophy. It helps individuals, families, groups and communities enhance social functions, and promote their wellbeing and peace, and human happiness and harmony. It is an academic inter-discipline and profession,
>
> Buddhist Social Work professionals will demonstrate his/her knowledge and skills, values guided by the principle of Buddha-nature.

モデル B（仮訳）

> 仏教ソーシャルワークとは仏教の教え（仏教の哲学）に基づくソーシャルワーク（活動）である。仏教ソーシャルワークは，個人，家族，集団，コミュニティの社会的機能を高めることを手助けしながら，ウェルビーイングと平和，そして人々の幸福と調和を促進する。
> 　仏教ソーシャルワークは，学際的な学問であり専門職である。
> 　仏教ソーシャルワーク専門職は，仏性の原理に導かれる自身の知識，能力（スキル）と価値を表現する。

（3） C モデル

　議論の出発点を西洋に源流を持つ専門職ソーシャルワークとしない仏教独自のモデルである。そもそも仏教は，2500年以前より独自の「救済」理念と「出家」制度を通じて，社会との関わり方を模索しながら福祉的な実践活動を行ってきたのであり，それを「ソーシャルワーク」と名付けようと名付けまいとこれからも行われていくものである。実際にアジア各地の寺院，僧侶によって行われている福祉的な実践活動を，彼らの多くは「ソーシャルワーク」とは認識していない。そのすでに行われている彼らの実践を，ソーシャルワークの観点から捉えると，「仏教ソーシャルワーク」と概念定義を行うことが可能ではないかと考えるのである。ただ，各国言語の仏教用語と英語，日本語との互換や整合性，日本の学会がこれまで蓄積した理論との擦り合わせはこれからであり，B モデル同様に「仮定義」の段階である。

　C モデルの概念定義を共有化するために言語化を試みたもの（仮定義）が，以下である。

MODEL C

Buddhist Social Work is human activities to help other people solve or alleviate life difficulties and problems based on the Buddha-nature. Buddhist Social Work always finds causes to work on in both the material, or social arena, as well as in the human, or inner arena, working on both arenas in tandem. Its fundamental principles include compassion, loving kindness and mutual help, and interdependency and self-reliance. The central value is the Five Precepts. The ultimate goal is to achieve the wellbeing of all sentient beings and peace

モデルC（仮訳）

仏教ソーシャルワークは，（他の）人々の生活（人生）の困難や課題を解決又は軽減することを助ける，仏性に根差した人的活動である。仏教ソーシャルワークは，活動（介入）の原因を常に外面（すなわち物質的及び社会的要因）と内面の両側面に求めている。

仏教ソーシャルワークの基礎的な原理は，悲（※同情，共感），思いやり（karuṇā），慈悲（mettā），相互扶助，相互依存（※共存／共生）と独立独歩（At ta hi att no natho）である。

中核をなす価値は五戒である。

究極目的は生きとし生けるすべてのものの福祉（※ウェルフェア，ウェルビーイング，幸福含む）と平和の達成である。

第4節　今後の展望

現時点での筆者の個人的な理解として，「仏教ソーシャルワーク」とは，ソーシャルワークが確立している国では専門職ソーシャルワーカーが担うであろう役割を，未だソーシャルワーク確立に至っていない国においては仏教寺院，僧侶，信者が（ソーシャルワークの視点に立てば）代替機能的に，あるいは独自の理念に基づいて担うものであろうと考えている。しかし，非常に未熟で拙い「こなれていない」理解であるとも認識している。

「仏教ソーシャルワーク」とは何かについて，より多くの方々と共通理解を深め，その成果を世界の「仏教」と「ソーシャルワーク」に貢献していくためには，先述した3つのモデルのうちの特にCモデルのさらなる検証，具体的

には「仮定義」からより多くの同意を得られる「定義」化に向けた議論が不可欠であると考える。

　そしてその際には，「国際ソーシャルワーク」側からの視点と「仏教」側の視点という，2つの立ち位置があるとの理解が必要であると考えている。

　「国際ソーシャルワーク」の定義や一般的な理解はすでに整理されたものがある（秋元，2007：1268-71）。これも筆者の個人的な理解ではあるが，重要なポイントは「視点」や「価値」であり，その立場でいえば「国際ソーシャルワーク」は多層的な構造であると考えられる。「国際」を文字通りに理解すれば，「国家」及び「国境」を前提として，それを越境するものを示している。つまり「国際ソーシャルワーク」とは，「国家，国境を前提として，それを越えて展開されるソーシャルワーク」となる。その意味では，「国際ソーシャルワーク」の対義語は「国家ソーシャルワーク」となり，その数は200を超える国の数だけ存在している。

　それでは，国家を「越境」する要素とは何であろうか。筆者はそれを「宗教」「民族」「言語」「習慣」「文化」等といった，「indigenous」な「視点」や「価値」として捉えている。そしてそれは，それぞれの要素に応じて領域化された複数の世界地図が多層的に存在し，その総体が「国際ソーシャルワーク」であると考えることができる。

　このような「国際ソーシャルワーク」の理解を前提としたとき，国境を越えて「仏教」という共通の教えや信仰（＝価値）に基づいて行われる他者救済や社会的実践活動は，「国際ソーシャルワーク」側から評価すべき一つの分野としての「仏教ソーシャルワーク」と位置づけることができよう。

　一方で，仏教による「救済」は，それを求める人々に応じて2500年以前より連綿と行われてきた。その活動は，「ソーシャルワーク」の側から評価されようとされまいと，「仏教」の価値をともにする地域や人々によってこれからも続いていくであろう。そのような営みを，近代と呼ばれる西洋社会の中から生まれた「ソーシャルワーク」という分野は，どのように評価していくのであろうか。

筆者は「国際ソーシャルワーク」側からの視点と，「仏教」側の視点どちらか一方に与したり，優劣を競うという立場ではない。社会科学としての「ソーシャルワーク」と人文科学としての「仏教」，一見分野の異なる両者それぞれの立場で信頼関係に基づく議論をしていくことで，その先の一歩をともに進んでいくことができると考えている。

　個人的には，両者が切結ぶ際のキーワードは「wellbeing」，より「仏教ソーシャルワーク」に引き付けていえば「Buddhist wellbeing」をどのように捉えていくのかにあると考える。そしてまたその議論の過程で，支援事業では「一旦横に置いて」いた，これまで学会が蓄積してきた研究成果とも正面から切結んでいくことができるであろうと考えているが，この点についての詳細は紙面の関係もあり，別の機会に述べたいと思う。

　淑徳大学アジア仏教社会福祉学術交流センターがこれまでにない「仏教ソーシャルワーク」研究に着手して10年が経過した。研究所の2024年度開催予定の「第9回国際学術フォーラム」のテーマは，「仏教ソーシャルワーク探求の旅，その先へ ―なぜ世界は仏教ソーシャルワークを無視できないのか―」に決まり，2024年8月末現在，着々とその準備が進められている。

　また2025年には研究所設立10年を迎える。長谷川匡俊最高顧問，石川到覚，田宮仁両顧問からは幸いにして開設以来ご指導ご助言を賜れているが，所長は秋元樹所長が2022年3月末日に退任（現名誉所長），山口光治第2代所長（2022年4月～2023年3月）を経て，現在は戸塚法子第3代所長が研究所を率いている。センター長は秋元の後任として現在は筆者が担っているが，2025年3月をもって退任となる。まさに「有為転変は世の習い」であり，求めに応じてある研究員は次の研究・教育の「現場」に移動し，また一方で，新たなプログラムを通じて加わって頂く研究員の方もいる。

　プレーヤーが変わればゲーム内容も変わるのが常である。「仏教ソーシャルワーク」研究という，これまでなかった領域を切り開いていくという志こそ継承して頂きながら，新たなメンバーで「次の一歩」を踏み出して頂きたいと切に願

っている。

　本章は，令和5〜9年度（2023-2027年度）基盤研究（B）（一般）課題番号23H00900『アジアにおける国際ソーシャルワーク教育（再）構築のための共同調査研究』（研究代表：松尾加奈）の研究成果の一部である。

註
(1) シリーズは，「アジアの仏教国の寺院や仏教徒によるソーシャルワークの活動を明らかにすることを目的」として，和文と英文それぞれ0号から10号までの全11巻として刊行されている。具体的な対象国は刊行順にモンゴル，ベトナム，ラオス，タイ，スリランカ，中国，台湾，ネパール，ブータン，韓国，そして日本となる。各巻の概要は藤森雄介「アジアにおける仏教ソーシャルワーク」宇佐美耕一ほか編『世界の社会福祉年鑑 2023』(69-89頁, 2023年, 旬報社)を参照。
(2) 「仏教ソーシャルワーク研究」の経緯等については他に秋元樹「仏教ソーシャルワークへの関心」郷堀ヨゼフ編『西洋生まれ専門職ソーシャルワークから仏教ソーシャルワークへ』(2018年, 学文社)がある。
(3) 日本仏教社会福祉学会が意識的に「アジア」を取り上げたのは，2004年に行われた同学会第39回学術大会である。大会テーマを「アジア諸国における社会福祉」とし，韓国，台湾，スリランカ，バングラディシュの研究者を招いてシンポジウムが行われている。詳細は，『日本仏教社会福祉学会年報 第36号』(2005年, 不二出版)を参照。
(4) ABCモデルについては，「仏教ソーシャルワーク」に関する議論を進める中で着想し，同研究所内で素案を作成した後，「仏教ソーシャルワーク」に関心を持つ各国の研究者，実践者によって結成された「アジア仏教ソーシャルワーク・リサーチ・ネットワーク」のメンバーによって議論され，公開に至っている。しかし本文中の説明は，研究所内で完全に合意されたものではなく，以前に筆者が個人の見解を含めて整理・公開したものである。特に日本語の「仮訳」については，同研究所の総意として合意に至ったものではないことを明記しておく。

引用・参考文献
秋元樹 (2007)「国際社会福祉とは何か」仲村優一ほか監修，岡本民夫ほか編『エンサイクロペディア社会福祉学』中央法規
淑徳大学アジア仏教社会福祉学術交流センター編 (2016)『宗教とソーシャルワーク～仏教の場合～イスラム教の場合～』淑徳大学アジア国際社会福祉研究所
淑徳大学アジア国際社会福祉研究所 (2020)『アジアのソーシャルワークにおける仏教の可能性に関する総合的研究 研究成果報告書』淑徳大学

ベトナム国立社会科学人文学大学（ハノイ），日本社会事業大学アジア福祉創造センター，淑徳大学編（2013）『ソーシャルワークにおける仏教の役割―日本・ベトナム比較研究―』日本社会事業大学社会事業研究所

ベトナム国立社会科学人文学大学（ハノイ），日本社会事業大学アジア福祉創造センター，淑徳大学編（2014）『ソーシャルワークにおける仏教の役割―日本・ベトナム比較研究―』日本社会事業大学社会事業研究所

ベトナム国立社会科学人文学大学（ハノイ），日本社会事業大学アジア福祉創造センター，淑徳大学編（2015）『ソーシャルワークにおける仏教の役割―日本・ベトナム比較研究―』日本社会事業大学社会事業研究所

第3部

社会事業史の研究

1. 前近代における非日常の中の福祉性
―山科言経を事例として―

大嶌 聖子

　本章は制度が整備される以前の前近代の福祉について，歴史的に検討するための方法論を探る試みである。本章で取り上げる山科言経（やましなときつね，1543〈天文 12〉年～1611〈慶長 16〉年）は，それまで仕えていた朝廷社会から離れ，10 年以上の長期間にわたり在野での生活を送った人物である。勅勘を蒙るということは，個人としても人生最大の危機であるし，一家さらにはその一族にとっても最大級の危機である。こうした日常生活から切り離され非日常へ生活が一変した言経は，それをどのように乗り越えたのか。

　不安定な中，充実感を持って生きられていたかどうかを山科言経の日記に求め，福祉性を読み取る作業を行ってみたいと思う。具体的には，言経の勅勘に伴う出奔中の「非日常の時間」の中に，日常の時間を作り出すという時間構造があり，日常の時間には在地の生活圏における多様な人々に対して，言経からの「支え返し」があったのではないかと思われる。いまだ事例が少ない前近代の事例集積のため，こうした非日常の時間における福祉性について探ってみることにしたい。

第 1 節　本章の背景
1　史料を求めていく

　これまで筆者は「家忠日記」から社会福祉の事例を広げる試みを行ってきた（大嶌，2018，2022）。本章では，さらに前近代の福祉の事例を求めて，中近世移行期の日記を活用して検討するが，次の視点から本稿を準備した。

140　第3部　社会事業史の研究

① 歴史学の研究分野では、日記の研究が以前にもまして盛んになり、個人の動向を捉えた研究が深化しつつある。こうしたことを踏まえ、福祉史を構築していくうえで検討する素材として、個人の日記を取り上げる。時代が動く戦国・織豊期に書かれた個人の日記から、いかに福祉のあり様を見出すことができるか。

② 前近代において、日本人の生活に密着していた仏教の影響は濃厚であるので、日記史料を使用して個人の動向を明らかにするが、大局としては仏教福祉史の側面も導き出すことになる。

③ 福祉的な要素は、前近代の日本社会において確かに認められるものの、その事例集積はいまだ途上である。事例を積み重ねていくことは重要な課題であり、事例集積のためには方法論も兼ね合わせた研究の進展が望まれる。

2　山科言経の日記について

(1)　人生に伴走した山科言経の日記

日記は同時代史料として、当時の生活のあり様を知ることができる。今回素材とするのは、山科言経の『言経卿記』である。この日記は政治的なことはもちろん、文化的なことなども記述され、織豊期の重要な日記である。

日記は原本が残されており、大日本古記録に『言経卿記』として全14巻が活字化されて収録されている。34歳の1576 (天正4) 年から66歳の1608 (慶長13) 年までの間、途中日記が伝わらない部分 (30代後半の4年間) や一部もしくは大部分が伝わらない7年分があるものの、35冊すべての原本が東京大学史料編纂所に所蔵されている。原本に関しては紙幅の関係もあり、「解」題に詳しいのでそちらに譲る。日記の内容に関して、「解題」に詳しく書かれているため、そちらに導かれながら本章に関わることをみていきたい (東京大学史料編纂所, 1991)。

日記起筆のきっかけは元服が機会となることが多いとみられるが、山科の場合はよくわかっていない。記述からは、年中行事や月毎に決まって行われる行事、家業に関わる内容などを追うことができる。出掛けた先、会った人を箇条

1. 前近代における非日常の中の福祉性　　141

書きの形（「一つ書き」）で記述しており，一貫した書き方である。

(2) 山科言経について

　勅勘中の生活を考えるにあたって，それまでの言経の活動を眺めておくと背景が多少なりともわかるのではないかと思う。「解題」のほかに服部敏良（1971）や西口順子（1980）の研究があるが，そうした研究を参照しつつ生活環境について触れておきたいと思う。

　図 3-1-1 は山科関係略系図である。父は山科言継，母は葉室頼継の娘で，言経が 34 歳，36 歳の時に相次いで亡くなっている。兄弟は 8 人で姉が 2 人，兄

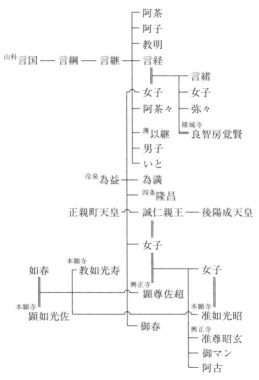

図 3-1-1　山科関係略系図

出所）『言経卿記 十四』121 〜 123 頁「山科言経略系」をもとに筆者作成

が1人，弟妹が4人いた。

　父の言継は『言継卿記』を記したことでも知られ，またそれ以前の山科家の当主も日記を書き残してきている。父とともに家業を務めていることは日記にもあり，「衣冠，衣文」や「音楽」（笙，笛）のことが記述される。父が1579（天正7）年3月に急死したため，37歳時に家督を継いだ。

　山科家は朝廷に仕えるなかで，家業として参仕している事柄がある。有職故実と雅楽の笙である。有職故実では，特に衣冠・衣紋などで朝廷に仕え，装束の調整や奉仕の布地の調達を行うなどしている。また，和歌や漢詩などが日記にしばしば記述されており，天皇の御会や周囲の公家の会に参列している。言経の出奔中も和歌のことが記述されている。

　重要なことは，歴代の当主たちが医薬に関心を持っていた点である。言経も借用して書写した医学書を集積していたことが日記の記述からもわかる。勅勘中に本願寺・興正寺の一家や家中への投薬がスムーズにできたのも，このような知識や周囲の医家たちとのつながりによるといえる。投薬のことは「解題」でも指摘がある。診脈や処方の記事が多いのも，投薬台帳として病気の経過を看ながら，加減して処方する都合があったからであろうと説明されている（東京大学史料編纂所，1991：110-112）。患者に具体的にはどのように処方していたか，本章では，いくつかの事例をみていく。

（3）　山科の出奔

　言経の出奔はどう描かれてきたのだろうか。検討にあたり，勅勘を受けた理由についても言及する必要があるだろうが，研究史でもいくつかの理由は示されているものの確定には到っていないため本章では触れないことにする。「解題」でも理由を明確にはしておらず（東京大学史料編纂所，1991：113），弟の薄諸光（以継）が1585（天正13）年10月5日に豊臣秀吉の命によって殺されたことが，一連の事件であった可能性を指摘するにとどまっている。

　勅勘を蒙り，京から摂津へ向かう動きは日記に書かれている。この時期の動向は次のようである。同年6月19日に自宅を「沽却」（売却）し，「北向」（妻，冷泉為益の娘，1553年～？）の弟冷泉為満（ためみつ，1559～1619年）の邸宅へ

1. 前近代における非日常の中の福祉性　143

向かい，23日には家司（家来）の大澤右兵衛大夫重延の館へ向かう。同行者は，四条隆昌（妻の弟，1556～1613年），言経の妻（「北向」），阿茶丸（子息，「言緒」，1577～1620年），弥々御料人（娘，1584年～87年）であった。この時の言経は43歳である。

　1591（天正19）年3月には徳川家康より扶持を与えられるなど，勅勘の途中から武家とのつながりができる。言経の勅勘が解かれるのは，10年以上たった56歳の時である。1598（慶長3）年11月3日に徳川家康が執奏し勅勘が解かれて，12月7日には朝廷へ参内する。

　勅勘中の言経を支えた人々がいる。「解題」では出奔中に支えたのは姻戚関係による人脈，つまり妻の姉妹関係から仏教界とのつながりがあったと説明する。本願寺寺内を頼ったのは，妻の姉が本願寺顕如の次男興正寺顕尊佐超の妻であり，そうした親戚関係を頼ってのことであるとしており，このつながりが出奔中の重要な支えになったとしている。そして，佐超の母にあたる，本願寺顕如光佐室（妻）の細川晴元の娘も支えた一人であることも指摘されている。血縁関係の人々から支援を受け続けたことは，出奔の時期の言経の生活の経済的な支えとなったこと，また一方で自らの知識を提供していたことの指摘もある（東京大学史料編纂所，1991：113-114）。

第2節　日記の検討

　それでは，『言経卿記』の記述のうち，勅勘中の内容を見ていく。検討にあたり記事を雷覧すると，一つ書きごとに記述内容を変えていることがわかる。山科言経をよく呼び出した人物や，一つ書きに度々出てくるような人物がいる。こうした人物たちを追っていくと，その時のあり様が見えてくると思われる。何が出奔中の言経を支えたのだろうか，こうした問いに答えるために，日記の内容を具体的に見ていきたい。

　日記の分量は膨大であるので，一部をピックアップし追ってみることにする。天正年間の記事から1590（天正18）年の正月から3月までの3ヵ月を対象にしてみる。この時期は出奔から5年がたっており，年齢は48歳である。寺内で

の生活にも慣れてきた時期ではないかと思われるし，翌年には勅勘を受けたままではあるが，興正寺に随い大坂から京へ戻っている。この年は豊臣秀吉が天正地割ともよばれる京都での新たな通りを作り，町割の変更を行い，同年8月には徳川家康が三河国から関東に移っている。

1　1590（天正18）年正月の様子

　正月元旦の動きは次のようであった。寅刻（午前4時頃）に「天神社」（摂津中島）に詣でており，一緒に行ったのは妻の弟，四条隆昌であった。摂津国春日社（大阪府茨木市清水）で神楽の笛を奉納し，看経するなどして新しい年が始まった。言経のもとへ正月の挨拶に訪れた者たちがいる。米屋孫左衛門をはじめ「其外隣旦衆等也」とあり，これは出入りする商人衆である。このほか興正寺佐超から息子（言緒）への贈答品が届く。息子の「首服」（元服）を前年12月に行ったときの礼物であった。

　ほかに挨拶に来たのは，紺屋市右衛門尉の妻で「昆布・串柿一束」を礼物として持参し，その対応には言経の妻があたり年頭の食事を勧めている。彼女は正月の五日にも山科を訪問しており，「小児二五疳保童円百粒遣了」と書かれ「五疳保童円」という小児薬の一種を言経は子どもに処方している。紺屋市右衛門尉の妻が元旦に訪問しているのは，こうした処方を日常的に行っていたためである。さらに興正寺の寺内の西川佐渡（法忍）が挨拶に来ているが，興正寺からの正式な使者であったのか対面している。また，本願寺の坊官下間頼純（1554～97年）も直接対面はしていないようではあるが訪れている。

　正月2日は「節分」である。ちなみに同じ正月5日に梅庵（大村由己，生年不明～1596年，「天正記」執筆）を訪問した言経は，彼の子息にも同じ薬を処方している。梅庵はこの日，摂津へ下向してきたばかりであった。

　正月3日は，世話になっている佐超夫妻のところへ，堺より訪問してきた冷泉為満，言経，四条隆昌，子息の阿茶丸（言緒）で向かい，正月の挨拶をしている。生活の拠り所としていた人々への正月の挨拶であり，一族で揃って向かったといえる。

2　山科言経の日常生活

　正月 13 日には，大村由己の邸宅で和歌会始が行われた。この日の会は 14 名の参加者で豊臣秀吉に仕えていた佐久間家勝・平野長治・山名豊国（禅高）や彼らの家中の者，また連歌師が参席した。

　言経はこのような定期的な会に参列し，連歌会を通して山名豊国の動向を把握していたと思われる（大嶌，1996）。言経は会の開始前に大村に「愛洲薬」を渡しており，これは豊臣秀吉の小田原攻めに随うためであったという。

　この連歌会の最中に，西御方（佐超室）に呼ばれ中座している。御児（昭玄）の体調が優れないので脈診したところ，「虫気」（腹痛）であった。夕方，会の終了後に再度見舞いに向かう。さらに翌日も使者が来て向かっている。その折には昭玄の乳母ら 3 人に処方の薬を渡している。翌日 14 日には，連歌会で初めて会った者や，日頃処方をしていた者へ薬を配って歩いている。

　ちなみに正月は 120 人余，2 月と 3 月はそれぞれ 60 人程度の人々が記述されている。この時期，毎日のように記述された人物がいる。「四，薬」とのみ書かれているが，この人物は先述した元旦の記事に登場する四条隆昌である。正月 27 日から 2 月 27 日まで 1 ヵ月あまりにわたり連日書いている。

　正月 27 日の記事によると，隆昌は 19 日から体調が悪く，言経が 10 種類余りの漢方薬を調合し 3 包を服用させた。翌日 28 日は 1 包に加減し煎じて飲ませ，29 日には 9 種類（同じ薬は 7 種類）を 2 包服用した。2 月 1 日は 9 種類から 1 種類を除き 2 包，2 日は 29 日の 9 種類のうち 1 種を入れ替えて 2 包などというように，毎日加減をしながら処方を続けている。時には「昨日如（ごとく）して一包」などと，連日同じ処方をする場合も数度あった。最後の 2 月 24 日から 27 日まで同じ処方が連続した後は，体調が良くなったのだろうか，その後しばらく書かれていない。3 月 8 日に堺の冷泉爲満の所へ隆昌が言経に同行した記事があり，その時に腹痛に効く 1 種類（丁香散）を処方する。

　このように長く処方の記録が続いている者もいれば，時折みられる者もおり，病状に応じての対応であったと思われる。また，診察をして処方していく場合と所望されて薬を出していく場合があった。

3 医療技術の提供

　投薬に関して具体的に記事を見てきた。施薬は人ごと，場面ごとに一つ書きをわけていたことが日記をみるとわかる。どのような人々に対応したか分類すると，施薬の対象者から3つに分けることができよう。それは，① 血縁関係者，② 寺中の人々からの要請，③ 市中の人々といった分類である。一族など血縁のある者たちへの頻繁な対応があり，寺内の支援者への施薬，さらに施薬をしてもらった者がさらに家族を紹介する場合もある。定期的に行われた連歌会や日頃の処方をしている者たちから，薬を処方する相手が拡がっていく様もみえる。人と場とのつながりで施薬が行われていったのである。

　日記には，対応した相手との会話の内容までは記述されていないものの，言経と投薬を受けていた者たちの間で，充分な会話がなされていたのではないかと考えられる。これは施薬がどのように行われたのかという点から記事を見ていくと推測される点である。言経がおよそ求めに応じて投薬していることがわかり，施薬を受けた当人は薬の効用を言い含められ，薬のことをよく理解していたのではないかと思われる。

　言経は周囲の医家たちから処方を教示され，それも活用していた。一方で代々伝わる医療知識に加え，医書を書写するなどして知識を蓄積していた。この点は，言経から医家たちへ知識を提供することにより，教示してもらっていた側面もあったのではないかと推測する。

　寺中に入り込んだことは，結果として相互に支え合う形にたどり着いたのではないかと思える。彼にとっては環境の違う，いわば非日常のなかで，周囲の人々の日常の時間で知識を分かつことにより，自分の一族を支えながら切り抜けていったといえる。山科家が代々受け継いできた医療技術を周囲の人々に提供することによって，自身も支えられていったのである。この点は，言経が知識を提供することで「支え返し」たと思われる。

第3節　非日常の中の福祉性
1　寺院への駆け込みの視点から

　山科言経が勅勘という事態をいかに切り抜けたかという点は、妻の姉とのつながりがある摂津の本願寺を頼って京を離れたことは、すでに説明した。これは、いわば人のつながりでの相互扶助、助け合いであり、中世社会の家を存続させていく社会システムの中で機能したといえる。

　本章では、理解をさらに深めて、寺へ駆け込むという近世社会では一般的に行われた行動、行為からみた位置づけをしておきたい。

　「アジール」とは、世俗の権力から独立して、社会的な避難所としての特権を確保したり、あるいは保証される、そういった場所のことをいう。最も一般的なアジールの場所といえば寺院であった。江戸時代にはさまざまな理由、場面において寺院への駆け込み行為がみられた。駆け込み行為を示す言葉も当時は様々であったことがわかっており、「入寺」が最も多いと指摘されているが（佐藤，2006：6-15）、ここでは「駆け込み」と表現しておきたい。

　駆け込みの研究の第一人者である佐藤は、江戸時代においての駆け込みについて具体的な事例から検討しており、①謝罪・謹慎の意思表示としての駆込、②処罰・制裁としての駆込、③救済・調停手段としての駆込の3つに分類している（佐藤，2006：6-15）。

　①は「不法・違法・不行跡な行為を犯した当人が、非を認めて寺院に駆け込み、寺院や関係者を仲介として謝罪する行為」であり、村や町における紛争解決・平和回復のための作法の一つとして活用された。また、③は離縁を実現するために駆け込んで保護・救済を求めるような、不当な扱いを受けた場合に救済・調停手段としても機能していた。

　佐藤は、近世社会での寺院への駆け込みは、中世のアジールの流れを汲むことも指摘した（佐藤，2019：8-9）。中世社会の慣習のなかで、言経はそうした寺院の機能を利用し、駆け込みの3つの機能のうち、①の機能の面から興正寺を頼り、寺中での生活に入ったと捉えられる。当時の社会のなかにあって、寺院のアジールとしての機能を利用したといえる。

このように，駆け込みはアジール性のある場所に駆け込むことで，駆け込んだ者たちを保証する。今回事例とした言経の場合，本人だけでなく家族も一緒に駆け込みの行動をした。勅勘の理由がはっきりわかっていないことは前述したが，一族に対する大掛かりなものであったことが想定される。だからこそ，集団での行動につながったと捉えられる。どこに駆け込むかという選択肢を探すなかで，言経の妻のつながりが有効な選択肢の一つとなっていったものと，ここでは考えておきたい。

2 中世社会の福祉性

前近代の日記をひもとき，その福祉的な様相に迫ってみたが，本章で展開してきたことの整理をしておきたい。

冒頭に課題としてあげたように，それまでの日常生活から切り離され非日常へ生活が一変し，危機的な状況に陥った時，その環境の中にどのように福祉性を読み取ればよいのだろうか。「解題」では，言経の場合，援助の機能は言経の家族（妻）の血縁関係にもとづき働いたことを指摘している（東京大学史料編纂所，1991：113）。つまり，財源を持った寺内の人々とのつながりが，生活を支える一部になったという理解である。さらに，本章で検討したように，言経は医療に関する知識を提供しており，家と自身が蓄積してきた技術を共有し，周囲の人々を支えていたといえよう。日記から読み解くと，施薬をした人に対する言経自身の日頃の対応により，周囲の人物たちと深いつながりを作っていたと思われる。

西研によれば，幸福感を伴う体験について語ってもらうと，単なる「ここちよさ」を語る人は少なく，人との関係から生まれるものを語る人が大半であるという（西研，2021：108）。人を支え扶けることは，支える側の人生にも充実感を与えるものと捉えられよう。言経の場合，寺中や周囲の人物へ施薬を行うことは，彼自身の出奔中の人生そのものも支えられていたのではないかと考えられる。

出奔中は従来の京での生活とは場所も離れ，環境そのものもかけ離れており，

それは言経自身には非日常である。彼の思いの根底には，以前の日常へ戻ろうとする想いも当然あったと思われる。しかしながら施薬を軸に考えると，非日常のなかで患者との日常を過ごしていたとも捉えられる。そうした場面で，代々受け継いできた医療技術も含めて自身が持ち合わせた情報を提供していったことは，結果として周囲の人々を支えていたことになる。言経は生活を保障されたことにより，医療技術を周囲の人々に提供していったのであろう。非日常の中での日常を保障された，言経自身は「支え返し」をしたのである。周囲の人々を医療技術で支えたことは，言経にとっても精神的な好影響があり，相互に支え合う形にたどり着いたのではないかと思える。

　駆け込みによる寺院からの保護を受け，また患者との関係を作り上げていった言経は，一方で武家とのつながりも作っていった。朝廷社会へ復帰する前に，1591（天正19）年3月には徳川家康から扶持を与えられ，また，1592（文禄元）年9月に豊臣秀次に召し抱えられていた。さらに武家に対しては，言経から有職故実の情報を提供するという関わりもあった。家康が執奏して勅勘が解かれた事実も踏まえると，このような周囲の武家とのつながりを作り，経済面で保証され，関係性を作り上げることができたことが，朝廷へ復帰していく端緒になったのではないかとも思われる。

　出奔先に興正寺を選択した言経の行動は，当時の社会のあり様から俯瞰すると，「駆け込み」が駆け込んだ者たちを保証するという側面から，姻戚関係を頼ったということを超えた理解ができる。従来は指摘されていなかったが，まさに駆け込みの織豊期における一事例として位置づけられるのである。山科がアジール性のある寺院へ駆け込むことで，生活の保障をされたことを考え合わせると，そこに福祉性が存在し，その出奔は「寺院」に保護を受けたという側面から捉え直せるだろう。

　福祉の対応領域に言及する上田千秋は，福祉が究極的には最大多数の最大幸福への欲求として主観的に意識されるものであるとしても，「その時の経済・社会機構に組み込まれて存在」することを再確認している（上田，1978：285-

288)。対応領域をどこに据えていくかということを考えるとき，前近代においては，本章のような非日常と捉えられる事例にもスポットをあてていくことで，事例を集積していくことができる。福祉史を構築していく上では今後もこうした検討が重要になっていくだろう。

追記
　本章は，JSPS 科研費 21K02051 の助成を受けた研究成果の一部である。

引用・参考文献
上田千秋（1978）「仏教福祉学の体系化のために―福祉の概念整理と日本仏教の反省―」『研究年報　10 号　仏教と社会事業と教育と―長谷川良信の世界―』大乗淑徳学園長谷川仏教文化研究所
大嶌聖子（1996）「山名豊国の転身と連歌会」『戦国史研究 第 32 号』吉川弘文館
大嶌聖子（2018）「試論『家忠日記』に社会福祉をみる―日記の世界を広げる―」『千葉・関東地域社会福祉史研究 第 42 号』千葉・関東地域社会福祉史研究会
大嶌聖子（2022）「前近代の福祉の視点を求めて―中近世移行期の日記の視点から―」社会事業史学会創立 50 周年記念論文集刊行委員会編『戦後社会福祉の歴史研究と方法―継承・展開・創造　第一巻〈思想・海外〉』近現代資料刊行会
佐藤孝之（2006）『駆込寺と村社会』吉川弘文館
佐藤孝之（2019）『近世駆込寺と紛争解決』吉川弘文館
東京大学史料編纂所編纂（1991）『「解題」大日本古記録 言経卿記 十四』岩波書店
西研（2021）『しあわせの哲学』NHK 出版
西口順子（1980）「興正寺と山科言経」眞宗連合學會編『眞宗研究 第 24 輯』百華苑
服部敏良（1971）『室町安土桃山時代医学史の研究』吉川弘文館

2. 感化院実践史と入所型児童福祉施設の養護内容
―成田山感化院実践の検討から―

菅田 理一

　筆者はかつて，大正期における成田山感化院の感化教育方針について，「院生への対処法は，明治中期頃までの体罰的な教育から大正期の言葉による教育へと変化してきたこと」「学科教育において修身が，また生活指導においては感化が重要な役割を果たす」ようになったことを指摘した（菅田，2006：35-62）。
　感化院は明治期以降の児童福祉の前史で，現在の児童自立支援施設，児童養護施設などに受け継がれている施設の一つである。戦前期の感化院での実践の解明は，いじめ対策，子どもの貧困対策，子育て支援といった現在の子ども家庭福祉施策の見直しの手掛かりとなり，子ども家庭福祉の基礎研究であると考えられる。

第1節　感化院実践史の研究

　昭和戦前期までの子ども対策の社会事業において，乳幼児や学齢期の子どもだけでなく，社会人となる青少年の年齢層で生活に指導を要する者をケアする取り組みもなされた。昭和初期のマハヤナ学園の事業の一つの「少年信愛会」のような，少年法に基づいた司法少年保護団体の設置などもある（長谷川，2020：125-127）。
　筆者は2006年から08年に実施された大乗淑徳学園長谷川仏教文化研究所のプロジェクト研究「感化院事業の社会史的研究」に参加し，特に東京感化院の子どもたちへの生活指導の先駆的な実践を解明したく資料検討を続けてきた。そこでは明治期と大正期の資料に職員配置，外部委託，養育内容（衣食住），経

営，地域連携などの，今日的な課題に通底するものが含まれていることを確認した。さらに，近代の矯正保護の多くは仏教社会事業として展開され，千葉感化院（のち成田山感化院）もその一つであることを理解した[1]。

成田山感化院の資料によると，同感化院は「曹洞宗の服部元良師（市川総寧寺，千葉宗胤寺の住職）浄土宗の石井實禅師匠（生實大巌寺住職）」ら仏教者が千葉県知事に「計り」，「明治十七，八年の頃より計画」され，「各宗より六ケ月交代勤務」などを合議で決め，1886年11月28日に千葉感化院として創立されたもので（大友，1936：10-11,23-24），仏教に基づく感化院事業を行う施設として，当初は成田山の施設でなく「千葉感化院」と称していた[2]。

佐々木は感化法施行後の明治末の感化院史研究から，感化の方法は入所児童が家族的組織に属し情緒の安定を図ること，日課によって規則正しい生活や整理整頓による入所児童の気持ちの変化を期待していたこと，学齢期にあっても読・書・算術の不十分さからの基礎学力を「学科」で獲得するよう教育すること等，感化院が実践していたことを史資料から論証している（佐々木・藤原，2000：281-299）。

第2節　成田山感化院の歴史的役割

1900（明治33）年の感化法は，その対象者を次の通り規定している。

> 第五条　感化院ニハ左ノ各号ノ一ニ該当スル者ヲ入院セシム
> 一　地方長官ニ於テ満八歳以上十六歳未満ノ者之ニ対スル適当ノ親権ヲ行フ者若ハ適当ノ後見人ナクシテ遊蕩又ハ乞丐ヲ為シ若ハ悪交アリト認メタ者
> 二　懲治場留置ノ言渡ヲ受ケタル幼者
> 三　裁判所ノ許可ヲ経テ懲戒場ニ入ルヘキ者

8歳から16歳の子どもで当該年齢に適した生活の場を得ていない者のほか，懲戒を要する子どもたちもケアの対象とした。前者に加え後者も含めた青少年

年齢層の子どもたちのニーズをどのように捉え，どのように対応していたのであろうか(3)。

明治期からの近代化と資本主義の発展のなか，犯罪対策が求めらるようになった。成人と青少年を分離し対応すべきかが課題となり，懲治制度が設けられたが不十分なものであった。表3-2-1のように青少年に対応した私立の施設が，先ずはその課題に取り組んだ。それを担ったのは主として仏教者たちであった。そののち，1900年の感化法制定で感化院の設置義務づけがなされ，各地に感化院を設けることになるまで，私立のものが先行しその養護内容を模索していた。

感化法は1933年に少年教護法と改められ，1947年の児童福祉法制定で少年教護院から教護院となった。一方，刑法で罰されない年齢以下の触法少年の子どもたちに対しては，1922年の矯正院法制定で矯正院（のち少年院）が設置されるようになった。

千葉県では，第二次世界大戦後，明治期にいち早く創立された千葉感化院（のち成田山感化院）が児童養護施設「成田学園」となり，公立の感化院として明治末に設置された児童自立支援施設「千葉県生実学校」とともに，戦後の戦災被災者のニーズや高度経済成長期の社会問題の一つであった子どもの貧困，児童虐待，家庭内暴力などの影響を受けた子どもたちの生活指導を担い，入所型の福祉施設の一つとして生活の場を提供してきた(4)。

「児童養護施設」は児童福祉法第41条に規定され，虐待などにより家庭で生

表3-2-1　感化院の創立（感化法制定まで）

1883（明治16）年	池上感化院（大阪）
1885（明治18）年	私立予備感化院　のち東京感化院（東京）
1886（明治19）年	千葉感化院（千葉）
1888（明治21）年	岡山感化院（岡山）
1889（明治22）年	京都感化保護院（京都）
1897（明治30）年	三重感化院（三重）
1899（明治32）年	広島感化院（広島），家庭学校（東京）
1900（明治33）年	感化法制定

出所）筆者作成

活することが難しい子どもたちを入所させて支援する施設となっている。保護者による子どもへの虐待のほか，保護者の死亡，病気や入院，行方不明などの事態に対し児童相談所の調査を経て子どもを入所させ支援している。また，「児童自立支援施設」は同法第44条に規定され，不良行為を行うまたは行うおそれのある場合等の生活指導を要する子どもたちを入所させて支援する施設となっている。家庭環境によるものを含め飲酒，喫煙，家出ほか，生活全体に支障の生じている子どもたちを入所させ，規則正しい生活習慣や社会性を身に着けられるよう支援している。基本的に寮生活のもと，敷地内の小中学校分校・分教室等に登校し学業やスポーツに取り組みながら生活を安定させていく。

　乳幼児や学齢期の子どもたちが，入所しケアを受ける養護施設（現児童養護施設）に該当する救済事業は，1869（明治2）年に日田養育院，1872（明治5）年に横浜仁慈堂，1874（明治7）年に浦上養育院，1879（明治12）年に福田会育児院，1883（明治16）年に善光寺養育院，1886（明治19）年に愛知育児院のように明治初期に創立された。これらはいずれも私立の取り組みで，子どもを入所させ生活の場を提供しながら養護を行おうとしたものである。これらの事業では青少年期になっても引き続き生活の場として支援していたケースもあった。

　青少年期の子どもたちの生活の指導の特に，非行少年への感化についていち早く指摘し事業化を訴えたのは，1880（明治13）年の小崎弘道「懲矯院ヲ設ケザル可カラザルノ議」（六合雑誌）での公表である。さらに1883（明治16）年に池上感化院，1885（明治18）年に私立予備感化院（のちの東京感化院），1886（明治19）年の千葉感化院，1899（明治32）年の家庭学校のように，明治中期までに感化院が創立された。こんにちでは，児童福祉法の対象年齢18歳にかかわらず，子どもの自立支援が必要な場合は成人後も引き続き行う，つまり子どもごとに合わせ青少年期以降も引き続き支援対象とする施策へと広がってきている。昭和戦前期までの乳幼児期から青少年期，成人期に至る適切な生活の場を提供するニーズへの民間のそれぞれの取り組みは，第二次世界大戦後の児童福祉法を軸に子どもごとの多様なニーズに柔軟に対応する施策となっており，こんにちも子どもの福祉向上に努めている。千葉感化院（のち成田山感化院）はこ

れらのルーツの一つであった。

『成田山五事業年報』によると，成田山感化院の明治後半期の入所児の生育，不良原因，実績を以下のように集計している（成田山新勝寺，1911：106-112）。

明治 34 年から明治 43 年 3 月末日までの入所児の生育，不良原因
【生育について】
　実父実母　16人　　実父継母　9人　　孤児　5人　　継父実母　5人
　父有母離縁　2人　母有父離縁　1人　父死母有　1人　　私生児　2人
【不良原因】
　極貧　9人　　家庭紊乱　7人　　遺伝ありと思ふもの　7人
　過度の愛　3人　　過度の懲戒　3人　　里子　3人
　保護者なき為め　3人　　教育放任のもの　2人　　悪風俗の感化　2人
　低能の為め　2人　　家庭不和の為め　1人

明治 19 年から明治 44 年 3 月末日までの感化院の実績
　91名中，改善退院　45人　　事故退院　20人　　不成績　2人
　　　　成績未定　5人　　逃走　4人　　死亡　3人　　現在生　12人

　生育については，父母との縁が全くないのは孤児5名であり，その他の入院児は入所年齢8歳以上までの間に父母により何らかのかたちで縁があった。不良原因については，その区分から生育された家庭環境に貧困や人間関係の不和，暴力を受けた者と知的な障がいのあった者もいたことをうかがわせる。感化院の実績については，事故や逃走，死亡など改善に至らなかったのが実状であった。
　また，成田山感化院の1917（大正6）年10月18日の『日誌』には，「絶えず大声で歌を歌い楽隊の真似をする」や「何事かさわぐ癖あってたびたび注意しても言うそばからさわぐ」という記載が見られる（長谷川仏教文化研究所，2003：76）。また，読みがどうしてもできず成績も下位の子どもへの関わりに戸惑っていた。『成田山院五事業年報』に見られる「低能」の根拠は判然とし

ないが，昭和初期の成田学園においては不良程度が重い子どもの入院申込を断っていたことを佐々木は指摘している（佐々木，2007：174）。

　大正期に感化教育の多様化と児童保護の専門分化（障害児保護施設の模索），また司法省による旧少年法の胎動もあり，こんにちの知的障がい児専門の教育が議論される一方，依然として感化院には知的能力が低いと見なされた子どもたちが在院していたとみられる。子どもたちへの生活支援は衣食住や健康管理のほか，学科教育を提供し，入所施設内全体の集団及び居室割りを用いた家庭的な体験を受け，かつ子どもの特性に応じ個別の対応を行っていた。感化院職員は実践のなかから習熟し感化の方法の改善を目指していた。

第3節　成田山感化院にみる入所型施設での子どもの支援

　表3-2-2は，『成田山五事業年報』の「私立成田山感化院一覧」として掲載されているものをもとに，入所児をケアする施設の生活指導の内容を「A衣食住，B健康管理，C学科を中心とした学習活動等，Dその他」と4つに分類し整理したものである。

　『成田山五事業年報』では，成田山感化院の生活について，次のように説明している（成田山新勝寺，1911：102-104）。

　　◎本院の生活
　　　感化院生活と云えば或は厳重冷酷の生活ならんと思料するものあらん甚しきは少年を懲治する所なりと推量するものあらん是は感化院と名称する為めにあらず其実質に対し斯の如く想像するものゝ如し然るに事実は全く反対なり申す迄もなく本院は先づ健全なる家庭を作り健全なる生活状態の下に精神教育をなし根底より其児童の心性及習慣を矯正し改善せんとするにあり而かも根本に於て児童は毫も罪あるにあらず皆是れ周囲の状況斯迄に瑕疵欠点を生ずるに至らしめたるものにして何れも深く同情すべき切実なる理由を含まざるものあらざるなり（以下略）

2. 感化院実践史と入所型児童福祉施設の養護内容

表 3-2-2 生活指導の内容（成田山感化院，明治末期）

入所型施設のケア	指導内容
A 衣食住	午前 5 時起床直ちに職員と一緒に掃除
	午前 8 時朝食
	正午 12 時昼食
	午後 5 時夕食
	午後 8 時就寝
	※食事は児童に応じ適量を提供。以前は無制限で提供も暴食制限に変更した。
	鼠色の衣類を着用。但し外出時は除く。
	日替わりの清掃箇所を指定し掃除する。
	菓子の提供では席順による差を付ける場合有だが賞与の意味は持たせない。
B 健康管理	新規入所時に身体の健否を受け，病気有なら発病時期や原因を申告する。
	以前に大病に罹ったのであればその時期と病名を申告する。
C 学科を中心とした学習活動等	午前 9 時より正午まで学科
	午後 1 時より午後 4 時まで農業もしくは手工
	午後 6 時より午後 7 時まで学科復習
D その他	誕生日その他の父母等命日の過ごし方を指導
	ブランコや小鳥飼育による娯楽の提供
	図書室の提供
	日曜日の成田山不動尊参詣
	普通の家庭と同様なため賞罰を格別に規定せず
	新規入所児は新入生室で約 1 週間生活しその間に性行調査を受け適切な居室を割り振られる。

出所）『成田山五事業年報』より作成

　まず，社会一般に思われているであろう「厳重冷酷の生活」を完全に否定したうえで，「健全なる」生活を擬似的な家庭に子どもを住まわせることで「精神教育」といった心身ともに成長を指導していくこと，入所児童の背景に目を向ければさまざまな要因からの生活習慣の課題を生じているのであるから，指導によって「改善」できることを明言している。

生活の場を提供し子どもたちの「改善」を促す方法のうち、入所し生活するタイプであることから、生活指導の内容が具体的にどのような意図を持っていたのかは、こんにちの社会的養護の場においても最も重視される点である。
　表3-2-2の「A 衣食住」については、朝5時に起床し職員と一緒の掃除に取り組み、午前8時の朝食に至る。掃除は日替わりの指定箇所を清掃し院内の衛生確保、整理整頓の意識の向上などを目指していたと考えられる。食事は、分量無制限では暴食する者への対応が課題となり変更している。菓子の提供での賞与の意味の有無などを一般家庭に比して検討していたことを理解できる。
　「B 健康管理」については、入所中の具体的な内容は判然としないが、入所時に医療情報を収集していることから必要な医療的ケアは実施されていたとみられる。
　「C 学科を中心とした学習活動等」については、午前9時より正午までの午前中の学科学習ののち、午後6時から1時間の復習時間を設定するなど、学習習慣の薄かった子どもたちへの習慣づけを意図していた。午後の農業もしくは手工は心身の成長を意図していたと考えられる。
　「D その他」については、誕生日その他の父母等命日の過ごし方の指導のように一般家庭で重視されるであろう体験を提供し、ブランコや小鳥飼育による娯楽の提供、図書室の提供、日曜日の成田山不動尊参詣などをあげていることから、入所児に従前の生活よりも楽しさを感じさせる意図があった。併せて、一般家庭と同様に賞罰を格別に規定しないなど、「厳重冷酷の生活」とは全く異なっていたことが分かる。新規入所児への新入生室での約1週間の観察を居室割り振りに活かしていたことは、入所施設全体の感化教育と個々の子どもへの指導を両立させるという意図をもって運営されていたことを示している。

　以上のように、感化院の入所児の生活指導に求められるのは、「A 衣食住」「B 健康管理」「C 学科を中心とした学習活動等」「D その他」の全体が「健全なる生活」の実現を目指すために行われること、特に「D その他」の入所後一週間の観察のような配慮の幅を広げることであったと見られる。対象年齢と制度が

当時と異なるものの，入所型児童福祉施設である成田学園（元成田山感化院）は，養護を続けている。こんにちの施設での入所児への指導も，その意図を明確にし，配属の幅を広げるよう常に改善しようという姿勢は，上記A〜Dにも含まれていたと考えられる。多様な児童の特性に苦慮する現在の入所型施設のケアの基礎研究の一つとして，実践史の研究をさらに深める必要がある。

註
(1) 梅原基雄・長谷川匡俊「戦前・戦後の司法福祉の歴史」小林孝輔・古田紹欽ほか監修『現代日本と仏教Ⅳ 福祉と仏教—救いと共生のために』（2000年，平凡社）所収を参照。近代の非行少年対策の歴史とその事例として千葉感化院（のち成田山感化院）の設立をあげている。また，梅原基雄「日本の矯正教育事業における成田山感化院の歴史」『千葉県社会事業史研究』第15号（1988年），第16号（1989年），第17号（1990年），千葉県社会事業史研究会も参照。
(2) 「千葉感化院」（1886〜1908年），「成田山感化院」（1908〜28年），「成田学園」（1928〜47年）の順で名称変更した。ただし1937年からは私立の少年司法保護団体であった。
(3) 感化事業で行われる感化教育について吉田久一は，『日本社会福祉理論史』（73-74頁，1995年，勁草書房）において，監獄学者小河滋次郎により，家庭に代わり行われるのが感化教育であること，良質な職員や個性にあった措置をとることを重視し社会事業として展開されていることを指摘している。
(4) 児童自立支援施設「千葉県生実学校」については，小倉常明「感化院千葉県立生実学校の感化教育への取り組みに関する一研究 —初代校長村岡菊三郎の感化教育思想と感化院委託生制度—」『東京通信大学紀要 第4号』（35-46頁，2022年，東京通信大学）を参照のこと。

引用・参考文献
池田敬正・土井洋一編（2000）『日本社会福祉綜合年表』法律文化社
大友惟誠編（1936）『成田学園五十年史』成田学園
重松一義（2000）『少年懲戒教育史』信山社
佐々木光郎，藤原正範（2000）『戦前 感化・教護実践史』春風社
佐々木光郎（2007）「昭和初期における成田学園の感化教育実践史」『長谷川仏教文化研究所年報 第31号』大乗淑徳学園長谷川仏教文化研究所
佐々木光郎（2020）「明治末期・大正期における仏教寺院の感化教育事業へのかかわり—公立へ移管した感化院の事例を中心に—」『長谷川仏教文化研究所年報 第44号』淑徳大学長谷川仏教文化研究所

菅田理一 (2006)「大正期『視善録』に見る成田山感化院の教育方針」『長谷川仏教文化研究所年報 第 30 号』大乗淑徳学園長谷川仏教文化研究所
長沼友兄 (2011)『淑徳選書 近代日本の感化事業のさきがけ—高瀬真卿と東京感化院』淑徳大学長谷川仏教文化研究所
成田山新勝寺 (1911)『成田山五事業年報』
長谷川仏教文化研究所 (2003)「大正六年十月視善録 成田山感化院」『長谷川仏教文化研究所年報 第 27 号』大乗淑徳学園長谷川仏教文化研究所
長谷川仏教文化研究所 (2006-2011)『東京感化院関係史料集 (1)～(16) 長谷川仏教文化研究所年報別冊』大乗淑徳学園長谷川仏教文化研究所
長谷川匡俊編 (2018)『現代日本における仏教社会福祉事業の歩み (2001 年～2010 年)』淑徳大学長谷川仏教文化研究所
長谷川匡俊 (2020)『長谷川良信の生涯』淑徳大学長谷川仏教文化研究所
藤森雄介 (2005)「成田山感化院時代の『日誌』からうかがえる明治期の院務状況について」『長谷川仏教文化研究所年報 第 29 号』大乗淑徳学園長谷川仏教文化研究所
三好一成 (2001)「成田学園所蔵資料 (戦前編) の調査概要と目録」『千葉県社会事業史研究 第 29 号』千葉県社会事業史研究会
三好一成 (2003)「資料紹介 成田学園所蔵資料 2 日誌編 2 感化院時代の『日誌』類 (大正期編)」『長谷川仏教文化研究所年報 第 27 号』大乗淑徳学園長谷川仏教文化研究所

3. 東京府社会事業協会の活動と
長谷川良信やマハヤナ学園の実践内容
― 1920 年 7 月から 10 月までを中心に―

菊池 義昭

　本研究は，大正期の東京府慈善協会および改称後の同府社会事業協会の活動内容と，その中での長谷川良信（以下，マハヤナ学園での活動を含む）の実践を中心に解明し，両者の社会的役割と歴史的意義を分析することが研究課題である。つまり，①大正期の東京府慈善協会の活動の展開過程の全体像を明らかにし，②その中での長谷川の実践内容を中心に解明し，③①の活動の展開過程や内容とその中の②の実践内容の，それぞれにおける社会的役割と歴史的意義の分析を目指すものである。

　そこで，本章では，このような研究目的の一端を解明するために，①の中の㋐その名称を東京府社会事業協会に変更する 1920 年の同協会の活動の全体像と，②の中の㋑同年 7 月から 10 月までの長谷川の実践内容を中心に解明する。なお，研究課題の③は，①と②の解明を集積し，その後に分析する。

第 1 節　本研究の目的

　これまでの筆者の研究から，1917（大正 6）年 2 月 11 日に創立した東京府慈善協会は，同府内の都市部の細民地区（以下，スラムも含む）の生活改善を目的に，東京府が主導して官民一体での救済委員制度などを設け，東京市とその周辺を 20 方面に区分し，隣保事業（以下，セツルメントも含む）等の実践を展開したことを確認した。さらに，その中で長谷川は，1919 年 1 月に巣鴨方面にマハヤナ学園を設立し隣保事業の実践を具体化しつつ，同協会の第二部会（改善保護

の主査として同協会の活動を推進し，そのことが長谷川の実践にも連動し，両者に相乗効果をもたらしたことを解明した[1]。

1920年10月22日に東京府慈善協会から東京府社会事業協会に名称を変更することになる。つまり，東京府慈善協会は，日本に独占資本主義が成立する中で生み出された都市部の底辺労働者を含む「社会的弱者」が面的に拡大，集積する東京府内の細民地区の生活改善を目的に，東京府という官が主導し民間の社会事業団体などを組織化して官民一体で隣保事業等の実践を展開した（吉田，1971：22-23）。その典型的な事例の一つが長谷川の設立したマハヤナ学園での隣保事業の実践と理解できた。その意味で，この両者は，社会事業の対象（当事者）が都市部の細民地区で，実践の主体が官主導の官民一体の組織とその中の団体で，両者の活動内容は隣保事業が中心と仮定できた。

このため，両者の活動内容や実践内容の展開過程は，日本の社会事業期の特質を内包した存在とも想定でき，それゆえに，①と②両者の活動内容の展開過程を解明し，③その解明結果を分析すれば，日本の社会事業期の特質としての社会的役割と，社会事業期の実践の動的な原動力としての歴史的意義を，事例的に抽出できると判断する。また，このような研究を通して，社会がどう変わっていったのかを研究する歴史研究ではなく，社会をどう変えていったのかを研究する歴史研究の一つに到達すると考える。

第2節　東京府社会事業協会とマハヤナ学園の概要

東京府社会事業協会は，1917年2月に東京府知事の井上友一の指導で東京府慈善協会として創立され，1919年8月に財団法人になった。そして，4年目を迎えた1920年当時の東京府社会事業協会の全体像をまとめるには，その前提として東京府の社会事業行政の概要と，その中での同協会の位置づけを明らかにすることから始める必要がある[2]。

当時の東京府の社会政策を担当する部門は，内務部と産業部で，前者は庶務課と社会課に分かれて社会事業行政を中心に所管し，社会課の付帯事業として財団法人東京府社会事業協会と財団法人東京府住宅協会があった。また，後者

は産業組合，財団法人東京日用品市場協会，財団法人東京食料水炭協会，東京工場懇話会に分かれていた。

さらに，前者の庶務課は，府立精神病院（松沢病院），癩療養所（第一区府県立全生病院），住宅建設，民力涵養を所管し，社会課は軍事救護，感化院（修斉学園，代用で家庭学校，井之頭学校，横浜家庭学校），窮民行旅病人棄児および迷児の救護（東京市養育院，同巣鴨分院，同安房分院，板橋分院），災害救助，水難救護法，児童保護員制度，恩賜財団済生会郡部事業，児童保護，児童鑑別委員制度，社会事業の私設団体の奨励補助，法人の指揮監督，調査研究と前記した先の２つの財団法人を管轄していた。

つまり，東京府社会事業協会は東京府社会課の付帯事業の一つとして位置づけられ，同府からの財政補助を受けて，前記項目以外の社会事業を担う役割があったと理解できた。

そして，同協会の事業の全体案は図3-3-1（筆者作成）のようになり，事業の中心は細民地区改善事業であり，それを支えるため，諸会議，相互視察，慰籍奨励会，救済事業従事者養成事業，会報（『東京府社会事業協会報』）発行，４ヵ所の游泳場の運営管理を実施した。

その内容の説明は紙面の関係で割愛するが，先の細民地区改善事業を具体化するための運営体制案を示すと図3-3-2（筆者作成）のようになる。つまり，細民地区改善事業は，東京市とその近隣の郡部の「最下級に属する細民實に三十萬餘人」のために着手し，当時はその細民地区を四谷方面，牛込方面，小石川方面，巣鴨方面，下谷方面，浅草方面，南千住方面，本所方面，深川方面，芝方面，品川方面，麻布方面，渋谷方面，日暮里方面，三河島方面，王子方面，千住方面，吾嬬方面，大島方面，亀戸方面の20方面に分け，各方面に名誉委員，嘱託救済委員，専任救済委員を任命し，各方面にある細民地区の生活改善等を実施していた。このうち，名誉委員（○）は郡区町長，区役所と町役場の「恤救主任」，各警察署長や主任警部などに委嘱し，嘱託救済委員（◎）は各方面内に存在する社会事業施設（団体）や「特殊小学校」の校長などに依頼し，専任救済委員（△）は本部から派遣して，各方面に定住して人事相談所などの活動

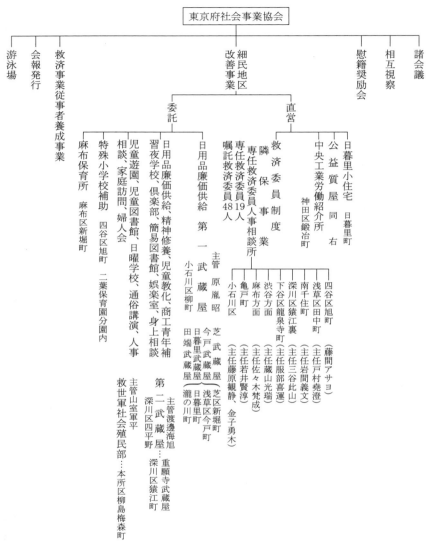

図 3-3-1　1920年頃の東京府社会事業協会の事業内容（案）

出所）筆者作成

3. 東京府社会事業協会の活動と長谷川良信やマハヤナ学園の実践内容　　165

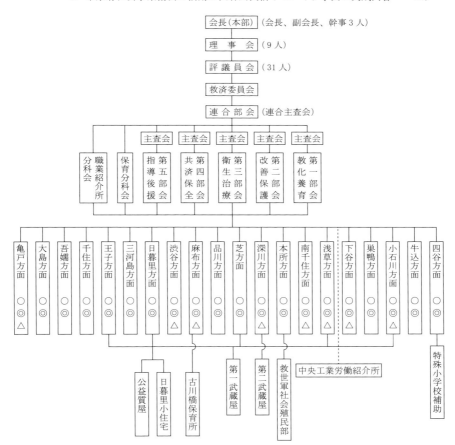

図 3-3-2　1920（大正 9）年頃の東京府社会事業協会の組織体制図（案）
出所）筆者作成

に従事した。

　また，専任救済委員は小石川方面など 8 方面のみに配置され，これらの三者が救済委員と総称され，その活動（事業）は大きく各方面（地区）内の調査研究としての「診査」，各種の集会を開いての「教化」，細民に対する「相談」や「救護」の「実施」で，「相談」は来所と訪問があり，「救護」は居宅救助と収容があった。

さらに，実際の活動としては第一武蔵屋（直営）が芝方面，浅草方面，日暮里方面，王子方面（田端町）にあり，日暮里方面には，日暮里小住宅（直営）と公益質屋（同）も設置され，第二武蔵屋（委託）が深川方面に，救世軍社会殖民部（同）が本所方面に，特殊小学校補助（同）が四谷方面に，新設の古川橋保育所（同）が麻布方面にあった。また，神田区には中央工業労働紹介所（直営）が設置された。

そして，20方面での活動を円滑かつ効果的に進めるために，図3-3-2のとおり分野別の横断的な会議として5つの部会と2つの分科会があり，各部会の活動内容や日程などを調整のため連合部会（連合主査会）が設けられ，さらに，毎月1回救済委員が出席して各方面の活動に関する重要な課題などを調査し研究する救済委員会が設けられていた。また，その上部には会長の命により同協会の全体の事業を審議する理事会と評議員会があり，その最終決定は会長の承認によるものであった。ただし，具体的な活動においては同協会の幹事を中心に運営されていた。

そして，これらの活動を支える1920年度の歳入歳出の決算をまとめると表3-3-1のようになり，歳入合計は374,841円76銭5厘で，最大の収入は日用品供給所収入166,088円67銭（44.3％），次が東京府補助金129,064円93銭5厘（34.4％），資金繰入43,282円53銭（11.5％）と続いた。ただし，日用品供給所収入は歳出の委託日用品供給所他187,138円67銭の支出を前提にした収入のため，むしろ21,050円の赤字になるので，最大の収入は東京府補助金で，日用品供給所収入を除いた全歳入の61.8％程を占めていた。

一方，歳出合計は347,266円10銭5厘で，先の委託日用品供給所他の支出を含む事業費291,432円90銭5厘（83.9％）が最大の支出であった。この支出の内訳項目と金額は表1のようになり，この内訳項目は図3-3-1に示した同協会の事業内容の各活動名とほぼ一致したことから（紙面の関係で具体的な説明は割愛），各活動を担保するための費用として使用されたことが確認できた。たとえば，保育所建設費は新設された古川橋保育所の建築費であった。さらに，図3-3-2に示した各種会議や20方面の救済委員の費用としての支出もあり，

3．東京府社会事業協会の活動と長谷川良信やマハヤナ学園の実践内容

表 3-3-1　1920 年度の歳入歳出の決算内容

歳入合計	374,841 円 765	（％）	部会分科会費	1,700.600	(0.5)
財産より生まれる収入	7,512.300	(2.0)	水泳場費	17,516.230	(5.0)
住宅供給事業収入	4,153.700	(1.1)	救済委員費	17,167.455	(4.9)
公益質事業収入	1,387.090	(0.4)	養成費	1,573.200	(0.5)
日用品供給所収入	166,088.670	(44.3)	職業紹介所費	15,753.110	(4.5)
前年度繰越資金	8,662.730	(2.3)	小住宅費	4,050.020	(1.2)
会費	549.200	(0.2)	公益質業費	17,918.250	(5.2)
東京府補助金	129,064.935	(34.4)	保育所建設費	23,282.530	(6.7)
寄付金	7,420.000	(2.0)	委託日用品供給所他	187,138.670	(53.9)
雑収入	1,785.360	(0.5)	図書館事業費	405.600	(0.1)
立替金戻入	4,500.000	(1.2)	会報発行費	2,249.500	(0.6)
資金繰入	43,282.530	(11.5)	視察調査費	1,158.380	(0.3)
歳出合計	347,266 円 105	（％）	講習会展覧会他費	601.670	(0.2)
事務費	3,989.580	(1.2)	資金造成費	45,810.850	(13.2)
会議費	813.900	(0.2)	財産管理費	69.320	(0.02)
事業費	291,432.905	(83.9)	臨時費	2,649.550	(0.8)
大会費	—	(-)	立替金	2,500.000	(0.7)
慰藉奨励会費	573.290	(0.2)	予備費	—	(-)
例会費	344.400	(0.1)	歳入歳出差引残金	27,575.660	

出所）『東京府社会事業協會報』第15号より作成

各種会議等を財政的に担保していたことも確認できた。

この時期の長谷川は，彼が設立したマハヤナ学園が存在する巣鴨方面の嘱託救済委員で，第二部（改善保護）の主査であった。また，当時のマハヤナ学園では，1920 年1月15日に新園舎の落成式と開園式を兼ねた一周年記念式を開催していた。当時の実践内容は，東京市社會局『東京社會事業名鑑』（同年12月）などによると，夜学部，保育部，児童倶楽部，人事相談部，慰問部，講演部，商工倶楽部，図書館，医療部の9部門を開設していた。

このうち，夜学部は「國民義務教育の趣旨を普及」するため，昼間就学できない児童 80 余人を夜間に教育し，授業料は徴収せず毎夜通学時に1銭を持参させ，これを貯金して必要な時に使用することにしていた。

保育部（託児所）は4月に開設し，労働者（細民）のために昼間18人の幼児を預かり「保育教養」し，かつ幼児を通して「貯金思想の喚起，家庭の改善」を啓蒙し，1日4銭の保育料で毎日午前7時から午後6時まで預かり，1日と15日は休業としていた。

児童倶楽部は，日曜日（休業日）を利用して「適当なる作業」を与え，社会生活を「善導訓練」することを目的とし，在籍児童は数百余人に達し，今後増加が見込まれ，少年少女大会も開催した。

人事相談所は，労働者の「人事相談」に応じて「解決法」を説明し，法律相談は弁護士で法学士の弘中政男を招聘して実施した。

また，慰問部は労働者の家庭を戸別に訪ねて慰問し，講演部では「教育衛生の思想」の普及のため育児や家政等の知識を涵養する目的で，毎月3回休日等を利用して，通俗講演会，講談，戸主会，主婦会等を開き，40人から50人が参加していた。

商工倶楽部は，16歳から30歳までの労働者が入会し，主に図書の閲覧，職業の紹介をし，日曜日等の休日には講話会，遠足会，娯楽会等を開き，会員は30余人，会費は1ヵ月10銭であった。図書部は図書の無料閲覧を毎月1日と15日に「開放」していた。その他，済生会診療所に委嘱して医療部を開設し，毎週2日間近隣の「病者」の診療を行い，「助葬会」を援助し，7月には近隣数百戸のために「魂まつり大法要」を執行した。

また，夜学部は7月下旬の1週間，保育部は8月中の10日間，東京近郊で夏期学校を開催し，9月に開催される世界日曜学校大会には仏教徒社会事業団体として応援し，生活改善展覧会では東京府社会事業協会出品の活動写真に登場した。11月13日から15日の3日間は，伝通院と淑徳女学校の後援により同校講堂で日用品廉売市を開催し，「学園関係者総動員に依て販売と宣伝とにより空前の努力」をし，『マハヤナ時報』を創刊した。

以上が，1920年のマハヤナ学園の活動概要で，このような活動と並行し，長谷川はこの時期の東京府社会事業協会でも活動していたので，次にその内容を中心に解明する。ただし，本章では紙面の関係から，「7月から10月までの

活動内容」のみをまとめ，その続きは別稿に掲載したい。

第 3 節　東京府社会事業協会の活動内容と長谷川の実践内容

　1920 年 7 月から 10 月までの東京府社会事業協会の活動内容は，『同協會報』第 11 号に掲載され，長谷川の実践が複数確認できた[3]。特に，この当時の長谷川は，前記したように巣鴨方面の嘱託救済委員で，かつ，第二部の主査であったため，従来から救済委員会で活動しており，その救済委員会での活動からみていくことにする。

　7 月 7 日午後 6 時半より救済委員会の 7 月例会が東京府庁で開催された。長谷川を含む正確な出席者は判明しなかったが，開会後まず朝原梅一委員（品川方面）が 6 月までの各方面委員よりの「報告」について説明した。この説明に対し篠崎篤三委員（小石川方面）より「表に作製して示されたし」との提案があり，協議の結果，各方面からの前月の活動報告は表形式にまとめて報告することを決定した。

　その後も協議が続き，加藤玄洋委員より，被救護者より謝礼の意味で「金員又は物品」が贈られた場合，救済委員として「如何に處理すべきか」について協議をした。その結果，岡弘毅幹事より「本部の方針としては絶對に受くべきものにあらず」と定めているという説明により，謝礼は絶対に受領しないことを再度決議した。

　次に，当日出席を求めて参加していた警視庁人事相談部主任の万代警部より「贈物受領の可否」についての体験談を聞き，贈物は絶対に受け取らず，無断で置いていった場合は「彼等の好意を他に轉ぜしむる，例へば養育院等へ彼等の名で送り，贈呈者の名宛で受領証を取り，丁寧な書状を付して彼等に送ります」という具体的な解説を聞いた。最後には，朝原委員が「深川に於ける少額収入者の實際調査」を担当した「調査員」よりの「所感」を求めた。

　これに対し，深川方面の服部嘉運委員が代表して，調査方法，実際の調査によって得た感想，今後の調査の方法を報告した。つまり，少額収入者の 3 割は「自由勞働者」であることに留意し，同時に彼等の家庭に育った児童より自由

労働者の家庭という「観念」を除くための「教化的施設の緊要」であるとの認識や，主婦の「善導」と「住宅屋賃等」についての意見が述べられた。
　さらに，箕谷庄太郎委員（小石川方面）からは，深川方面に無籍者が多いので有籍者にするための「莫大なる手数」を，同協会本部として「何とか交渉」して簡便な方法にしてもらいたいとの要望があった。これについては，他の救済委員よりも多数の賛成があり，岡幹事は「出来得る限り盡力」すると応えた。また，中央工業労働紹介所が6月に開所したのでその趣意と救済委員による利用の希望が述べられ閉会した。
　1ヵ月後の8月7日午後7時からは，8月例会が東京府庁で開催され，長谷川も出席した。まず各方面での調査報告書に関する説明があり，その一つは椎名龍徳委員よりの深川区内の一部での内職失業者の現状についての調査報告であった。
　椎名委員は，霊岸小学校の教師で毎年一部の児童に被服を供給しているが本年は物価の高騰も落ち着き，被服類の価格も低下しているのに，児童の被服は昨年より粗悪になり，給与人員が増加しているので，その原因について調査した結果を報告した。その報告によると，原因は内職の変動の影響によるものであった。つまり，被服給与家庭の家計状況を調べると，本年2月，3月頃までの一家族4人もしくは5人の家族の世帯主の収入は平均1日1円30銭程で，その妻や家族の内職収入は1日平均30銭強となり，世帯主の収入の4分の1弱を占めているが，この内職収入が「途絶え」たため，1日平均30銭の生活費が不足し，「非常なる困難」に陥っていると「想像」すると述べた。
　特に，その内職のうち「麻ツナギ」は「全部失業」で，「半袋カゞリ」は半数に減少して賃銭が5割下落，「足袋コハゼ」と「マッチ箱ハリ」も同様で，「懐爐火」も半減し夏は不要に，「洋傘直」は半減，その他の「ボール箱ハリ」「靴下カゞリ」「造花」および輸出品等は皆無になってしまった。また，本所区の調査でも深川区と同様であったが，本所区には内職を周旋する問屋があり，一時内職に変動が起ったが失業期間は比較的短くて回復したので，深川区にも同様の内職周旋の機関の設置が急務で，これを職業紹介所の一事業にすると「更

3．東京府社会事業協会の活動と長谷川良信やマハヤナ学園の実践内容　　171

に良好」との分析結果の報告があった。

　この報告に対し岡幹事からは，大変有益な「お話」で同感であるが，職業紹介所の付帯事業にする件はすでに関係者で協議したが時期尚早であるとの意見が多数で「遺憾」なり，「早晩實行」することになると「信ず」るが，目下野中理事が「家庭内職研究會」にて熱心に研究中と応じていた。

　次に，日暮里方面の稲垣春吉委員から同町の「流行病患者の調査」の報告があった。流行病への感染の原因は不養生，不清潔の結果と考えるが「我々の調査」の結果では，不養生で不清潔な細民より中流生活者の家庭に多かったが，これは「抵抗力の有無」に関係するものであろう。なお，調査の方法は，同町役場の「帳簿」と必要に応じての戸別訪問で実施したと説明した。

　さらに，四谷方面の室町市五郎委員からは，「水泳に關する注意事項」の提案があった。室町委員は鮫橋小学校の教師であるため，毎年夏期に多数の小川や池で児童が水泳し，溺死児が2人から7人おり，未然に防ぐ方法を「愚考」し，積極的に学校と家庭との連絡をとり，「完全なる場所」を作ること，消極的には管理し見廻り，子どもに自覚をさせ，危険な場所について注意を促しているとの報告があった。また，本所区では夏期中に市川に水泳場を設けているが，担当の四谷区では経済的に可能になるか疑問であるとの意見を加えた。

　この意見に対して岡幹事からは，夏期の児童の水泳については東京府においても「十分なる注意」を払い，本年は3ヵ所に公衆遊泳場を開設したので，ここでの利用を望むが，社会課としても「出來得る限りの御便利」を図ると応答した。

　さらに，沼山駒寛委員からは，「乳兒取払の經過」についての報告として，委託した里子が栄養不良により死亡したので，その反省から「完全なる養育院」か，その他「設備十分」なところへ委託すれば「不幸」は発生しなかったとの提案であった。この提案に対し，朝原梅一委員からは，本人もこの委託に関係していたので多少の責任があり，保育所の必要性を痛感して，岡幹事にお願いしたいと述べた。岡幹事からは，乳児保育所の必要性は同感であり，まず，里子に委託する必要のある乳児の数を正確に把握することが重要で，先日の調査

では回答が少なかった。このため，本部としては乳児保育所が必要であることは知っていたが，その根拠となる資料が乏しく具体的な予算を計上しなかったと応じた。

すると，坂巻顯三委員（浅草方面），長谷川良信委員，丸山千代子委員（小石川方面）等より「経験談」があり，乳児保育所設置の急務を「痛論」した。ここで長谷川の名前が確認でき，彼が乳児保育の「経験談」を述べ，乳児保育所の設置の急務を強く主張したとみるが，その具体的内容は判明しない。

そして，次に若井賢淳専任救済委員（亀戸方面）からは，「龜井戸方面に於ける失業者調査」が報告され，救済委員による失業者への支援活動の内容が理解できた。この調査報告によると，亀戸方面内には現在300人以上の失業者がおり，その大部分は染物工場で働く「型付工」で，他に「織工」も含まれていた。失業者の生活は，「自宅にて惰眠を貪り，日常の生活は永年取付の商店より信用上借り入れ」で，食品等を前借りして生活している状態であった。このため，先のような生活は「永久」に続かず，各商店から「貸賣を拒絶」されたらどうなるか，この時期こそ「警戒」すべきで，彼らの中の「或者が何かを仕出かすとせば米騒擾以上」（動）になり大変心配である。そこで，これを未然に防ぐため彼らに中央工業労働紹介所に行くよう勧め，内職失業者には岡幹事の紹介で「内職研究所」（前記の「家庭内職研究會」か）に行ったが，適当な職がないとの報告であった。

この報告に対し，浅草方面の高崎義勝委員から同方面の失業者の状態と労働紹介所や労資協調会等についての「所感」が述べられた。また，岡幹事よりは，中央工業労働紹介所等への「御不滿」は第三者からの批判として「希望」するが，各「施設」は「過度時代」のため十分な効果をあげることができないでいるが，今後発展するので利用を続けてほしいとの弁解があった。

この他に，「糞尿問題」について稲垣春吉委員，坂巻顯三委員，高崎義勝委員，篠崎篤三委員，岡幹事より意見があり，この問題は救済委員会では手に負えないことで「一致」した。加えて，岡幹事より篠崎委員に「チヤルアーのソシアルサーベ」の講義依頼などがあり閉会した。

9月例会は，9月7日午後6時半から東京府庁で開かれ，前月の事務報告に続いて，検事の斉藤考一郎よりの「戸籍法に就て」の講演があった。この講演は，7月例会で箕谷庄太郎委員（小石川方面）から問題提起された無籍者の有籍者への移行の手続の件であり，このため，その基本となる「戸籍法に就て」の解説を検事の斉藤考一郎より受けることになったとみる。また，当日の全出席者は判明しないが，無籍者の問題は，長谷川が設立したマハヤナ学園のある「二百軒長屋」付近の細民にもその該当者がいたとみられ，長谷川にとっても重要な講演と理解でき，たぶん出席したとみる。

その内容は，戸籍法の根拠となる「民法の第四編親族法」と「第五篇相續法」についてから始まり，「住居及住所」「子供の出生した場合の届出」「棄兒を發見せし場合及び其の知らせを受けし場合」「親權」「家督相續」などの条文の説明等であった。

10月例会は，10月7日午後7時から東京府庁で開かれ，前回に引き続き斉藤検事の「戸籍法に就て」の講演などであった。やはり全出席者は判明しないが，長谷川も出席したとみる。

まず山縣三郎理事より，明治神宮遷座祭記念として被救護者に物品を贈与する件について，各委員より意見を聞いた。その後斉藤検事の講演に移り前記のような内容の続きで，終了後には若井賢淳委員からは「資産相續の件」，朝比教証委員（深川方面）からは「就籍手續の件」，高崎委員からは「孤兒無籍者處分の件」，朝原委員からは「親族會開始の方法」などの質問があり，斉藤検事の応答で終了した。

そして，この間の9月29日には，岩田衛副会長が鳥取県知事に栄転するため，その送別会が午後4時から東京ステーションホテルで開催され，長谷川も出席した。その他，中西雄洞，川口寛三，三輪政一，安達憲忠，秋庭正道など全体で66人が出席し，阿部浩会長や評議員の渡辺海旭の送別の辞があり，岩田元副会長の謝辞で午後6時半過ぎに散会した。

10月9日には，午後2時から小石川区竹早町の東京府女子師範学校講堂で，同協会例会が開催され，東京帝国大学文学部教授の桑木厳翼文学博士の「社會

問題の哲學的考察」という講演が開かれた。参加者は 250 人であったため，長谷川も出席したとみる。

　さらに，専任救済委員でなかった長谷川は参加しなかったとみるが，9月24日午前9時からは浄土宗労働共済会で専任委員会が開かれた。出席者は，岡と小林正全の両幹事，朝原連絡委員，深川方面他4方面の専任救済委員など14人であった。各専任救済委員が提出した細民調査に関する意見書の「総合批評」を兼ねて，同委員としての今後の「社會事業進捗に要する根本的研究方針」を協議した。

　また，9月31日の暴風雨の被害調査のため，10月1日専任救済委員を渋谷，大崎，品川，小石川，本所，吾嬬に派遣し，生活扶助費を3人に貸与した。この他の同協会の活動は，保育分科会が6月，7月，9月，10月に実施された。なお，4月にマハヤナ学園に保育部（託児所）が設けられたが，同学園の出席は確認できない。

　そして，東京府から公衆遊泳場設置に5,000円が下付されたため，7月1日に遊泳場委員会が開かれた。8月6日遊泳場相談会と9月18日遊泳場慰労会があり，10月20日には亀戸方面委員会，23日には同府児童保護員の児童保護会発会式が開かれ，27日には相互視察として第1区府県立全生病院を参観した。また，日暮里方面の専任救済委員の主唱で8月15日と19日に衛生講話会が桜楓会託児所などで実施され，福田会育児院に収容されたポーランドの孤児の「慰安」のため「波蘭士孤兒招待會」が8月24日と11月9日に開催された。さらに，同協会は，10月5日からの世界日曜学校大会に英文の『東京府下に於ける社会事業』を寄贈したが，開催当日会場が火災となり，急遽帝国劇場などに変更するという出来事もあった。

　そして，22日には，東京府会議員により新設された同府社会事業常置委員会が府参事会室で開催された。同委員会には，牧野賤男委員，松井錦橘委員，花井源兵衛府会議長，大井玄洞市部会議長，同府社会課より山縣課長（同協会常務理事），岡と小林の両属（同協会幹事）が出席し，社会課と庶務課の「所管事項」を朗読し，各委員からの質問に応じ，牧野委員と松井委員からは「大阪

3．東京府社会事業協会の活動と長谷川良信やマハヤナ学園の実践内容　175

方面社會事業視察談」があった。

　以上が，1920年7月から10月までの東京府社会事業協会の活動内容と長谷川の実践内容である。紙面の関係から本章ではここまでとし，今後この続きの1921（大正10）年3月までを解明して，この時期のまとめを加えたい。

註
（1）　菊池義昭（2024）「長谷川良信の東京府慈善協会における活動内容とその影響や役割（1）―『東京府慈善協會報』第1号から『東京府慈善協會報』第5号までを中心に―」『長谷川仏教文化研究所年報第48号』（1-53）淑徳大学長谷川仏教文化研究所

　　　菊池義昭（2024）「長谷川良信の東京府慈善協会における活動内容とその影響や役割（2）―『東京府慈善協會報』第6号から第10号までを中心に―」『長谷川仏教文化研究所年報第48号』（55-103）淑徳大学長谷川仏教文化研究所

（2）　以下，本項の事実関係は，次の文献・資料を引用または参考にした。
　　　東京市社会局（1920）『東京社會事業名鑑』（357-360）
　　　東京府慈善協會（1920）『東京府慈善協會報第10号』（1-4，110-141）
　　　東京府社會事業協會（1921a）『東京府社會事業協會報第11号』（13）
　　　東京府社會事業協會（1921b）『東京府社會事業協會報第13号』（28-30）
　　　東京府社會事業協會（1921c）『東京府社會事業協會報第15号』（95-98）
　　　マハヤナ学園六十五年史編集委員会編（1984）『マハヤナ学園六十五年史　資料編』（11-13）マハヤナ学園
　　　長谷川匡俊（2020）『長谷川良信の生涯 トゥギャザ・ウィズ・ヒム 淑徳選書7』（245）淑徳大学長谷川仏教文化研究所

（3）　以下，本項の事実関係は，次の文献・資料を引用または参考にした。
　　　東京市社会局（1920）『東京社會事業名鑑』（135）
　　　東京府社會事業協會（1921）『東京府社會事業協會報第11号』（142-160）
　　　東京府社會事業協會（1927）『創立十年記念東京府社會事業協會一覧』（205，211-214）
　　　東京府（1929）『東京府史 府會篇 第1巻』（428，595，599，614，616）

引用・参考文献
吉田久一（1971）『昭和社会事業史』ミネルヴァ書房

4. 東京府社会事業協会の活動内容と
その中での長谷川良信やマハヤナ学園の実践
―1921年5月から1922年3月までを中心に―

樋田　幸恵

　研究課題は，大正期の東京府慈善協会（のちに東京府社会事業協会に改称。以下，東京府社会事業協会）の活動内容と，その中での長谷川良信（以下，マハヤナ学園の活動を含む）の実践を中心に解明し，両者の社会的役割と歴史的意義を分析することである。なお，本研究は菊池義昭との共同研究であるが本章の文責は筆者に帰する。

　本章では，大正期における東京府社会事業協会と，協会内での長谷川が具体的にどのような活動をし，その結果，当事者の生活や人格形成などにどのような影響を与えたかの一端を明らかにすることが目的である。具体的には，①大正期の東京府社会事業協会の活動の展開過程の全体像と，②その中での長谷川の実践内容を中心に解明し，③①の活動の展開過程と②の実践内容の社会的役割と歴史的意義の分析を目指すものである。

　本研究に際しては，社会事業史学会研究倫理指針を遵守した。原資料中にある差別的語句や表現と思われるものについては，歴史研究の意義より資料の表記のまま記載している。さらに，資料からの引用は原文を尊重したが一部旧字を新字にした。なお本章は，社会事業史学会第52回大会において報告した内容の一部を，加筆および修正したものである。

第1節　研究の目的

　これまでの菊地や筆者らの研究から，東京府社会事業協会は，都市部の細民

地区(以下,スラムを含む)の生活改善を目的に,東京府が主導してその前身の東京府慈善協会を設立し,官民一体での救済委員制度などを設け,東京市とその周辺を 20 方面に区分し,隣保事業(以下,セツルメントを含む)等の実践を展開したことを確認した。さらに,その中で長谷川は,巣鴨方面にマハヤナ学園を設立し隣保事業の実践を具体化しつつ,同協会の第二部会(「改善保護」)の主査として同協会の活動を推進し,そのことが長谷川の実践にも連動し,両者に相乗効果をもたらしていたと理解できた[1]。

東京府社会事業協会の救済委員と東京市方面委員との関係性については,三和治の先行研究がある。三和は,1918 年 6 月から始まった東京府慈善協会の救済員制度は,1920 年 12 月,東京市が方面委員制度を採用し,順次,細民地区をもつ各区に開設していき,1922 年 6 月に東京市の方面委員制度に収斂された流れをまとめている。そして「救済委員制度は,大正 9 年以降も引き続いて実施されているが,それらの関係,業務上の調整状況などは十分に把握されていない」と指摘する(三和,1999：183)。

また,同協会の救済委員については,山田知子の研究[2]や東京都福祉事業協会『東京都福祉事業協会七十五年史』などの資料もあるが,その救済委員が具体的にどのような実践をしたのかについての解明は十分ではない。

そこで本章では,前述した研究課題の一端を解明する目的で,① の 1921 年 5 月から 1922 年 3 月までの東京府社会事業協会の活動内容と,② その間の同協会の中での長谷川の実践内容を中心に解明する。研究課題の ③ は,① と ② の解明を集積し,その後に実施したい。

第 2 節　1921 年 5 月から 1922 年 3 月までの活動内容

1　1921 年 5～6 月

この期間の東京府社会事業協会の活動と,その中での長谷川の活動は『東京府社會事業協會報』第 15 号に掲載され確認ができた[3]。

同協会の理事会が 5 月 12 日午後 1 時から開かれた。理事推薦,評議委員推薦,顧問委託,「大正九年度決算」の承認,「大正十年度歳出入」の予算を審議し,

土地譲渡に関する件も話し合われた。また，同日午後5時から9時まで評議員会が開催され，先の理事会での議題を承認した。また，渡辺海旭が東京市との連絡，寄付金の見積もり等について質問し，山懸三郎常務理事，岡弘毅幹事が説明をした。

　6月6日に第三公益質店として本所区にある家屋を購入し，17日午後4時半からの理事会では，岡幹事よりの遊泳場開設，公益質店増設，救済委員制度改正，1922年3月に開催予定の東京府平和博覧会への出品に関する件などを協議した。さらに，有隣園への資金貸付，賛育会への同協会の土地譲渡と土地売却，本協会の名称の英訳を決定し，新事業計画に関する件も協議した。

　長谷川が所属していた第二部会は6月21日午後7時に例会を開会し，10時半に散会している。例会は斎藤樹内務事務官（協会理事）による住宅組合法についての解説で，参加者の人数と氏名は不明である。長谷川は6月4日から7月9日まで，朝鮮宗教事情及び社会事業の視察，満洲の社会事業の視察にでているため，この例会は欠席したとみる。なお，長谷川の満州と朝鮮の視察について，渡辺海旭が『浄土教報』で，長谷川がこの時期に満州と朝鮮の視察をしていることを高く評価していたことを，長谷川匡俊は明らかにしている（長谷川，2020：2）。

　一方，救済委員会の5月例会は7日に開かれ，発言者および発言の趣旨のみの記録があった。会議時間は午後7時より10時で，東京府庁で開かれた。室町委員より「小資金融の実験」，蔵山委員より「生業扶助の経過」，佐々木委員より「木賃宿の調査」，山崎委員より「水上児童就学の経過」，沼山委員より「夜学校開設の経過」，中西委員より「商工や学校開設の経過」，堀越委員より「虐待児の処理法に就て」，岡幹事より「南千住方面調査の状況報告」があった。このため長谷川の出欠席は判明しない。出席者に専任救済委員が2人含まれ，蔵山委員は渋谷方面，佐々木委員は麻布方面を担当し，両者の住所は福田会育児院である。同じ場所に居住しながら各担当方面を分担していたことが確認できた。

　6月例会は7日に開催され出席者は33人であった。前述の通り長谷川は朝鮮・

満州を視察中のため欠席であった。まず，岡幹事が救済委員制度について，専任委員制度を作ったが思ったほどの効果がないとして，次のような発議をした。「居住専任委員を引き上げ，主として調査の方向に全力を傾注したし，尤も従来の努力に由って前途に稍々光明を認め得らるゝ地方までもこの際一斉に廃止すべしといふにはあらず，嘱託委員諸君に一層の努力をお願ひする次第なり。でも兎も角にも東京市の方面委員制度の布かれし方面よりこの際居住専任委員を引き上げたし」と。これに対し，庄田嘱託委員が「更に會合して意見を交換したし」と述べ，それに対して岡幹事は，話し合いをするときは書面または直接報告（「お立寄り下され御意見を承はるを得ば幸なり」）を依頼している。この発議は，前述の6月17日の理事会議事前に岡幹事から報告があった「救済委員制度改正」および，次の深川人事相談所閉所式を意識したものであったとみる。

　6月26日に深川人事相談所閉所式が開催された。東京市方面委員制度設置のため，深川人事相談所のすべての事務を東京市方面委員深川第六部事務所に引き継ぎ，その作業が完了したので閉所式を実施したのであった。東川小学校を会場にして，主任救済委員の三谷此山が組織した深川人事相談所所属の五葉組合，恒心会（細民をもって会員）等の組長以下役員らが式場を準備し，当日は天心こども会，ちくば会（少年少女会）会員の予期せぬ参加もあり，出席者は大人が300人程度，子どもたちが100人以上であった。

　この出席者数から，救済委員がこの地域の細民を組織化していたこと，およびその組織化に細民が積極的に参加していたことに注目したい。当時の深川地区の状況であるが，内務省が実施した細民調査によると細民は40,191世帯，181,259人である。また『深川区史』によると，会場となった東川尋常小学校の1922年4月における学級数は44，児童数2,117人，職員40人である。加えて，1921年10月に実施された『細民集團地區調査』によると，調査対象となった細民地区のうち東川尋常小学校に在籍する児童は655人，そのうち給与保護を受けている児童数は，学用品給与者172人，被服の給与者5人，そのほかの保護を受ける者149人とある。深川人事相談所が対象とした地区の子どもの全数は不明だが，地域の子どもたちが100人も参加していたという事実は重要であ

ると理解できた。おそらく，子どもたちは，閉所式に行けば何か良いことがあると期待し参加したとみるが，そのような行動の前提にあったのは，専任救済委員との信頼の積み重ねの結果があったからと推定できるからである。その意味で「天心こども会，ちくば会（少年少女会）会員の予期せぬ参加」のエピソードは，専任救済委員が地域住民の信頼をえる活動を地道にしていた成果の一つであるといえよう。

2　1921年7〜9月

　この期間（一部10月）の活動は，『東京府社會事業協會報』第16号に掲載され，確認ができた[4]。

　7月15日午後4時半より宇佐美会長歓迎会と，東京府社会事業協会評議員で元東京市萬年小学校校長坂本龍之輔の送別会が開催された。参加者は80余人で，長谷川も参加した可能性がある。その送別会の中で生江孝之は，「貧民の教育を免除或は猶豫する規定の生命を有するは國にして，貧民家庭の子女は，國家が之を對稱として教育せざるべからず，阪本氏の鴻業を記念する意味にて之が撤廃を本會に於て決議せられたし」と提議したことが注目できる。この提議に対して岡幹事が，「本協会には第一部から第五部までの部会があり，それぞれに研究をしている。貧民教育の普及徹底は第一部で研究中であり，具体案があるので，秋の第6回社会事業大会に提案ができる。この問題は政府において解決方法があり，もはや財政上の関係で実行が遅れているだけではないか」と述べている。

　9月5日午後7時から第二部部会が開催され，東京帝国大学教授森荘三郎による「勞働保險に就て」の講演会があった。参加者の中にマハヤナ学園の小野説愛の名前があったので，長谷川の代わりに出席していたのだろう。

　10月15日午後1時から4時まで例会が開催された。慶應義塾大学教授瀧本誠一による「日本經濟史概觀」と，東京商工会議所書記長服部文四郎により「最近財界の趨勢」の講演が行われた。社会事業団体従事者10数名に加え，各大学の学生等400人余りの参加があったので，おそらく長谷川も学生を連れて

参加したとみる。一方，救済委員会の7月例会が7日に開催された。発言者のみの記載であったため，長谷川の出欠は不明である。室町委員が本所区花町木賃宿調査の報告，佐々木委員が麻布区廣尾町木賃宿調査の報告，室町委員，内田委員，岩井委員が救済委員としての執務上の感想を述べていた。

　8月例会は7日で，20人が参加し長谷川の出席が確認できた。まず，三谷が板橋町方面の要改善地区に必要な細民地図作成の件についての予備調査，本調査の方法およびその結果と感想を，係員4人を代表して報告した。次いで，内田委員が協会本部の依頼による板橋町の木賃宿14戸における精細な調査報告をした。その後，戸籍問題における姓名変更手続き等に関して，尾原委員，内田委員，小林幹事による意見交換がなされた。

　9月例会は7日で，23人が参加したが長谷川は欠席した。庄田委員から，11月の第6回社会事業大会で本協会より何らかの問題を提出してはどうかと提案があり，「禁酒およびトラホーム豫防」に関する議題の提案を求めた。すると岡幹事から理事会の意見を確認して決定すると返答があった。その他，尾原委員からは，専任委員が細民地区を調査した際，「不具者は多きや」との質問に，岡幹事は「從来調査の方法は，經濟的關係を主とし，不具者調査は付帯事業なれば，確実には云へざれども少なきやうなり」と返答した。次に，岩間委員が，南千住の木賃宿調査の報告をし，朝原委員からは九州地方の聾唖教育状況観察の報告があったため，要改善地区における貧困者調査に障害者を含めた調査の必要性の認識がうかがえた。

3　1921年10〜12月

　この期間の活動は『東京府社會事業協會報』第17号に掲載され，確認ができた[5]。12月に第四公益質店を南千住方面に新設し，細民の生活改善の役割を担う公的な機関が増加し，その後，1922年2月と6月にも店舗を増やしていた。なお，この活動以外の動向は本章では省略をする。

　救済委員会の10月例会は7日にあり，23人が参加し長谷川も出席した。各委員が当面の問題について意見交換をしたが，記録が少なく会議の内容がわか

らない。なお10月の長谷川は，時事新報社の霖雨運動に参加して，付近の5部落の生活状態を調査して隣保組合を組織していた。ほぼ同時期にマハヤナ学園では白米を市価よりも低廉な価格で細民地区居住者に供給する事業を始めていた。長谷川は人々の暮らしの安定ために奔走していたことがわかる。

11月例会は7日にあり，12人が参加したが長谷川は欠席した。岡幹事が内務省より委託された細民の生計調査に関しての所感を述べてから懇談をし，その後は委員相互の打ち合わせをして終了した。

12月例会は7日にあり，21人が参加し長谷川も出席した。年内最後なので茶話会もあった。小林幹事，長谷川委員，庄田委員等が，大阪市での第6回社会事業大会に出席した感想を述べた。小林幹事は「その概觀」を，長谷川委員は「大会に於て感じたる好感と悪感」を，庄田委員は，「豫ての持論なる細民地区に於ける結婚媒介所の設立に就いて縷述」をした。

第6回社会事業大会は，11月4～6日の3日間，大阪市中央公会堂にて開催され，東京府からは108人が参加し，その中に「マハヤナ學園主 長谷川良信」が確認できた。

大阪毎日新聞の新聞記事によると，以下の通りの概略である。まず大会3ヵ月前の1921年9月11日「社會事業大會日程十一月四日から四日間」(3面)との予告記事がある。第1日目から第4日目までの開始時間と内容，そして第5日目以後は有志の市内視察とある。講演者の氏名も掲載された。

そして，大会当日の11月5日「全國社會事業大會　公娼制度廃止問題で第五分科會最も賑はふ」(7面)の記事があった。なお，1面は原首相暗殺のニュースであった。その日の夕刊には，「全國社會事業大會　全國の代表者千五百名參集」(1面)の写真付きで記事が掲載された。「全國各地より社會事業関係代表者千七百餘名，社會事業協會副會長小橋一太氏會長代理として大要左の如き開會の挨拶を演述した」とあり，その挨拶の中に「北海道から沖縄に加え，朝鮮等からも来會され，在留の外人諸君もお加わりになり」とあった。翌日には「勞働問題大論戰の社會事業大會」(2面)との記事があり，注目されていたことがわかる。

同大会は6部会あり，その中で多くの議題が議論された。第一部会は胎児，乳児，学童，労働少年等の保護を扱い，部長は東京府社会事業協会の評議員を務める高島平三郎であった。第四部会は委員制度，救療，養老，窮民，救護，罹災救護，軍事救護等を扱い，部長は東京府社会事業協会第四部長を務める渡辺海旭であった。議題の提案者は行政機関や民間社会事業家であり，東京府社会事業協会からの提案はなかった。しかし東京府社会事業協会と関係でいえば，評議員の白十字会および第一部主査の庄田録四郎からの2議案が注目できた。

4　1922年1～3月

この期間の活動は，『東京府社會事業協會報』第18号に掲載され，確認ができた。

救済委員の三谷が「要改善地区住民の戸籍状態」という調査報告を掲載した。8月の救済委員会例会で議論された内容を反映した調査報告であろうとみる。この報告では，「大正八年七月，東京府社會事業協會の救濟委員制度が實施せられて以来，委員十六名（専任，嘱託六十一名の内）に寄って，同十年五月中旬迄に取扱はれた戸籍に關する事項は一，三二件であった」と。これらは結局「一，七八名の無籍者と，其他種々な手続四七件合計二二五の戸籍事項としての結果」であったと述べている。そして，救済委員が戸籍に関する相談（結婚届，当事者死亡届，住所不定，未手続者への対応）に対応するなかでみえてきた懸念は，大人の戸籍が不適切なままでは無戸籍児童の発生につながり，それは将来的に児童に不利益になることに言及をしていた。つまり，戸籍はその人の社会的，地域的な存在として，社会で生きている根拠を行政が証明するものであり，教育や公的な救済を受けるためには戸籍が重要であったと救済委員が認識していたこと，さらに救済委員は，法制度との関係も含む具体的な就籍活動をしていたことが理解できた。

2月17日午後4時半から8時半までは，第二部主査会が協調会の第一部長室において開会され，小林鐵太郎部長，主査の長谷川良信，高松竹三郎，朝比教證等と岡，小林の両幹事が出席し，下記事項を協議した。

一，第二部として本年は住宅改良と職業紹介の二問題に主力を置くこと。
一，本年は第二分科中の細民改良問題を研究し，具體的案を作成して，細民住宅の改良施設をなす様資本家に了解を求め，又，改良住宅法制定上の資料を提供し或いは建言をなすこと丶し，不取敢最近政府の低利資金を以て住宅建築をなしたる戸塚町，澁谷町，小松川町，櫻楓會（アパートメント），有限責任帝都建築信用購買利用組合，有限責任東京建築信用購買利用組合の集合をなし，経験談を聴取し又資料の提供を依頼し，研究をなすこと
一，職業紹介分科會は如舊之を存続し次會は郡部に於て新に建設したる亀戸町營紹介所及び建設せんとする淀橋町，澁谷町等相會して新設上の経験談並びに建設せんところの要求を聴き又設立に就いての障害等を聴くこと丶し，會場を亀戸町營紹介所とし分科會を開くこと
一，本分科會は，一般會員にも通知し，有志の来會を許すこと
一，其他の問題に關する第二部會は従前通り時々開會すること

（東京府社會事業協會，1922b：86-87）

　上記の内容は，第二部会として行う活動内容，つまり菊池が明らかにした『東京府慈善協會會報第2号』(1917年) においてなされた各部会での活動の枠組みを維持しつつ，1922年の第二部会の活動では，内容をさらに焦点化しようとしていることに注目ができた。
　一方，この間に救済委員会の1月例会が7日にあり，16人が参加したが長谷川は欠席した。朝原委員が保育所，盲聾唖教育に関する意見を述べ，庄田委員の発議により，その後出席者一同各自の感想，意見，希望等を述べた。
　2月例会は7日にあり，18人が参加し長谷川も出席した。篠崎委員が英国における救済委員の活動を総説し，三谷委員から細民の戸籍に関する報告があり，岡幹事他がこれに対する所感を述べた。
　3月例会は7日にあり，15人が参加したが長谷川は欠席した。山崎委員より芝浦小学校保護者互助会の組織についての説明と，岡幹事による「大正十一年

4. 東京府社会事業協会の活動内容とその中での長谷川良信やマハヤナ学園の実践　　185

度に於ける本府の新事業並びに施設に就いて大體の報告」があり，救済委員制度その他に関する意見交換があった。

　この間の2月28日午後6時半から東京府の商工奨館第1談話室で，長谷川らの「3氏送別会」が開催された。三氏とは，篠崎篤三（理事から山口県社会事業主事に転任），長谷川良信（社会事業視察のため欧米に渡航），三谷此山（社会事業研究のため米国に渡航）であった。まず，山懸常務理事の開会の挨拶があり，その後，中西雄洞，生江孝之，矢吹慶輝，相田良雄，渡辺海旭らから送別の辞があった。

　長谷川は第二部主査を退任し，欧米の社会事業視察のため渡航した。『東京府社會事業協會報』第18号の「個人消息」の欄に「長谷川主査の出発」の記事があり，「3月20日正午地洋丸にて横浜出帆米国へ視察の途に上り本協会より小林幹事横浜埠頭へ見送りたり」と記してあった。

　同時期に渡航した三谷の出立時の様子について，後年，三輪政一が「三谷さんであるが，（中略：引用者）有名な大貧民窟でありましたが，あそこで寝泊まりして熱心に細民の友となって仕事をしたのでありまして，三ヶ年後にはアメリカへ留学されるので或日，東京驛に見送って来てゐる人を見ると長屋の勞働者や，オカミさん子供と言った大勢の人々で旗を立て，見送ってゐられる光景を見た時に驛員も，アメリカなぞに留学する人にこんな階級の人々の見送りは珍じい（ママ）と言ってゐた程で，そのこと一つで深川でどんな仕事をしてゐたかが判断されると思ひます」と語っていたことが注目できた（東京府社會事業協會,1942：25-26）。三谷は前述した深川人事相談所の担当者である。閉会式の様子に加え，彼の見送りの様子をあわせると，地区の人々に影響を与えた仕事をしていたことが推測できる。

　さらに，東京府社会事業協会の活動に参加していた当時を懐古する長谷川の発言も記載されている。長谷川は「その頃の救済委員と言ふと可成御歳を召した時の大先輩が多く御出席になりましたことです。それで時の知事井上明府は若い者に出てこいと言はれて，出て来ますと井上知事さんが『シッカリヤレ』と吾々若かりしものを督励されたことを記憶してゐますが，矢張り印象が今で

も深いですね」と述べている（東京府社會事業協會，1942：21）。長谷川が東京府社会事業協会の活動に参加し始めたのが 1917 年 7 月であり，井上友一が逝去したのが 1919 年 6 月とわずかな重複期間であるが，この回顧から若い長谷川が周囲から期待をされていたことがわかる。

　以上が，1921 年 5 月から 1922 年 3 月までの東京府社会事業協会の活動内容と，その中での長谷川良信の実践内容である。この時期は，同協会の救済委員の活動の一部が東京市の方面委員に移行する初期であったことが確認できた。加えて，救済委員および長谷川は細民地区調査を通して，その地区に住んでいる細民の課題を把握し，生活の改善を図る活動をしていたことから，内務省より細民調査を委託された年でもあったが，細民の生活に関する調査は日常業務の延長であったことが理解できた。

註
(1) 　菊池義昭（2024a）「長谷川良信の東京府慈善協会における活動内容とその影響や役割（1）—『東京府慈善協會報』第 1 号から『東京府慈善協會報』第 5 号までを中心に—」『長谷川仏教文化研究所年報第 48 号』(1-53) 淑徳大学長谷川仏教文化研究所
　　　菊池義昭（2024b）「長谷川良信の東京府慈善協会における活動内容とその影響や役割（2）—『東京府慈善協會報』第 6 号から第 10 号までを中心に—」『長谷川仏教文化研究所年報第 48 号』(55-103) 淑徳大学長谷川仏教文化研究所
(2) 　山田知子（2019）「『東京府慈善協會』救済委員の『細民標準』への貢献—『東京府慈善協会会報』を手がかりに」『放送大学研究年報 第 36 号』放送大学
　　　山田知子（2020）「大正期における東京の方面委員—形成過程と生活支援の実際」『放送大学研究年報 第 37 号』放送大学
　　　山田知子（2021）「救護法施行前後における東京市方面委員制度の実際とその限界—取扱事例を手がかりに—」『放送大学研究年報 第 38 号』放送大学
　　　山田知子（2022）「東京市方面委員の来歴から見るその『社会性』の構造—どのような人々であったのか—」『放送大学研究年報 第 39 号』放送大学
(3) 　以下，本項の事実関係は，次の文献・資料を引用または参考にした。
　　　東京府社會事業協會（1920）『東京府社會事業協會報第 11 号』(152)
　　　東京府社會事業協會（1921）『東京府社會事業協會報第 15 号』(112-122)
　　　内務省地方局，社会局編（1971）『細民調査統計表』津田真澂（解説）「大正十年

細民統計表　第1表調査世帯数及び體性人員」(2) 慶応書房
　　深川区史編纂会編（1926）『深川区史 上巻』(491)
　　内務省社會局第二部（1924）『細民集團地區調査』(58)
(4)　以下，本項の事実関係は，次の文献・資料を引用または参考にした。
　　東京府社會事業協會（1921）『東京府社會事業協會報 第16号』(156-168)
　　マハヤナ学園（1984a）『社会福祉法人マハヤナ学園六十五年史 通史編』「年表」(313-319) マハヤナ学園
(5)　以下，本項の事実関係は，次の文献・資料を引用または参考にした。
　　東京府社會事業協會（1921）『第六回全國社會事業大會出席者名簿』
　　東京府社會事業協會（1922）『東京府社會事業協會報 第17号』(105-106)
　　南条茂編（1938）『西野田第一方面十五年史』(277-294) 大阪府方面委員西野田第一方面常務委員 森田伊兵衛
　　マハヤナ学園（1984a）『社会福祉法人マハヤナ学園六十五年史 通史編』「年表」(316)
　　マハヤナ学園（1984b）『社会福祉法人マハヤナ学園六十五年史 資料編』(14)
　　近現代資料刊行会編（2004）『日本近代都市社会調査資料集成2 東京市・府社会調査報告書大正十一年(1)』(305-306) 近現代資料刊行会

引用・参考文献

北場勉（2009）「大正期における方面委員制度誕生の社会的背景と意味に関する一考察」『日本社会事業大学研究紀要 55集』日本社会事業大学

東京都福祉事業協会編（1996）『東京都福祉事業協会七十五年史 ―明日の社会福祉のために―』（東京都福祉事業協会）

東京府社會事業協會（1922b）『東京府社會事業協會報 第18号』(36-56，84-96)

東京府社會事業協會（1927）『創立十年記念　東京府社會事業協會一覧　昭和二年六月』

東京府社會事業協會（1942）『厚生事業七月号 第26巻第七号』

長谷川匡俊（2020）「学祖・長谷川良信と社会事業の先覚者たち Ⅺ ―三輪政一と中西雄洞―(2)」「淑徳大学アーカイブズ・ニュース Vol.21」淑徳大学アーカイブズ

三和治（1999）「第七章 方面委員・民生委員の活動と特徴」『生活保護制度の研究』学文社

吉田久一（1984）「私設社会事業の歴史的展開」『社会福祉学25巻1号』日本社会福祉学会

5. 千葉県における方面委員制度創設

土井 直子

　千葉県に方面委員制度が設置されたのは1927（昭和2）年7月8日である。同日、千葉県告示「第316号方面委員規定」「第317号方面常務委員会規程」「第338号方面委員会規程」が公布された。同年9月3日には方面委員設置区域を1市16町村20方面とした。同年12月9日に千葉県告示「第570号方面委員規程」が公布施行された。方面委員設置区域は、千葉市・津田沼町・五井町・市川町・船橋町・野田町・成田町・佐原町・銚子町・本銚子町・東金町・八日市場町・茂原町・勝浦町・木更津町・北条町・館山町と定められた。

　本章は、千葉県における方面委員制度創設の経緯を通して、創設期における方面委員像について考察するものである。

第1節　千葉県における社会事業体制の基盤整備

　方面委員制度は、1918年に林市蔵と小河滋次郎によって、大阪府で創設された制度である。前年に発生した米騒動が、全国的な騒擾事件化したことが方面委員制度成立の背景にあると考えられ、方面委員は防貧対策を重視するとともに、濫給予防のため戸別訪問による生活調査を担った。その後、しだいに各地方自治体によって方面委員制度が取り入れられるとともに、地方改良運動などの内務省政策に後押しされて全国に普及していった。

　1913年に千葉県では地方官管制変更が行われ、知事官房・内務部・警察部という組織体制が整えられた。なお、社会課を千葉県庁学務部内に設置したのは1925年10月である（千葉県社会事業史研究会、1985：26）。

民間組織として，1924年3月に「思想を善導し，県民相互の連絡統制を図る」という目的で「千葉県振興会」が組織され（千葉県社会事業史研究会，1985：26），1925年2月18日に開かれた「県下各都市社会事業主任者会議」では，「千葉県振興会」の組織機能を充実させた「千葉県社会事業協会」の創設が議論された。

3月9日に開催された「郡市長会議」において，千葉県知事の元田敏夫は，「連帯責任観念より生ずる相扶の精神を高潮して県民の覚悟を促し，以て社会事業本来の目的達成を期せむ」と発言し，千葉県社会事業協会の「設立趣意書」が作成された（千葉県社会事業史研究会，1985：27-28）。千葉県社会事業協会は，1926年9月26日に創立総会を兼ねて発会式を挙行し，同日「千葉県振興会」は発展的に「千葉県社会事業協会」に吸収合併された。

1927年1月21日に「第1回県下社会事業協議会」を，千葉駅前日赤支部において開催した千葉県社会事業協会は，「児童健康相談」などの活動を千葉県内の町村役場を会場として実施していった。また，会報「千葉県社会事業」「公益質舗の設置に就て」「欧米に於ける農村社会施設」などの「参考資料輯」を出版し，千葉県内における社会調査活動や広報啓蒙活動をすすめていった。

概観すれば，千葉県は社会事業の推進という政策目標を遂行するために社会課を設置し，千葉県社会事業協会設立を通して町村における社会事業の実践基盤を整え，社会事業実践を担う方面委員制度創設に至ったのである。

第2節　千葉県方面委員制度の創設

1　方面委員制度の運用

原敬内閣の下で内務省社会局が1919年12月24日に新設され，地方局管掌事項であった「賑恤及救済ニ関スル事項」「府県立以下ノ貧院，盲唖院，瘋癲院及育児院其ノ他慈恵ノ用ニ供スル営造物ニ関スル事項」が社会局に移管された。一般的に，内務省社会局の設置をもって社会事業期の始期とするが，千葉県の行政組織は変更が遅れ，1925年10月にようやく社会課を設置し，千葉県は社会事業期に入った。

1927年7月8日千葉県告示第336号に基づき，千葉県方面委員制度が創設

された。同年9月3日には方面委員設置区域を1市16町村20方面と定め，方面委員160名を順次嘱託し，方面委員制度の実施体制が整えられた。1918年に大阪で方面委員制度が創設されてから約10年後のことであったが，1927年10月21，22日の両日に東京で開催された「第1回全国方面委員会議」[1]には，創設後約3ヵ月の千葉県も参加している。

　1927年12月12日に「第1回方面委員総会」を千葉市日赤講堂において開催した（千葉県社会事業史研究会，1985：28-29）。福永知事は，さまざまな名称で呼称されている各地の制度ではあるが，拠り所とする理念は「隣保総扶助の精神」であり，活動の目的は「福利増進」であるため，制度の基盤は同一であるとの見解を述べた（千葉県社会福祉協議会，1957：28-29）。

　このことから千葉県における方面委員の使命は，「委員自ら下層の事情に直面し，其病弊欠陥の存する所を明らかにする」という社会調査活動を行うこととともに，「個々の異なれる事情に順応して能く機宜の措置」をとることであり，「愛に基調を置き」生活の「環境を改善し，向上に対して努力する」ことであるとの認識を基盤としていたと考えられる。

　そのことは，千葉県各地で配布された方面委員制度を広報する宣伝ビラに，「方面委員とはいろいろの相談相手となる役目であります」「組長さんや其他近所の人に方面委員の出来たことを知らせて下さい。是は間接に相互扶助の実を挙げる訳であります」「今度本県で皆様方の生活状態を調べまして，お互いに助け合い安心して暮らしの出来る様にしたい考えから方面委員制度が設けられました」などの表現がみられることからも明らかである。

　つまり，千葉県は米騒動などの生活難への一時的な対応策としてではなく，生活再建を目指す「相互扶助」「助け合い」を基盤とする「隣保相扶」の社会事業実践として，方面委員制度の運用を考えていたということだろう。

　そもそも千葉県には，東京や大阪のような都市部が存在せず，地理的には農漁村地域が大多数を占めていた。明治20年代の千葉県は町村長を中心とした地方自治行政組織を発展させていった。村内で激しい対立があった源村が，1903年に日本の模範村として内務省から指定された背景には，明治20年代か

ら30年代における地方改良政策の成功がある。経済的な自立を図り地域のつながりを基盤として，国家政策を具現化する仕組みを町村に創り上げていた千葉県では，すでに農漁山村部の町村については町村ごとに基づく自治が推進されていた。

　千葉県では産業別に生活困窮の原因が異なり，社会問題は地域別職業別に派生していたという特徴があった。これは農村・漁村・山間部・都市部と地理的にも分断され，産業も多岐にわたった房総半島ならではの特徴であった。生活実態把握に関しても，東京大阪などの大都市と異なり，日常的に町村長は名誉職として町村民の暮らしを把握する役割を担っていた。こうした町村長の果たしてきた町村民の生活実態の把握という役割を，新たに名誉職として方面委員が担うことになったが，地域に根付いていた相互扶助の理念は継続されていったと考えられる。そのため，創設時における方面委員担当地域は，東京などの他の地域とは異なり，小学校区を担当の地域区域として定めていない。担当地域は市町村の実情に合わせて，それぞれが決定するものとされていた。

2　方面委員による生活調査

　千葉県における方面委員の活動は，生活調査を行い記録することから開始された。千葉県のカード調査の特徴は，生活状況を3区分として調査を開始したことである。多くの地域は貧困状況にある2区分のみの調査結果としていたが，千葉県は3区分で調査結果を公表している（千葉県，1930c：22）。区分の基準については，東京都が調査区分を6区分に設定していたものとも異なり（東京都，1957：194），独自の基準となっている。

　宮崎識栄（1898-1989）は木更津町方面委員として，「所謂第二種第三種という階級者は最初の中は方面委員の訪問を受くる事すら近所に対して苦痛に思ふかの如き状態である。それを救済されて居る事を看板にかけられて其の受くる人の精神的苦痛はいかほどであらうか『慈愛と敬服』を除き去つたなら方面委員の精神は失われてしまう。」と記している（千葉県，1930a：3-4）。

　また，「方面委員は大衆の慈父」と題した千葉県による広告では，「方面委員

は誰にでも親切何でも解決」「どこまでも不幸な人々のために力をつくし，そして世の人々が皆して明るい生活が出来るやうに誰にでも親切に奉仕しますから御相談にお出で下さい」と宣伝されているが（千葉県，1929：7），実際に生活苦に陥った人々には，方面委員による物質的救済とともに，精神的支えが必要だった。宮崎識栄は，「無告の同朋を救ひ恵まれざるものに暖き救の手を垂れ一人の平らかならざるものなき社会を造ることこそ真の治平の要道であると思ふ。お互に此の心あつて始めて地方の団結となり，国民相互に共に泣くの精神あつて始めて国家の団結がある。（中略）方面事業は死なせない為の事業でなく生かす為の事業である。」と記している（千葉県，1935a：2-3）。

創立期の方面委員の活動が，さまざまな記事として記載されている「千葉県方面委員時報」は，安田亀一（1883-1971）を編集発行人として，千葉県社会課が発行した機関紙である（千葉県，1935b：2）。

「千葉県方面委員時報」は，1928年5月から1935年3月までの7年間に全42号を刊行し，その後は「社会事業タイムス」に合併吸収されている。時報には，千葉県知事や社会課官吏の社会事業主事や主事補などが方面委員制度事業の方向性を示した記事に加え，方面委員からの実践報告や制度に対する意見などが掲載されていた。単に公的救済として行政組織が示す方向に従ったのではなく，方面委員が自らの考えに基づいて自発的に実践を重ねる中で，試行錯誤した実践例を，方面委員連盟という同業組織で共有していくことによって，千葉県方面委員としての共通理解が形成されていったものと考えられる。

第3節　千葉県方面委員像の形成

1　方面委員の実践活動

本節では「千葉県方面委員時報」の記事を通して，千葉県方面委員連盟が目指した方向性，すなわち，望ましいと考えられた方面委員像についての考察を試みたい。

方面委員制度創設から3年が過ぎ，方面委員の活動が軌道に乗ってきた1930年に宮崎識栄は，「救済の徹底」と題して「今一つ重大な任務は人知れず救済

を完ふする所にあると思ふ。『右手のなせる所を左手に知らしむるなかれ』の精神が必要である。単に救ふたからそれでよいといふにあらずして，救はれる人の其の時の精神的影響如何によつては，物質的に救済した以上の損害を精神的に残さねばならぬ事あるに注意を要するのである（中略）物心両面より指導と救済につとむる事が即ち防貧事業であり現代の社会事業の生命である」と記している（千葉県 b，1930：11）。

　方面委員の仕事は防貧事業であるが，個人的な支援のため近隣には知られないように救済を行い，単に物質的に支援するだけではなく，心すなわち精神的な支援を行うことによって，社会事業として救済対象者の生活再建を手助けするという姿勢が見て取れる。この段階では近隣との関係を良好にするために方面委員が仲介者となる必要があった。救済対象者の生活再建は，自ら収入を得て自活できるように，物心両面から支援することが必要であった。

　また，事例として，「乞食の様な稼人に　服装を与えて自活の一歩へ」として（千葉県，1931：23），「方面委員は彼の救助として，助成会から米代として，必要に応じて給していた（中略）原田委員は彼をして自己の職業に精進させるに若くはない，然もあの服装では客は一人もある筈がない（中略）委員は先づ必要な衣服の質受をなし，履物を買求め頭髪を梳らしめ，且つ入浴せしめて『さあこれで仕事に出るが良い。』（中略）単なる物質の救助より職業精進の途に進ましめた委員の努力は，やがて彼をして自活に進ましむる階梯であつた，其の後今日迄『米代を恵んで頂きたい』と申出たことは一度もないといふ」が紹介されている。

　孤軍奮闘して援助に邁進していた方面委員が，自費で質受けの費用や入浴理髪代などを負担していたことがわかる。再出発のスタートラインにつくまでの費用負担は方面委員が自費で賄い，収入を得て生活できるようになるまでは精神的に支え見守り，あとは自活して，方面委員の手を離れていくという援助スタイルは，農業従事者以外のケースでは効果が期待できた。農村における生活向上は引き続きの政策課題であった。

2 方面委員規程の改訂

　1931年6月2日に千葉県訓令21号によって方面委員規程が改訂され,「第二条　方面区域ハ町村ニアリテハ町村ノ区域, 市ニアリテハ小学校ノ通学区域ニ依ル」と明記された。千葉県が町村単位で方面委員の担当区域とするという独自の規程を継続した背景には, 農村部の生活問題が大きかった。

　千葉県方面委員連盟は,「方面委員設置に関する市町村長打合せ会」を銚子・八日市場・佐原・松戸・津田沼・五井・木更津・東金・茂原・勝浦・北条など各地の町役場で開催し, 各市町村長・所轄警察署長・開催地小学校長などが参加した。会議では,「方面委員ノ職務タルヤ約言セバ社会連帯ノ責務ニ立脚シ社会的個人的実情ヲ精査シ救助保護相談指導ノ任ニ当リ且ツ社会的施設ノ完璧ヲ期シ県民ノ福祉増進ノ為奉仕スルニアリトス」と方面委員の業務を改めて確認した。

　この時期の「千葉県方面委員時報」には, 各方面の実践成功記録に対して記者からのコメントが付されている。たとえば, 佐原町方面からの報告に対しては,「本件報告の通り方面委員は, 自己受持区域を巡視して, カード階級者の生活状態を調査して, 機に望み変に応じて, 救助保護の手続を取るところに方面委員の特色が存する。その巡視の度数が多ければ多い程, 事故を早く発見し適切なる療法を講ずることが出来るのである。巡視を一度もせずに又調査もせずに旦那様を極め込む様な方は方面委員として職務を遂行することはできぬ, 佐原町の如く二回なり三回は必ず巡視する様にすることが肝要である」とのコメントが付されている（千葉県, 1931：23）。単に一方的な実践報告で終わるのではなく, 方面委員業務の方向性を常に確認し, 千葉県方面委員連盟内の共通認識化を図っていたことがわかる。

　同号に掲載された館山町方面からの報告には,「家主石井氏は妻子の窮状を見て（中略）食品等を持つて来て何くれとなく慰め且つ励ますのであつた。乳呑児を抱いた妻子の窮状を聞き伝はるや野本淑子笠原保子の両名は食品や衣服などを寄贈し, 受け持ち方面委員石井氏は家主石井氏に当分の間家賃免除を交渉し其快諾を得た」との報告が掲載されている。報告に対しては「失業苦に悩

める一家を始終保護された委員の誠意と川名氏外数人の同情の露れを感謝するの外はない。救護法の未だ実施にならぬ今日，助成会の御金が斯して役立つを見ても町民一般から募集した零細の金が決して無意義でなかつた事を痛感する，せち辛い世の中に同情のこもつた御金之が例え一銭であろうと一合の米であらうと我等は道義の未だ地に落ちざるを痛感する」とのコメントが付されている（千葉県，1931：29）。この事例からは，以前の孤軍奮闘や周りの人に知られないように支援する姿勢から，近隣の女性住民の支援を受けながら，近隣と情報共有しながら問題を解決した方面委員の姿勢の変化が見えてくる。

3　救護法の実施による影響

「救護法施行細則」（千葉県令第64号），「救護法施行手続」（千葉県令第32条），「方面委員規程改正」（千葉県訓示第791号）が1931年12月28日改正，1932年1月1日施行された。方面委員は救護法に基づき救護台帳の書式に従った調査を担うことになった。1932年3月26日に東京で開かれた「全日本方面委員連盟」発会式には，千葉県から社会事業主事補の鈴木保と方面委員（木更津町宮崎識栄・千葉市菅原彌兵衛・茂原町関谷憲次・市川町酒井實祐・佐原町宇井彌助）が派遣されている。

　救護法施行後も，千葉県では官吏と方面委員が連携しながら，方面委員制度の運用を推進していった。救護法の実施に伴い，方面委員には救護法の補助機関という立場に戸惑いや不明点もあったようだ。救護法等法規に依る取り扱いは所定の書式に記入するため，方面委員取扱い事件数から除外すべきかとの方面委員からの質問に対し，「規定上は救護法の委員が方面委員を兼ねる様な形式になつて居るが事実上は『方面委員』といふ概念及び職務が広範囲であり上位にあると解すべきである。即ち『方面委員』が『救護法の委員』を兼ねるのである。故に方面委員の取扱事項は法令に基くと然らざるとを問はずすべて『方面委員』の取扱事項であり，救護法に依るものも無論除外すべき程特殊視されるべきではない。況や救護法の適用に付加して之に温い血を注入すべき高度の任務を伴ふに於てをや」との見解を相良主事補が回答している（千葉県，1935b：

4)。方面委員という立場や大切にすべき理念に変化はなく，従来通り方面委員としての業務を遂行してほしいという千葉県の意向がみられる。

4 「千葉県方面委員時報」の終刊

「千葉県方面委員時報」が終刊をむかえた1935年ごろの千葉県の様子について「千葉県史」には，「この頃の千葉県民の動きをみますと，印旛郡下に農民の錬成を目的とする吉植農民道場が計画され（昭和9年11月），ついで，県下各郡にその支部が続々と誕生しましたが，昭和10年（1935）12月には，県下会員の総数は17万人を数え，全国一の会員数を誇りました。（中略）県が主催した香取神宮香雲閣における青年講習会や武道会，木更津小学校で行われた君津郷軍演武大会（昭和10年3月）といったものが県下各地でしきりに開かれました。」と記している（千葉県，1968：672-673）。

一方，「千葉県方面委員時報」の最終号には，千葉県社会事業主事補の相良良三が「方面事業の一歩前進」と題した記事を寄せている。相良は，「方面事業と隣保事業とは形式に於て個別事業と集団事業との相違あるも，何れも主体の人格を中心として生活環境の向上改善を目指す点に於いて同一である。（中略）従来救護法の実施等により消極的救助に堕した観があつた方面事業が，最近精神的教化或は生業扶助自力更生等の標語が叫ばれる迄になつたことは一の大なる飛躍である。しかし此処に要求されるさらに一歩の前進は個別事業の城郭から跳出して見ることである。其処には開谷なる隣保事業の谿野がある。農村に於ては特に然りではなからうか。そのためには寺院及び小学校との一層の提携が必要である」と述べ（千葉県，1935b：2-3），農村問題に取り組み，隣保相扶の思想をもとに方面委員が個別に孤軍奮闘するのではなく，地域としての隣保事業すなわち社会事業として支援しようとする方向性がみられる。

しかし，「千葉県史」には，「『軍人美談』といった見だしの記事が新聞紙上を賑わしはじめたのは昭和10年（1935）ごろからのことでした」（千葉県，1968：674）として，「この母にしてこの子，感心な軍人兄弟の美談」と題した1935年11月房総日日新聞記事を紹介している。この記事は，農村で一人暮らしの

母が，農作物の不作によって生活が窮乏したため，救護申請をまわりにすすめられたが，軍人になっている2人の息子が，御国のために義務を果たしている自分たちの母が，町の援護を受けるようなことがあってはならないと主張し，申請を取り下げたというものである。

「千葉県方面委員時報」が終刊をむかえた時期の千葉県では，新聞の見出しなどにも，しだいに「戦時体制下」や「非常時」という表現が使われるようになっていた。農村生活改善運動が推進され，千葉県下の国防婦人会や愛国婦人会の活動を担う農村婦人たちは，質素倹約などをすすめていった。方面委員には，救済事業につながる相談に従事することよりも，防貧事業として救護法実施に伴う生活調査の正確性が求められることになっていった。

1936年11月13日勅令398号「方面委員令」によって方面委員制度は法的に整備され，全国一律の事業としての定着が図られた。

『千葉県に於ける民生事業の歩み 第三篇回顧篇』には，「制度実施当時を顧みて」と題し，1957年9月9日に開催された座談会記事が掲載されており，安田亀一と宮崎識栄も参加している。また，「戦時下に於ける方面事業を語る」と題した1957年9月10日に開催された座談会に参加した宮崎識栄は，「方面委員の立場から申し上げたいのですが，たしかに千葉県にしても方面委員制度がしかれて，同時に救護法の実施ということで，創設以来極めて活発な方面委員の動きがあった。年を経るに従つて方面委員が救護法の番人のようになつてしまつた傾向は，千葉県に於いても免れなかつた。(中略) 幸いにして千葉県は最後まで，たとえ銃後奉仕会が出来ようと何が出来ようと，その主体は方面委員さんが中心で，全部それに入つておるという結果で終戦までやつて来たと私は考えておる。」と述べている（千葉県社会福祉協議会：1957：255-282）。千葉県方面委員制度の創設期から，木更津町方面委員として活動してきた宮崎の，方面委員制度実施に対する想いと自負が伝わってくる。

本章は千葉県方面委員制度の創設について概観するにとどまったが，安田亀一や宮崎識栄などの方面委員としての理念や信念が，千葉県方面委員制度の発

達に大きく影響したことは疑いようもない。千葉県方面委員に関する人物史研究については，今後の研究課題としておきたい。

註
(1) 全国方面委員大会については，坪井真「方面委員による組織的な運動の特性―全国方面委員大会 (1927-1942) 分析―」『大正大学大学院研究論集 34 号』(2010, 大正大学) に詳しい。

引用・参考文献
小笠原慶彰 (2020)「『地方社会事業職制』の検討」『社会福祉学 第 60 巻第 4 号』日本社会福祉学会
黒沢正一 (1996)「千葉県方面委員事業における人物史的研究 (1) (2) ―安田亀一と宮崎識栄を中心に―」『千葉県社会事業史研究 第 24 号・25 号』千葉県社会事業史研究会
千葉県 (1928 〜 1935)『千葉県方面委員時報 全 42 号』千葉県社会課
千葉県 (1929)『千葉県方面委員時報 第 7 号』千葉県社会課
千葉県 (1930a)『千葉県方面委員時報 第 11 号』千葉県社会課
千葉県 (1930b)『千葉県方面委員時報 第 14 号』千葉県社会課
千葉県 (1930c)『千葉県方面委員時報 第 15 号』千葉県社会課
千葉県 (1931)『千葉県方面委員時報 第 20 号』千葉県社会課
千葉県 (1935a)『千葉県方面委員時報 第 41 号』千葉県社会課
千葉県 (1935b)『千葉県方面委員時報 第 42 号』千葉県社会課
千葉県 (1968)『千葉県史 大正昭和編』
千葉県社会事業史研究会編 (1985)『人物でつづる千葉県社会事業のあゆみ』崙書房
千葉県社会福祉協議会編 (1957)『千葉県に於ける民生事業の歩み』社会福祉法人千葉県社会福祉協議会
千葉県方面委員時報研究班 (2019)『千葉・関東地域社会福祉史研究 44 号』千葉・関東地域社会福祉史研究会
東京都 (1957)『東京都の社会福祉事業』東京都民生局

第4部

社会福祉の研究と教育実践

1. 臨床ソーシャルワークの基礎研究
―仏教の教えをもとに―

米村　美奈

　筆者は淑徳大学で社会福祉を学び，医療の現場で福祉専門職として実践経験を積み重ね，そののち大学で教員として実践に裏付けられた研究と，学生教育に携わってきた。本章は，臨床社会福祉学を基盤とした実践と研究を言語化し，「臨床ソーシャルワーク」として理論化する試みの第一歩である。学問・研究は継承に意味があり，継承には明解な言語化・理論化が必須と考えるからである。

　本章ではまず，「臨床」には場としての臨床と態度としての臨床の二面性があることを押さえ，支援者であるソーシャルワーカーが支援対象者にどのようにかかわろうとするのか，臨床的態度の一端を仏教の教えから導き，その可能性を検証する。

第1節　臨床社会福祉学と臨床ソーシャルワーク
1　臨床社会福祉学の基礎概念

　「臨床社会福祉学」の理論化は足立叡によって試みられ，1996年に『臨床社会福祉学の基礎研究』が発表された。足立は，同書で「臨床（的）という概念」を基底に置き，「社会学」の視点を用いながら，人間関係学的方法論を深化させ，臨床社会福祉学の理論化を提唱した（足立，1996）。

　さらに2015年の『臨床社会福祉学の展開』においては，臨床社会福祉学が学問として成立するためのキーワードに「対象への態度（かかわり方）」を位置づけ，実践と研究の両者をつなぐ理論化を進めた。すなわち，臨床社会福祉学の理論的基盤に，「臨床（的）」と，「（人間）関係性」という概念を据えたので

ある。この2つの概念は、現象学的人間学を提唱した早坂泰次郎の「人間関係学」と、社会事業家の長谷川良信の「共生思想」から示唆を得たものである（足立，2015：2-11）。

　まず，足立は早坂から継承した「人間関係学」の立場から，「臨床（的）」という概念を「対象へかかわる態度」と説明し，さらに「（人間）関係性」概念であることを明確化した。それは学問の分析対象としての人間理解ではなく，関係性への視点から人間を理解し，人間が関係性においてのみ存在している「存在論的事実」を概念化したものである（足立，2015：2-11）。

　一方，近代仏教社会事業の先駆者である長谷川良信（淑徳大学開学者）は，共生の思想を社会福祉教育の基盤とし，淑徳大学の建学の精神として位置づけた。それは，大乗仏教の「縁起の教え」を基礎とするものであり，支援者側の態度を，「彼のためにではなく，彼らとともに」という平易な言葉で示した。

2　臨床ソーシャルワークの主テーマ

　次に，足立の臨床社会福祉学を継承し，社会福祉実践のあり方を主要テーマとする筆者が基盤に位置づける「臨床ソーシャルワーク（clinical social work）」の理論化をみていきたい。

　「臨床ソーシャルワーク」の概念については，1984年に全米ソーシャルワーク協会（NASW）理事会が承認した定義がある。坂野憲司はその定義を軸にしながら日本の現状を押さえて一歩進め，「個別の対象（個人，集団，地域社会を含む）とそれらの環境との交互作用に焦点を当て，多様で常に変化する交互作用のあり方に参加し共にあるソーシャルワーク実践」を，臨床ソーシャルワークと定義している（坂野ほか，2005：9-13）。

　筆者は坂野の定義を援用しつつ，人間関係学を基礎に個人や社会の関係性に着目したソーシャルワークを「臨床ソーシャルワーク」と考える。さらに，社会福祉の実践に対する方法論を理論化する試みも「臨床ソーシャルワーク」と位置づけたい。

　わが国では戦後に福祉分野の主な法律が整備され，慈善事業・社会事業から

社会福祉が確立した結果，児童福祉法，老人福祉法，知的障害者福祉法など，対象者別に法律が成立し，社会福祉の実践も学問体系も，縦割りを当たり前としてきた。しかし，制度に合致しない福祉ニーズや複合的な福祉ニーズが発生し，対処するためニーズに合わせて「総合相談」「包括支援」などの方法が生み出され，ワンストップの支援サービスの提供を目指すようになった。現在は対象者を分けずに対応し，トータルな視点で支援を実践している。

けれども，実践上の相談窓口のあり方等が変化しても，臨床社会福祉学が問う「かかわる者（支援者）の臨床（的）態度」は，支援提供の際の課題として残る。それは，支援を提供する人間のあり方を問わずに，質の高い支援展開は望めないからである。さらに社会福祉の実践において臨床ソーシャルワークは，社会福祉支援の対象者であるクライエントの「生きる意味」や「存在のあり方」への支援方法をテーマとする。

たとえば，自殺企図を起こし，生きる意味を失ったクライエントは自らの実存が揺らぐ体験をする。そうしたクライエントの多くは，実存的な危機に瀕しているのみならず，日常生活上での危機も同時に有している。または，実存的な危機が日常生活に支障を及ぼす。そのようなクライエントに対し，生きる意味の発見や，関係の中での自己発見へ導き，内なる自分との出会いが可能となるような支援を展開する。同時に生活課題の改善を目指した生活上の具体的な支援を行う。

ソーシャルワークが定着している現在において，改めて，「臨床ソーシャルワーク」を提示するのは，ソーシャルワークが人間の実存にまでかかわって支援を展開している現実を直視し，理論化するために必須の研究と考えるからである。また，臨床ソーシャルワークが実存的な支援とともに，常にクライエントを一人の生活者として理解し，生活の支障からの復活を重要視するためである。

3　主要概念である臨床（的）

ソーシャルワーク（social work）では，人とのかかわりが生まれる場を「臨床」という。「臨床」も明治以降の翻訳語であり，「臨床」と翻訳されてきた英語

＜clinic＞＜clinical＞の語源は，ギリシャ語＜klinikòs＞に由来するものである。

岩井祐彦はアメリカ・ペンシルベニア大学社会事業大学院での研修を終えたあと，オランダのINSTITUTE FOR SOCIAL STUDIESを訪問して実地視察し，同INSTITUTEが人間福祉の実現という視点で諸社会科学を動員し，総合的な地域開発の理論と実際を追及している姿を目の当たりにして，旧来の社会福祉の概念を大幅に変容させられた。さらにその次に訪れた英国のTAVISTOCK INSTITUTEでは，精神分析者を中心とする諸専門家によってチームが組まれ，家族福祉の研究に従事している姿と，その徹底した臨床的接近の成果が，英国全体の地域福祉活動の支えとなっていることに驚嘆し，深い感慨をもって「立教大学社会福祉ニュース」(第1号「発刊のことば」)に，「臨床」の原意を以下のように提言している。

> 共通(筆者注：オランダと英国の二つのINSTITUTE)に見られることは，視点を「人間の福祉」におき，片時もそこから目を離さない禁欲的態度であり，方法として綜合的臨床的であること。綜合的であることについては特に説明を要しないが，臨床的ということについては説明を要する。臨床的Clinicalとは，ヨーロッパ中世における聖職者の独自な役割を意味した。病者の身体的苦闘が終りに近づき死に臨むことが認められる時，全き孤独の不安におののく精神を創造者たる神との出会え(ママ)と導く営みである。このように臨床的とは，人間に対する全的配慮の態度を示すことばである。
> 　我々は，臨床的という言葉を，「関与による人間に対する全的把握」(配慮)という意味に理解する。精神は身体を離れたモノではなく，社会は個人の外にあるモノでもない。我々の営みは，綜合的臨床的方法による人間福祉実現に寄与することの念願に発しており，どこまでも人間に則し探索的(Exploratory)であり，固定化した概念に把われまい(岩井，1968：1)。

岩井の提言の核心部分は大きく2つに分けられる。1つ目は「病者の身体的

苦闘が終りに近づき死に臨むことが認められる時，全き孤独の不安におののく精神を創造者たる神との出会へと導く営みである」である。これはまさに死の床に横たわる病者，すなわち被創造者の一人を，創造主である神のもとに導く行為であり，キリスト教の教えの核心である「神の赦し」を体現・実行する聖職者の姿そのものである。

2つ目は「臨床的とは，人間に対する全的配慮の態度を示すことば」との表記と，「臨床的という言葉を，『関与による人間に対する全的把握』(配慮)という意味に理解する」である。ともにキリスト教に基づくものであるが，日本においてはクライエントを全人的 (totality) に捉えて支援していこうとするものとして理解され，やがて早坂泰次郎の臨床的態度の概念化へと導かれる。日本におけるソーシャルワーク研究を概観するとき，56年前の岩井のこの「臨床的 Clinical とは…」の提言が「臨床ソーシャルワーク」研究の大きな一歩であったことがわかる。

また，先に紹介した坂野は，「『臨床』とは対象者に直接接する場としての意味（現場）と，個別の対象者に共感しながら対象者と共にあろうとする援助者の態度（方法としての臨床）とを含んでいる。つまり社会福祉実践における『臨床』とは，社会福祉の実践者が直接対象者に向き合う場（現場）であり，社会福祉の実現のために対象者に共感し共にあろうとする全ての営みを意味していると言える。実践者の営みは，福祉的な価値に枠付けされた実践者の態度（方法）と，具体的な実践手続き（技術）から構成されている。」と述べている（坂野ほか，2005：8）。さらに実践の現場にソーシャルワーカーが意図的に介入し，その場の人と環境の交互作用の一部として活動している状態をソーシャルワークにおける「臨床」であるとし，意図的なソーシャルワーカーの営みに着目している（坂野ほか，2005：8）。

また相談支援の現場経験をもつ社会福祉学者の窪田暁子は，中村雄二郎の「臨床」の概念化を引きながら，「『相手との交流』と『関係の相互性』をその特徴とする認識が，『臨床』であるというのである」（窪田，2013：27）と示した上で，「ソーシャルワークにおけるアセスメントから援助の提供までの過程に

おける認識の仕方がまさに臨床」とし，福祉現場のソーシャルワークそのもののプロセスを「福祉援助の臨床」と名付けている。そして，クライエントとソーシャルワーカーとの交流の中で事象を捉える認識の仕方が「臨床」の基本であり，「相手との交流」と，「関係の相互性」を特徴とする認識の仕方だと述べている。さらに福祉現場で支援を展開するソーシャルワーカーは，クライエントの抱えている「生の営みの困難」への理解を相互交流によって情報収集することで理解を深めながら支援を展開する。クライエントとソーシャルワーカーとの関係性においては，専門的援助関係が成り立ち相互性の中で支援が行われることを「福祉援助の臨床」であると，その視点を明らかにしている（窪田，2013：27-28）。

また稲沢公一は，『援助者が臨床に踏みとどまるとき』で，「臨床とは，『助ける』とか『支える』といった言葉を使うことさえためらわれるような場で，何もできないにもかかわらず，うなだれている誰かのかたわらに援助者が踏みとどまること」だと規定している。支援は，他者の「良くない」否定的な状況を好ましい状態に変えるようとする行為であり，一般的に何に対して，どのように変えていけばよいのかを問題にして考えられている。しかし，現実には，変える手立てがどうしても見つからず，嘆くしかない状況に陥ることがある。答えがない状況にある時に悲しみを抱える人のそばで支援者は，踏みとどまるしかないと述べている。そして，踏みとどまることができた場が「臨床」だと説いている。それでも踏みとどまることができずに立ち去ることもできなくはないが，あくまでも踏みとどまり，そこから何かを生み出す人を援助者と呼べるとも述べる（稲沢，2015：ⅲ-ⅴ）。さらに「クライエントと援助者との間に悲しみを共にする関係が生まれ，そうした関係の成り立つ場が，『臨床』になる」とまとめている（稲沢，2015：119）。

稲沢は，思い通りにならない厳しい現実が現れ，喪失や敗北，挫折による深い悲しみに襲われることが誰にでも起こり得る際に支援者がそばで踏みとどまったところで起きた何かが支援そのものだと訴えていると読み取ることができる（稲沢，2015：ⅵ）。ここで稲沢は，臨床を場として論じているようでもあるが，

踏みとどまった支援者が悲しみを抱えた他者の前で，どのような態度や姿勢で立ち現れるのかを問うていると考える。それは，「態度としての臨床（臨床的態度）」によって，悲しみをともにする関係を成り立たせることであり，その場を「場としての臨床」として示しているといえよう。

4　主要概念である「(人間) 関係性」

対人援助の専門職として，「態度としての臨床」を問う際には，その土台となる「人間関係」，そして，その人格的側面を強調した「対人関係」＜interpersonal relationship＞についての理解を深めておく必要がある。「人間関係」＜human relations＞という概念は，もともとアメリカのウエスタンエレクトリック会社において生産性の向上を目的として，メイヨー（Mayo. E.）が行った有名な「ホーソン・リサーチ」において発見された。これをもとに，「人間関係的管理」とよばれる手法が提唱され，新しい人事管理の方法として注目され，産業社会学や経営学において，企業や組織目標達成のための手段としてその研究がすすめられていった（大橋，2009）。

しかし足立は，そこでの人間関係の概念は，「『人間関係的要因』として機能的に手段化され，人間関係の問題についての私たちの自然的態度そのものを問いなおすにはいたらなかったのである。つまり，言い換えるならば，人間関係ということがらや問題への取り組みは，心理学や社会学においても，その研究の一つの対象として，あるいは組織や職場における管理上の対策の一つの対象としての関心を超えることはなかったのである。すなわちそれは，どこまでも，『人間関係論』の域をこえず，心理学や社会学の方法論として，また，組織や職場の管理の原理的視点として，さらには私たち人間の『存在論的』(ontological) 事実としての概念化，つまり『人間関係学』(interpersonal relationship) としてとらえてこなかったといえよう。」と述べている（足立，1996：40）。

そして，「私たち人間はその原理的な意味において，そもそも『関係を生きる人間』として存在しているのだということである」と指摘している（足立，1996：40）。そしてさらにソーシャルワークは，「クライエントの『関係を生き

る人間』としての自己実現をめざす臨床的な援助活動に他ならない。」とし（足立, 1996：41），それゆえに人間関係学からのアプローチの必要性について述べている。ここでいう人間関係学からのアプローチというのは，「人間関係について の解明ではなく，人間関係を明らかにすることにあるのだがもっと明確にいえば，これは人間関係についての学なのではなく，人間関係からの学なのである」という早坂の指摘に明らかである。さらに早坂は，「この人間関係学という学問は，徹底した臨床的性格をそなえている」とも述べている（早坂, 1991：8）。

第2節　臨床ソーシャルワークの視点
1　存在としての人間理解

　宗教哲学者の谷口隆之助が人間のあり方を生物的次元，文化的・社会的次元，存在の次元の3つに区別し，それを同時に生きていると述べている（谷口, 1986：2-3）。

　1つ目の生物的次元は，身体維持を指す。その支援は，飲食物，寝場所，暑さ，寒さをしのぐ等の生命維持を目指す。急務であり早急な着手が必要であり，命に即決するためにスピード感も求められる。2つ目の文化的・社会的次元とは，生物体として人間が生きながら生活者として生きる生き方を指す。災害によって仕事を失った人へ収入保障の面だけではなく，働く意義を共有しながら職場提供や求職，職業訓練の場を思考するようなことを指す。3つ目の存在の次元は，たとえば，家族，仕事や住居を失い，住んでいた地域さえも失う状態でも生きることが運命のように既定された現状をどう生きるかをともに考える支援である。

　たとえば，3つの次元が同時に揺らぎ，同時に失われることが起こりえるのが大災害である。すべてが失われ，複数の危機が個人，地域，社会に同時に襲いかかる災害時にソーシャルワーカーによる全体性（wholeness）の視点をもつ支援が一層求められる。全体性への視点をもち，住民が災害直後の危機から命が守られると同時に間断なく，生活を支えることに注力し続けるのがソーシャルワークの働きである。食料，住まいの確保，介護サービスをはじめとするさ

まざまなサービス提供等の生活に関わる支援が必須である。

谷口は，3つの次元を区別しつつ，区別はできるけれども，これは切り離すことは，できないとしている。また人が生きているということは，この3つの次元を同時に生きていると述べている（谷口，1986：2-3）。

ソーシャルワーカーはクライエントの心理社会的側面へアプローチすること，人と環境の接点への介入が必要な支援であるといわれるが，その視点はそれぞれの次元を含む「人間存在としての全体」へ働きかけることが求められているのであり，その視点こそ，クライエントが意識化していない真のニーズの発見にたどり着くとしている。個人の生活障害の解決を全体性（wholeness）として考えていく視点こそ，ソーシャルワークが利用者から求められているのである。

2　対象との関係から意味を発見する

たとえば，「自分の存在意義は何か」と自己否定的に悩み，自殺を企図する人や身体の機能を著しく損ない，障がいを負ったために「こんなカラダでは，今までの生活ができない，生きている意味があるのか」と自分が生まれてきた意味や生きていること自体に疑問を持ち，希望を失い，生活に支障をきたす状況に陥る場合がある。このような生活障害は，今まで懸命に行ってきた事柄ができなくなること（一般的にいわれる「生きがいを失う」という状態）であり，それまで考えてもみなかった「自らの生きている意味は何か」を自問自答し，また，「問わざるを得ない」と漠然としながらもクライエントが感じるきっかけとなる場合がある。

生活障害を契機として自らの「存在を問う」ことを考えなければならないことは，クライエントの「存在のあり方」自体をクライエント自身が確認しなければ，その生活問題をも解決することはできない状態である。

そのような相談を受けたソーシャルワーカーがクライエントの問題を単に生活問題そのものと，あるいは心理的問題そのものへと，さらにはまた疾患から派生した医学上の問題そのものへと還元し，その結果クライエントのある部分に次元をおいて，ソーシャルワーカーがクライエントをみている限り，クライ

エントの真のニード（潜在的なニード）の発見には至らないであろう。潜在的なニードは，どのクライエントも有しているわけではない。ただ，クライエントが福祉サービスを求めてきた場合も顕在化されているニーズのみならず，潜在的なニーズに目を向け，必要に応じて援助を展開する必要があることを確認しておきたい。

第3節　仏教の教えと臨床ソーシャルワーク
1　仏教の教えを基盤理論とする

　ソーシャルワークは，支援を必要としている人の生活維持と向上を目指す。支援を必要とする人と支援者（ソーシャルワーカー）との間に，援助関係が成立する。さらに援助関係を基盤とした支援は，地域，社会の変革をも目指す。社会の変革を目指すソーシャルワークのスタートも，一人のクライエントのニーズである場合が多い。それゆえに，ソーシャルワーカーがクライエントの前で必要とされる態度を問い続け，支援者としての質の高い態度を検討する意義がある。

　ソーシャルワークはイギリスで誕生し，アメリカで発展した理論と方法であり，キリスト教の宗教的な活動と住み分けが困難な歴史をもつ。ここで，ここまで論究してきたキリスト教から派生したソーシャルワークを一旦置き，ソーシャルワークと同じく外来の思想であるが日本人の生活に長く定着している仏教の教えを取り上げ，ソーシャルワーカーがクライエントと向き合う基本的な態度となり得るかを検討したい。

　人間の苦しみに対して，仏教とソーシャルワークの対応方法は異なる。しかし目指す目的は同じである。今から1500年以前に仏教が伝来し，その教えや宗教行事が日本人の生活に根付き，利他的行動を展開してきたことを考察する。

　ソーシャルワークの援助行動には「利他性」を包摂していることは言うまでもなく，相手あっての行動の中に他者へ利益をもたらすことが内包されている。仏教は，日本文化に深く浸透し，重要な価値観や倫理観を日本人に与えてきた。特に他者への施しである仏教の「布施」をテーマに，臨床における援助者の方

法論を検証していきたい。

2　仏教の教え「無財の七施（しち せ）」

　数多くの仏教の教えの中で「無財の七施」は，日本でも知られた教えである。仏教には，財施，法施，無畏施の3種類の布施がある。一方で財産や地位がなくても実行できる布施が無財の七施である。『雑宝蔵経』で説かれる七施の内容を現代語訳によって確認しておきたい。

① 　第1の眼施は，いつも優しい眼差しを父母・師長・沙門・婆羅門などに向け，けっして悪意ある眼差しをしないことを指す。
② 　第2の和顔施は，和やかな笑顔の施しである。父母・師長・沙門・婆羅門などに向かって，顔をしかめたり，眉をひそめたりしないことを指す。
③ 　第3の言辞施は，優しい言葉かけである。父母・師長・沙門・婆羅門などに，思いやりのある言葉で話しかけること。
④ 　第4の身施は，自分の身体を用いての施しである。父母・師長・沙門・婆羅門などを起立して出迎え，丁寧に礼拝すること。
⑤ 　第5の心施は，細やかな心の施しである。第1から第4までの供養をしたとしても，心が込められていなければ，施しとは言えない。相手に対するきめ細かな心づかいで供養するとき，心施と名づけられた。
⑥ 　第6の床座施は，座席をゆずる施しである。もしも，父母・師長・沙門・婆羅門などの姿を見たら，床に座布団を敷き（または椅子を用意して），あるいは自分の座席をゆずって座ってもらうことを指す。
⑦ 　第7の房舎施は，泊まる宿を提供する施しである。父母・師長・沙門・婆羅門などに屋舎の中を自由に往来し，座り，横に寝てもらうことである。すなわち，泊まる宿（房舎）の施しを指す。（大正新修大蔵経刊行会，1962）

3　ソーシャルワークにおける臨床的態度と「無財の七施」の類似的視点

(1)　援助対象の最も小単位の個別への直接的援助と傾聴

　ソーシャルワークの援助対象はミクロ，メゾ，マクロとさまざまで，ソーシ

ャルワーカーが所属する支援機関の役割や機能，展開過程によって，援助対象への働きかけは異なる。しかし援助の基本は，一人ひとりの幸せである。無財の七施も同じく個人に対するあり方の教えである。また，釈尊の説法は相手の話を傾聴し，悩みそのものや，そうした考えがどうして生まれてきたのかを，相手の立場に立って考え，仏教の教えを柔軟に平易に教え諭している。釈尊の説法の姿は「対機説法」といわれ，相手の置かれている「機」（状況や相談者の能力・素質など）に応じて行う説法である。

　ソーシャルワークの傾聴も相手をわかろうとする積極的な聴き方であり，相手の悩みを受けとめ，クライエントが「自覚していなかったことへの気づき」や「自ら置かれている状況から逃げずに向き合おうとすること」が起こり得るものである。「無財の七施」では，「財産が無ければ布施ができない」と思い込んでいた人自身が新たな気づきを得るように諭し，相談者が置かれている状況に希望をもって向き合う姿勢を促す教えである。

(2)　自らが援助の道具であるソーシャルワーカー

　布施は，自分の意志で，できることを行う寄付である。釈尊は，たとえ財力がなくても，人としての存在そのものに大きな意味があり，どのような境遇にあっても一人の人としてできる布施を教え，相談者が貧しさの悩みや自己否定から一歩踏み出し，自らが持っている人としての可能性を発揮する姿勢が芽生えるように促している。

　ソーシャルワーカーもいわゆる道具や手段を持たずに仕事をしている。強いて言えば自分そのものが重要な道具といえる。専門職であるソーシャルワーカーは，専門的知識や技術を持たなければクライエントに対する責任が果たせない。自らの専門性を高めるためには，自分自身を常に磨き，自己の特性を認識し，適切に自己を活用することが求められる。

　「無財の七施」の「眼施」「和顔施」「心施」の教えは，相手に対し自分がどうあるべきかを説いている。たとえば，眼施のように優しい眼差しを相手に向けることは，ソーシャルワークの基本的な姿勢としても重要である。クライエントを受容したところから援助が始まるわけであるが，相手に向ける眼差しが

優しさで満ちあふれるとき，クライエントは，重い口を開き，安心し，自分に自信を得て，ソーシャルワーカーとの関係が芽生える。和顔施(わがんせ)も穏やかで優しい微笑を向けることをいう。ソーシャルワークがクライエントへの受容を求める時，受容を表す姿勢の一つが和顔施(わがんせ)であろう。心施(しんせ)は，まさに「全人的に受け入れ，相手に対する全人的態度」という「臨床的態度」として現れる相手に対する配慮でもある。相手のために心をくばり，相手の苦しみを自らのものとして感じ取れる感性が出現するのである。そこに人としての可能性を発揮していこうとするクライエントの姿勢が芽生える。人は誰でも大きな可能性を秘めていることは仏教の教えの根本であり，何もできないと思い込んでいる人に，人としてできる七つの行動を促す「無財の七施」の教えは，大乗仏教で説く「一切衆生悉有仏性(いっさいしゅじょうしつうぶっしょう)(すべての人に悟りを開き，仏となる可能性がある)」の教えと直結しているといえよう。

(3) 自己投入し，共にいる態度

前項で記したように七施のうちの眼施(がんせ)，和顔施(わがんせ)は，ソーシャルワーカーに求められる自己投入する相手に対する態度と同じものが要求されている。相手に対し，優しい眼差しを向け，包み込むような笑顔を作り出すのは，相手に気持ちが100%向かなければ，どこかぎこちなく，安らぎや安心の提供にはならない。たとえば，相手に対するマイナス感情や差別的な感情等は，口に出さなければ言葉として現れない。しかし「目は口ほどに物を言う」というように，言葉にしなくても気持ちが伝わることも多い。優しい気持ちから表わされた眼差しや笑顔は，言葉以上の力で相手に気持ちが伝わる。ソーシャルワーカーが自己投入する姿勢には，眼施(がんせ)，和顔施(わがんせ)を創り出すことができるということである。

(4) クライエントの生活援助

ソーシャルワークは，「われわれの生活問題は，その問題当事者にとっては，単なる理論的説明ではすますことのできないほどの現実的課題であって，ともかくも現実的に利用できる条件によって解決するか，代償的方法によって満足するか，いずれにしても解決を求めてやまない問題である。それは生活とは，しばらくでも休んだり，やめたりすることのできない絶対的かつ現実的な課題

だからである。」とも言われている（山縣，2012：5）。

　クライエントの現在進行中の生活を営むなかで直面する問題の解決が，ソーシャルワークに求められている。無財の七施の床座施や房舎施の教えは，座るところや泊る場所の提供なので，広い意味での財施であり，生活になくてはならない物の提供である。相手が必要としているものであり，自らが持っているものを提供する心構えや配慮の教えである。この床座施や房舎施の教えは，現実的な問題への対処が求められるソーシャルワークの類似性として考えられる。

4　仏教の教えと臨床的態度

　臨床的態度をテーマとして，仏教の教えである無財の七施を考察してきた。眼施や和顔施は，支援の提供者側の姿勢や態度を示し，相手への恩恵を与える行動を教えている。心施は，実際の行いではなく心のあり様を示している。こうしたことを布施と考える仏教の教えは，ソーシャルワークにおける臨床的態度の類似といえるであろう。クライエントにどのように影響を及ぼすのか確実性はないが，クライエントのもつ力を前提に無財の七施が行われているといえ，エンパワメントの視点が含まれている。こうして概観していくと無財の七施が相互関係の構築を目指していることが考えられる。

　本章の冒頭に取り上げた大乗仏教に基づく「縁起の教え」を基礎概念とした長谷川良信の「彼のためにではなく，彼らとともに」という支援者側の態度を指摘したものを含め，ソーシャルワークにおける臨床的態度と仏教の教えの考察を継続的に研究する意義があるといえよう。

引用・参考文献
足立叡（1996）『臨床社会福祉学の基礎研究』学文社
足立叡編（2015）『臨床社会福祉学の展開』学文社
稲沢公一（2015）『援助者が臨床に踏みとどまるとき――福祉の場での論理思考』誠信書房
岩井祐彦（1968）「刊行のことば」『立教大学社会福祉ニュース　第1号』立教大学社会福祉研究所
窪田暁子（2013）『福祉援助の臨床』誠信書房

大橋昭一・竹林浩志（2009）『ホーソン実験の研究——人間尊重的経営の源流を探る』同文舘出版
坂野憲司・柳沢孝主編（2005）『臨床ソーシャルワーク事例集 精神保健福祉援助演習』弘文堂
大正新脩大蔵経刊行会編（1962）『大正新脩大蔵経 第4巻』（所収『雑宝蔵経』）大正新脩大蔵経刊行会
谷口隆之助（1986）『存在としての人間』I.P.R.研究会
早坂泰次郎（1991）『人間関係学序説——現象学的社会心理学の展開』川島書店
山縣文治ほか編（2012）『社会福祉における生活者主体論』ミネルヴァ書房

2. 障害者の意思決定支援の基盤としての児童期の意見表明権の保障

鈴木　敏彦

　現在の障害者に対する意思決定支援は、「障害者の日常生活及び社会生活を総合的に支援するための法律（障害者総合支援法）」を主な根拠とし、成人期を中心とした実践が模索されている。他方で、児童期における意思決定支援（意見表明権の保障）は、成人期以降の取り組みと比して必ずしも十分とはいえない。そこで本章では、障害児の意見表明権の保障のあり方を論じる。

第1節　意思決定支援の動向と障害児

1　児童期の意思決定支援をめぐって

　本来、一人ひとりの意思は、障害の有無にかかわらず、出生から人生の終結に至るまでそれぞれの長い人生を通して形成され、変容し続けるものである。この点において、障害者の意思決定支援が成人期以降にのみ焦点化されていることは望ましい状況ではない。障害のある人一人ひとりが、その人生を通じて自分らしい意思決定（自己決定）を行い、必要に応じて本人の意思決定をサポートする意思決定支援が提供されることが求められる。

　障害者に対する意思決定支援は、本人の人生（ライフステージ）に寄り添いながら進められる。一般に、障害のある人の人生について、福祉分野では児童福祉法による支援対象となる「児童期（〜17歳）」、障害者総合支援法による支援を受ける「成人期（18歳〜64歳）」、介護保険法による支援の「高齢期（65歳以上）」に分類する。この時期区分は、あくまでも法令による便宜的な分類にすぎず、本人の日々の暮らしのなかで育まれた思いや、その集合体である自分ら

2. 障害者の意思決定支援の基盤としての児童期の意見表明権の保障　217

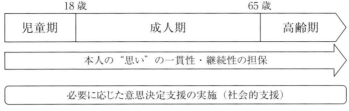

図表 4-2-1　ライフステージに寄り添う意思決定支援
出所) 筆者作成

しい人生は法令による時期区分とは関係ない。障害のある人の思いを尊重し，自分らしい人生の一貫性・継続性を担保するうえで，児童期は本人の長きにわたる人生で必要となる"意思決定の力"を育む大切な時期である。

2　意思決定支援の動向

障害者に対する意思決定支援の淵源の一つに，「障害者の権利に関する条約（障害者権利条約）」があげられる。条約制定を求める声とともに掲げられたスローガン「私たちのことを私たち抜きで決めないで (nothing about us without us)」は，意思決定支援の原点を示している。「私たち」とは障害当事者であり，その生活や人生において他者による決定を排し，自己決定に基づく自律的な生活や人生の実現を，"健常者"中心となりがちな社会に宣言したものといえる。私たち（障害当事者）抜きに決めているのは，障害者の家族・親族であり，支援者であり，法制度を含む社会全体である。スローガンは，障害のある人がかけがえのない人生を自分らしく決定し生きていくことを明言するものである。

条約全体を貫く「一般原則」（第3条 (a)）では，障害者の固有の尊厳，個人の自律（自ら選択する自由を含む）及び個人の自立の尊重等が明示される。さらに「法律の前に等しく認められる権利」（第12条）では，障害者がすべての場において，法律の前に人として認められる権利を有することを再確認し，障害者が生活の諸側面において他の者との平等を基礎として，法的能力を享有する旨を定める。そのうえで，障害者がその法的能力の行使に必要な支援を利用す

るための措置を求める。障害者がハンディキャップゆえに十分な法的能力の行使が叶わないとき，必要な措置，すなわち「意思決定支援」が求められる。

わが国では障害者権利条約の受け入れと前後して，条約との整合性を図るべく国内法の改正等を実施し，「意思決定支援」を法令に加えた。障害者基本法第23条「相談」及び障害者総合支援法第42条「指定障害福祉サービス事業者及び指定障害者支援施設等の設置者の責務」，第51条の22「指定一般相談支援事業者及び指定特定相談支援事業者の責務」では「障害者の意思決定の支援に配慮」する旨が明記された。さらに，意思決定支援を具体化するために「障害福祉サービスの利用等にあたっての意思決定支援ガイドライン」が発出された。

2024年度の障害報酬改定では，障害者の意思決定支援の推進のため，相談支援及び障害福祉サービス事業等の指定基準において，① 利用者の意思決定支援実施に係る事業者の努力義務，② 個別支援計画及びサービス等利用計画における意思決定支援の適切な実施，③ サービス管理責任者の責務としての意思決定支援の実施が明記された。また，④ 相談支援専門員によるモニタリング頻度の短期化の推奨例として，意思決定支援を要する者（地域移行検討者，重度障害者等）があげられ，⑤ 施設入所者に対する地域生活への移行に関する意向や，施設外の日中活動系サービスの利用意向の確認が事業者に求められることとなった。

第2節　障害児の意見表明権の保障
1　子どもの権利としての意見表明権

子どもの意見表明権は，児童権利条約第12条に定められている。

第12条
1　締約国は，自己の意見を形成する能力のある児童がその児童に影響を及ぼすすべての事項について自由に自己の意見を表明する権利を確保する。この場合において，児童の意見は，その児童の年齢及び成熟度に従って相応に考慮されるものとする。
2　このため，児童は，特に，自己に影響を及ぼすあらゆる司法上及び行政上の手続において，国内法の手続規則に合致する方法により直接に又は代理人若しくは適当な団体を通じて聴取される機会を与えられる。

条約第12条の解釈について，国連児童権利委員会の「一般的意見12号」（2009年）を紐解くと，第1項の「自己の意見を形成する能力」とは，「制限としてではなく，むしろ自律的見解をまとめる子どもの能力を可能なかぎり最大限に評価する」こととされている。よって，「子どもに自己の意見を表明する能力がないとあらかじめ決めてかかることはでき」ず，「子どもには自己の意見をまとめる力があると推定し，かつそれを表明する権利があることを認めるべきである。子どもがまず自己の力を証明しなければならないわけではない」。また，「自由に」とは，「子どもは圧力を受けることなく自己の意見を表明でき，かつ意見を聴かれる権利を行使したいか否か選べる」ことであり，子どもが「操作または不当な影響もしくは圧力の対象にされてはならない」。

条約第12条は，障害の有無を問わず，成人期の意思決定（自己決定）の基盤となる児童期の意見表明権の尊重を謳うものであり，「意見を聴かれる子どもの権利」とともに「意見を聴く社会（大人）の義務」をも明確にしている。子どもの意見表明権は，「どんなに低年齢でも，あるいは障害があっても，子どもがあらゆる手段で発信することを受けとめるという大人（社会）との関係の中でこそ正当に尊重され」なければならない。そして，「子どもの声を一人の人間の意見として尊重するには，それが可能な子どもとの関係が保てる生活が保障されなければならない。つまり，意見表明権は，社会，具体的には家庭や学校，施設のあり方を問うている」のである（中村，2013：118）。

意見表明権の尊重は，近年，国内法においても明文化されている。児童福祉法第2条では「社会のあらゆる分野において，児童の年齢及び発達の程度に応じて，その意見が尊重され」るとしている。また，こども基本法においても，「全てのこどもについて，その年齢及び発達の程度に応じて，自己に直接関係する全ての事項に関して意見を表明する機会」の確保（第3条3号）及び「全てのこどもについて，その年齢及び発達の程度に応じて，その意見が尊重され」ること（第3条4号）が示された。わが国の子どもに関わる諸法令において意見表明権の尊重が明記されたことは，子どもの意見表明権保障の第一歩であり，子どもの意見表明権が画餅に帰することがないよう，その具現化が求められる。

2　障害児の意見表明権の保障

　子どもの意見表明権の保障にあたり，これまで障害児は意見を尊重されるべき存在として捉えられてきたであろうか。障害児は，「障害を有する者」+「子ども」という2つの立場性を有し，両者はいずれもその権利が軽視されがちである。障害児の意見表明権は，複合的な困難に陥りやすい構造にある。

　障害者権利条約第7条「障害のある児童」では，①障害児が他の児童との平等を基礎とする全ての人権及び基本的自由の完全な享有のための措置の実施，②障害児に関する全ての措置を実施する際の児童の最善の利益の考慮とともに，③障害児の自己に影響を及ぼす全ての事項について自由に自己の意見を表明する権利の尊重と必要な支援を受ける権利の確保等について定めている。

　障害の「社会モデル」「人権モデル」を標榜する現代では，障害者の"生きづらさ"の原因を，障害者本人ではなく，障害者とともに生きることができない状況を作りだしている社会の側に求める。障害児への平等を基礎とする完全なる人権保障の実現のためには，障害児本人の声が必要である。「平等」か「不平等」か，人権が尊重されているか否か，「自分らしい暮らし」か「他者に決定された日常」か等の判断は，第一義的には障害児自身に委ねられるべきである。障害児本人の発信は，共生社会に反する状況（不平等，反福祉，人権侵害等）に対する警告者（ホイッスル・ブローワー）の役割を果たすものであり，障害児自身の声はすべての子どもが生きやすい社会の実現に向けた変革につながるはずである。

　障害児の声の社会への反映について，国連児童権利委員会「一般的意見9号」（2006年）では「たいていの場合，障害児に関わる政策立案および決定は障害者であるおとなとそうでないおとなが行なっており，子どもたち自身はその過程から除かれている」とし，「障害児が自分に影響を与えるあらゆる手続で意見を聴かれ，かつその意見が発達しつつある能力にしたがって尊重されるようにすることは必要不可欠である」と述べる。そのための方策として「議会，委員会その他の場のようなさまざまな機関に障害児の代表が出席し，意見を表明するとともに，自分たちに影響を及ぼす決定に，子ども一般として，また具

体的に障害児として参加することが含まれなければなら」ず，「このようなプロセスに障害児の参加を得ることは，政策が障害児のニーズと望みに合うものとなることを確保することにつながるのみならず，意思決定過程が参加型のものとなることも確保されるので，インクルージョンの貴重な手段」にもなり得るとしている。(パラグラフ32)

　しかし，障害児の声は，そのハンディキャップゆえに，障害のない子どもたちの声以上に，か細い存在となりがちである。これに抗するには意思表明権の着実な行使のための「必要な支援」が不可欠である。国連児童権利委員会「一般的意見12号」(2009年)では，「締約国には，自己の意見を聴いてもらううえで困難を経験している子どもたちを対象としてこの権利の実施を確保する義務もある。たとえば障害のある子どもは，自己の意見の表明を容易にするうえで必要ないかなるコミュニケーション形態も用意されるべきであるし，それを使えるようにされるべきである」(パラグラフ21)と述べる。また，児童権利条約の締約国には，「子どもが自分自身の生活のなかでますます意思決定の責任を負っていく能力の発達を促進および尊重することに関する，家族および専門家を対象とした訓練の発展を支援する」必要性を指摘する。(パラグラフ32)

　わが国の障害児支援の指針の一つである「児童発達支援ガイドライン」(子ども家庭庁，2024)では，支援にあたり「障害の有無にかかわらず，全てのこどもが意見を表明する権利の主体であることを認識し，こどもが意見を表明する機会が確保され，年齢及び発達の程度に応じて，その意見が尊重され，こどもの最善の利益が優先考慮されるよう，取組を進めていくことが必要である」とする。またその際には，「言語化された意見だけではなく，こどもの障害の特性や発達の程度をよく理解した上で，その特性や発達の程度に応じたコミュニケーション手段により，例えば，目の動きや顔の向き，声の出し方といった細やかな変化や行動を踏まえ，様々な形で発せられる思いや願いについて，丁寧にくみ取っていくことが重要である」との具体的な取り組みをもあげている。

　障害児は，意見や意思をもたない存在ではない。その思いの表出方法等は個性的であるが，個別性の尊重や合理的配慮の下で受容されるべきである。スト

レングスモデルの主唱者であるラップらは,「一人の人間の行動とその生活の質は,そのかなりの部分が,利用できる資源とその人に対する周囲の人たちの期待によって定まる」と述べる(ラップら,2014：75)。障害児及び家族を支えるフォーマル／インフォーマルの社会資源の充実とともに,障害児本人に対する父母や家族,支援者等を含む周囲の人々の「期待」,すなわち本人の可能性の肯定と前向きな関わりこそが重要なのである。

第3節　障害児の意見表明権保障の実際
1　障害児の意思表明権と保護者

　子どもの意見表明権の考慮に際しては,民法の規定への留意が必要である。民法では「成年に達しない子は,父母の親権に服する」(第818条)とされ,「親権を行う者は,子の利益のために子の監護及び教育をする権利を有し,義務を負う」(第820条)とされる。このほか,親権の効力として「居所の指定」(第822条),「職業の許可」(第823条),「財産の管理及び代表」(第824条)等があげられている。ただし,親権を行う者が第820条の「監護及び教育をするに当たっては,子の人格を尊重するとともに,その年齢及び発達の程度に配慮しなけれなばなら」ないことが定められている(第821条)。

　父母(親権を行う者)には,「子の利益」と「子の人格」を尊重した親権の行使が求められるが,子への愛情や親としての責任等がゆえに,親権の行使に際して親としての思いが色濃く出現することもあるだろう。とりわけ,障害のある子どもを父母が受容していく過程では,①わが子の受容,②家族の問題の受容,③親自身の人生の受容,④社会受容の「4つの要因」があげられており,父母の複雑な思いが交錯していることに留意しなければならない(佐鹿,2007：3)。

　障害児の意思表明権の保障では,障害児の養育に際して多様な困難に直面する父母の思いに寄り添う家族支援が重要であり,支援者には父母とともに「子の利益」と「子の人格」を尊重する姿勢が求められる。子どもの養育等は父母(保護者)が「第一義的責任を有する」(こども基本法第3条第5号,児童福祉法第2条第2項)とされるが,障害児の養育は父母とともに「社会」の協働が不可

2. 障害者の意思決定支援の基盤としての児童期の意見表明権の保障

わが子の受容
- 障害に対する疑問や不安
- 障害の診断と説明
- 障害の内容の理解
- 子どもの現状への理解
- 子どもの人生の受け入れ

家族の問題の受容
- きょうだい児との関係・問題
- 家族間の理解
- 経済問題

親の障害受容

親自身の人生の受容
- 親の思い（あるべき人生）
- 親自身の生活
- 親の加齢と健康に関わる問題

社会受容
- 教育の保障（統合教育など）
- 学齢終了後の社会生活の保障（社会参加など）
- 地域社会の理解と協力（支援）
- 子どもと家族のあたりまえの生活
- 社会福祉の支援が整備されるための親の行動や活動（仲間づくりとエンパワーメント）

図表 4-2-2　親がわが子の障害を受容していく 4 つの要因

出所）佐鹿孝子（2017）「親が障害のあるわが子を受容していく過程での支援」小児保健研究（第 66 巻第 6 号），日本小児保健協会

欠である。意思表明権の保障を父母・支援者の共通の言語とするための取り組みとして，神奈川県では障害児の保護者に意思表明権の尊重，意思決定支援等の周知を目的としたリーフレットを作成しており，そこには次の一節がある。

　　Nothing about us without us（私たちのことを，私たち抜きに決めないで）。当たり前のことなのに，この言葉は親にとって大きな驚きでした。親は子どもにとって一番良いと思えることを，子どもに代わって行う人間だ，という自負が揺らぐ言葉でした。私たち親は，常に我が子の幸せを願っています。その結果，先回りし芽を摘み取ったり，より安心な道へと導いてしまったり…。親の考える「よかれ」を押し付けるのではなく，何気ないサイン等から子どもの意思を汲み取っていけたらと思っています。親と子どもは別人格なのですから。
　　　　　　　　　　　　　　　　　　　　　　　　　　（神奈川県，2021）

子どもを中心に、父母、支援者等の協働による意思表明権の保障、意思決定支援の充実に向けた取り組みは、今後ますます重要となるであろう。

2 「成人期における意思決定支援」と「児童期の意見表明権保障」の連続性への配慮

　障害者の意思決定支援ではライフステージに沿い、本人の思いの一貫性の担保が重要であるが、ここでは成人期における意思決定支援と児童期における意思表明権の保障との、連続性を担保するための実践上の配慮点を論じたい。

　第1に、「縦軸と横軸のチームワーク」があげられる。「縦軸」とは障害のある人の人生を指し、障害のある人が年齢を重ね、児童期・成人期・高齢期というライフステージの各段階の移行場面における支援の着実なバトンタッチが必要となる。たとえば、児童期から成人期への移行時に、児童期の主な支え手である「教育」(特別支援学校教員等)や「福祉」(障害児福祉サービス支援者等)と、成人期の主な支え手である「福祉」(障害者福祉サービス支援者等)や「就労」(障害者就労支援者等)の接続が欠かせない。他方で「横軸」とは、各ライフステージ内で展開される多様な支援者の健全なチーム形成を指す。たとえば、児童期における教育と福祉等の十分な連携とチームの構築が求められる。

　第2に、「本人の意思決定(支援)に関する情報」への留意である。意思決定支援が行われる場面は、障害者の日常生活および社会生活の2つに大別される。日常生活での意思決定支援の場面では、「食事、衣服の選択、外出、排せつ、整容、入浴等基本的生活習慣に関する場面の他、複数用意された余暇活動プログラムへの参加を選ぶ等」があげられる。また、社会生活での意思決定支援の場面としては、「自宅からグループホームや入所施設等に住まいの場を移す場面や、入所施設から地域移行してグループホームに住まいを替えたり、グループホームの生活から一人暮らしを選ぶ場面等」がある(厚生労働省、2017：3-4)。

　意思決定支援は、日常生活場面から開始されるべきである。障害者の日常生活場面での「小さな意思決定」の積み重ねによる本人の経験の蓄積が、社会生活場面での「大きな意思決定」につながる。日常生活場面での「小さな意思決

定」を多面的に把握・解釈するためには，本人に関わるすべての支援者等の意思決定支援への参画が必須となる。また，「小さな意思決定」の場面をエピソードとして詳細に記録に残し，チームで精査し，本人の意思が反映された支援計画等の素材とすることが求められる。

　意思決定支援におけるアセスメントは，日常生活・社会生活の両場面を包括的に捉える必要があるが，その優先順位は日常生活場面が勝る。日常生活のなかで，障害児本人にどのような意思表示や意思決定を行う力があるのか，またどのようなサポートがあれば意思決定できるのか等を，意思決定支援チームが把握し，児童期の生活史の一部として明確に記録を残さなければならない。意思決定支援は，本人の思いに関する綿密な記録こそがその成否を分ける。

　第3に，「意思表明権の保障のプロセス」である。成人期の意思決定支援では，そのプロセスとして，意思決定支援の準備（人的・物的環境の整備）を踏まえ，① 意思形成支援（適切な情報，認識，環境の下で意思が形成されることへの支援），② 意思表明支援（形成された意思を適切に表明・表出することへの支援），③ 意思実現支援（本人の意思を日常生活・社会生活に反映することへの支援）がある。児童期においても，このプロセスは援用可能であろう。

　なお，児童期の意見表明権の保障のプロセスについては，ハートによる「参画のはしご（The Ladder of Participation）」も参考になる。ハートは子どもの社会参画について，子どもと大人の関係性に8つの段階があることを示した。段階1「あやつり」から段階3「形だけのみせかけ」までを非参画，段階4「情報は与えられるが，あてがわれたもの」から段階8「子どもが主体的にとりかかり，大人と一緒に決定するもの」を参画と位置づけた（ハート，2000：41-46）。

3　意思決定支援（意見表明権保障）に関する理念の共有

　成人期以降の意思決定支援，児童期の意見表明権保障に関わる支援者にとって，実践における理念の共有は必須である。とりわけ，「エンパワメント」「ストレングス」「アドボカシー」等の視点が重要である。これらは，すでに障害児に対する福祉，教育等の場面においてその必要性が言及されている。

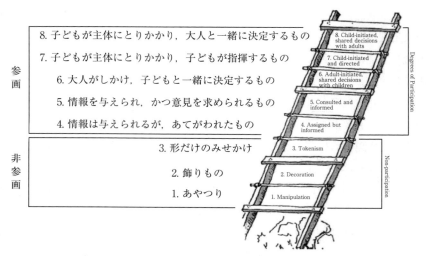

図表 4-2-3　参画のはしご：The Ladder of Participation
出所）ハート著，木下ほか監修，IPA 日本支部訳（2000）『子どもの参画』萌文社

　「児童発達支援ガイドライン」では，「こどもの支援に当たっては，こども自身が内在的に持つ力を発揮できるよう，エンパワメントを前提とした支援をすることが重要である」とし，さらに「家族の支援に当たっても，こどもの支援と同様，家族のウェルビーイングの向上につながるよう取り組んでいくことが必要であり，家族自身が内在的に持つ力を発揮できるよう，エンパワメントを前提とした支援をすることが重要である」と述べる（子ども家庭庁，2024：9）。
　また，「教育振興基本計画」では，「支援を必要とする子供やマイノリティの子供の他の子供との差異を『弱み』として捉え，そこに着目して支えるという視点だけではなく，そうした子供たちが持っている『長所・強み』に着目し，可能性を引き出して発揮させていく視点（エンパワメント）を取り入れることも大切である」とする。一般に，他者の「長所・強み」への気づきは，「短所・弱み」に比して難しい。だからこそ，障害児に向き合う人々（家族，支援者等）が「長所・強み」に着目し，積極的にそれを見出そうとする姿勢が欠かせない。教育振興基本計画では，こうした取り組みにより，障害児を含む「マイノリテ

ィの子供の尊厳を守るとともに，周りの子供や大人が多様性を尊重することを学び，誰もが違いを乗り越え共に生きる共生社会の実現に向けたマジョリティの変容にもつなげていくことが重要である」と結ぶ（文部科学省，2023：8）。

　子どものアドボカシー（代弁）について，誰がそれを為すべきなのか。イギリスでは，セルフアドボカシー（本人）を基調とし，①インフォーマルアドボカシー（市民：親，養育者，親戚，近所の人等），②フォーマルアドボカシー（専門職：児相職員，施設職員，教員等），③ピアアドボカシー（同じ属性／背景をもつ人），④独立アドボカシー（独立アドボケイト：意見表明支援員，専門アドボケイト）の4者をその担い手とする（堀，2020：13-16）。障害児のセルフアドボカシーの進展とともに，4者の担い手のアドボカシーの力量の向上は欠かせない。障害児本人と多様なアドボケイト（アドボカシーの担い手）が補完しあうことにより，障害児の意見表明権の保障が可能となるだろう。

引用・参考文献
神奈川県（2021）『わが子の「思い」に向き合うために（リーフレット）』
厚生労働省（2017）『障害福祉サービスの利用等にあたっての意思決定支援ガイドライン』
国連児童権利委員会，平野裕二翻訳「一般的意見9号」（2006年）及び「一般的意見12号」（2009年）https://w.atwiki.jp/childrights/pages/32.html（2024年8月1日閲覧）
子ども家庭庁（2024）「児童発達支援ガイドライン」
佐鹿孝子（2017）「親が障害のあるわが子を受容していく過程での支援」『小児保健研究』（第66巻第6号）日本小児保健協会
中村尚子（2013）『障害のある子どものくらしと権利』全国障害者問題研究会出版部
ハート著，木下・田中ほか監修，IPA日本支部訳（2000）『子どもの参画』萌文社
文部科学省（2023）「教育振興基本計画」
堀正嗣（2020）『子どもアドボケイト養成講座』明石書店
ラップ・ゴスチャ著，田中英樹監訳（2014）『ストレングスモデル 第3版』金剛出版

3. 社会福祉は「格差社会」に機能できるのか

結城 康博

　本章では「格差」問題について考えていきたい。一昔前，日本社会は，どんなに貧しい家庭に生まれても，子どもの努力次第で「奨学金」などを利用しながら一流大学に進学し，それなりの社会的地位と賃金が得られるといった「平等社会」と認識されてきた。しかし，昨今，教育も親の資金力によって格差が生じている。特に，貧しい家庭に生まれ育った児童らは，厳しい人生を歩まなければならないケースが多々見られる。そもそも，社会福祉は「格差」是正の機能・役割を備えたものであるが，その動向について検証していきたい。

第1節　スタート地点が異なる社会

1　「またトラ」が話題に！

　「また，ドナルド・トランプが米国の『大統領』になる！」，いわゆる「またトラ」が，昨今，話題になっている。

　トランプ元大統領の4年間，たとえば，英国EU離脱など移民問題を背景に「格差」について議論されてきたことを思い出す。そもそも移民問題は，先進諸国との「格差」問題が浮き彫りとなり，より高い賃金を求めて「人」が移動しているのが背景にあった。

　その意味では，「人」は生まれながらに平等ではない。0歳児の赤ん坊は，生まれた国，家庭，環境によって，スタート地点から異なっている。

2 大富豪というカードゲーム

　多くの人は，カードゲームの「大富豪」とういう伝統的な遊びをご存じだろう。ゲームを始める前から「大富豪」というアドバンテージを有したプレイヤーは，強いカードを獲得でき，有利にゲーム運びを展開できる。

　このゲームの面白さは，強いカードを有していない不利となったプレイヤーが勝つことにある。何回かゲームを繰り返すうちに，運や駆け引きによって「大富豪」が大貧民に落ちることがあるからだ。

　しかし，実際の社会では有利なプレイヤーが，アドバンテージを得れば慈善事業を除いて，彼らは社会の格差是正のため多額の税を負担して，貧しい人々に「財」を再分配していくことを積極的に好むだろうか？

　これらが「再分配社会」「社会保障制度」を，どうあるべきかの議論の難しさとなり，格差是正の大きなポイントとなる。社会福祉学において，「平等」「正義」「博愛」といった哲学・理念が重視される。しかし，現在，「豊かな日本社会」といわれてきた栄華は，昔の思い出となりつつある。国内でさえ「格差」は拡大しており，身近な問題として日本社会は直視せざるをえない。

第2節　市場は不公平

1　人は努力だけで成功？

　そもそも，市場経済では，一生懸命努力して良いアイデアを生み出し成功した人々から，高額な税金を徴収して不遇な人に財を「再分配」することに消極的な考えがある。フェアな市場経済の中で得た富において，「正直者が損をする」ことは許されるべきではないと。

　いわば「再分配」システムは重度障害者や不運な子どもらなどに限定的にすべきという「小さな政府」こそが，公正な社会システムというのだ。

　いっぽう「大きな政府」に基づき，市場経済で配分された富を，もう一度，税金などを政府に納め，困っている社会的弱者に「再分配」することが，公正な社会であると主張する考えもある。

　具体的には，現在，日本では生活保護費が3.7兆円を超え，同時に不正受給

額も約 126 億円という実態がある（厚生労働省，2022）。この不正受給という数値から，社会保障サービスの行き過ぎが問題視されている。

「自助」という理念に基づいて市場経済の中で敗者となった層を，社会がフォローするのは限定的でいいのではないかと。昨今の国会でも 2014 年に改正生活保護法が成立し，生活保護の申請手続きが厳格化されている。

確かに，生活保護を受給せず厳しい生活を強いられている者も多いため，極端に不正受給などを問題視する声も大きい。しかし，だからといって生活困窮者は自業自得であり，フェアな市場経済で敗者となったのだから，やむなしでいいはずはない。

2　親ガチャとは？

一時，「親ガチャ」という言葉が世間で流行った。親や家庭環境の良し悪しをランダムに決定される例え話である。いわば「人」が生まれる際に，親や家庭環境を選べず「不平等だ！」という意味である。人生のスタートは，ガチャガチャ（カプセルトイ）のようにランダム性を持つということだ。

確かに，市場経済において一生懸命働いた結果，勝つ人もいれば，負ける人もいる。しかし，たとえ勝者であっても，本当に自分の実力だけで成功したのかは疑問でもある。もちろん，本人の努力なくしては成功を収めることは難しい。しかし，そこには「運」なども大きく寄与している。

勝者は偶然に恵まれた家庭で育ち教育機会も豊富で，初めから市場経済の中で有利なプレイヤーであることが多い。いっぽう貧しい生活環境の中では，相当な努力をしない限り，勝負できるプレイヤーになることさえもできないケースが多い。

つまり，本人の努力に見合った富の配分は言うまでもないが，併せて自分の力だけでは成功はできないこともある。

市場経済では，フェアなルールに基づいて経済活動がなされているものの，そこに参画できること自体が，一部，「幸運」であり決して自分の力だけではないことを認識されるべきである。しかも，勝負に勝っても永遠に勝てる保障

は誰にもない。目まぐるしく変わる社会環境で，いつでも誰もが生活困窮者に陥る可能性は否定できないのだから。

3 教育格差と経済的背景

かつて，日本社会は，どんなに貧しい家庭に生まれても，子どもの努力次第で奨学金などを利用しながら一流大学に進学し，それなりの社会的地位と賃金が得られるといった「平等社会」と認識されてきた。

しかし，大学生においては，親からの支援金が減額されることとなり自らアルバイト時間を増やさねばならないケースが多くなっている。文部科学省データによれば，2022年度18歳人口に占める大学進学率は56.6％となっており高校生のうち2人に1人以上が4年制大学に進学する時代となった（文部科学省，2022）。

これらの学生のうち学生支援機構といった返済義務のある奨学金を利用している学生も多く，卒業後に200万円〜500万円と借金を抱える新社会人も少なくない。

結果的に借金を抱えた新社会人が増えることは，社会の経済活力にも影響を及ぼすことになる。併せて「結婚」志向の若者を減少させることにつながり，間接的に少子化対策にもマイナスとなる。日本の50歳時に一度も結婚していない未婚割合は，男性約3割，女性約2割となっている。

既述のような子どもの貧困，借金を抱えた大学生が多数を占める日本社会において「結婚」を考える若者が少なくなるのは当然だ。いわば社会保障の問題は，大学生の奨学金問題と関連している。

厚生労働省資料によれば，2023年の出生数が75.8万人で8年連続減少し過去最少となった（厚生労働省「人口動態統計速報［令和5年（2023）12月分］」2024年6月27日）。しかも，これら若い世代は，さらに増していく保険料や税といった社会保障費負担と相まって，一部高等教育の奨学金返済といった二重，三重の足かせとなる。

4　子どもの貧困

　児童福祉の現場では「貧困の連鎖」といった問題が深刻化している。貧しい家庭に生まれた子どもは，大人になっても低賃金労働者として働く可能性が高く，再度，貧困家庭を築き，そして，その子どもも貧困層となるというのだ。

　厳しい家庭環境の中では塾に行く費用も工面できず，幼い時から美術館や博物館，映画といった文化的な暮らしにも縁遠くなる。このような児童・学生による家庭環境が，教育格差につながり大人になっても階層化していくのである。

　高度経済成長期であれば，公立学校の授業を真面目にこなしていれば，それなりの大学に進学できた。しかし，今は，小学校から英語やIT教育が導入され，学校以外での教育機会に恵まれれば，それだけ有利となる。

　全体の教育水準が高くなることは歓迎すべきだが，親の年収格差によって，その子どもの教育水準に差が生じることは，結果として「貧困の連鎖」を招く一因となる。

　そのため，低所得者の児童や学生には，塾代を工面するとか文化的な機会を提供するなどの，福祉・教育的なサービスを早い時期から提供していかなければならない。子どもは親を選べないため，社会で補填するしかない。

第3節　孤立と格差

1　独りが当たり前！

　2020〜50年の間に65歳以上男性の独居率は16.4％→26.1％，女性は23.6％→29.3％と推計されている。また，高齢単独世帯に占める未婚者の割合は，男性33.7％→59.7％，女性11.9％→30.2％となり，近親者のいない高齢単独世帯が急増するようだ（国立人口社会保障・問題研究所，2024）。

　今後，社会からの孤立化が懸念される。たとえば，孤独死，高齢者虐待，介護殺人，老老介護といった問題は，高齢者世帯が社会と孤立化していることで引き起こされる。社会とのパイプが少しでもあれば，福祉・介護サービスにつなげることができ，最悪の事態を招くことも回避できるであろう。

　高齢者世帯が社会から孤立する要因としては，家族機能や地域社会の希薄化

3. 社会福祉は「格差社会」に機能できるのか　233

によって，潜在的に社会サービスが必要とされる高齢者世帯が顕在化されにくくなっているからである。

2　経済的孤立

しかし，もう一つの要因として経済的貧困を忘れてはならない。つまり，65歳を過ぎた高齢者でも一定の経済的収入が確保されれば，友人や親せきとも夕食・懇親会などの交流を持つことができ，あるいは高齢者間の趣味活動などで社会とのつながりを継続できる。また，遠い親戚の子どももお年玉を通して交流を深めることができる。

しかし，家計が厳しくなれば，付き合いなどの金銭的余裕がなくなり，社会との交流機会も減っていく。

3　ジニ係数での分析

「格差」を分析するうえで，所得などの収入格差との因果関係を避けることはできない。経済的に余裕があれば日々の生活も安心して送れる可能性は高くなる。いっぽう生活保護受給者を除けば，低所得者は厳しい状況となるのは明らかである。そのため，所得格差を探求することは，そのまま「格差」を分析することにもつながる。

一般的に所得格差を測る尺度として用いられるのが「ジニ」係数だ。イタリアの数理統計学者コッラド・ジニが考案したもので，具体的には「ジニ係数」0から1までの数字で表され0に値が近いと，当該国（もしくは地域・集団）は所得分配が機能しており「格差」が少ないという評価になる。逆に1に近づくにつれ，その国（もしくは地域・集団）は所得分配が機能しづらく「格差」が拡大していることになる。

図4-3-1は，ジニ係数を年齢別に示したもので，一つは単純に社会保障等を加味せずに自力で得ることができる所得のみで測る「当初所得」である。これにおいては60歳，65歳から急激にジニ係数が1に近くなり世代内格差が拡充していることがわかる。60歳を過ぎると，どうしても正社員での就職機会が

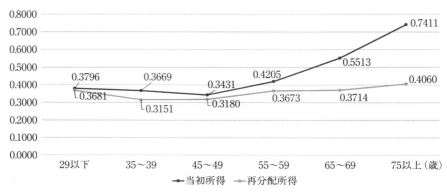

図 4-3-1　世帯主の年齢階級別ジニ係数

出所）厚生労働省「令和3年所得再分配調査」2023年8月22日から作成

減少していき，再雇用や低賃金バイト収入しか見込めなくなる傾向だからだ。

いっぽう「再分配所得」は，税負担調整，社会保険サービスや福祉サービスなどの利用状況を加味しての所得である。年金や生活保護などの受給を加味した再分配所得においては，75歳以上と50歳〜59歳とを比べても差がなくなっていく。つまり，社会保障制度によって高齢者間の格差は是正されているのだといえる。

4　高齢者間における格差

65歳以上が毎月負担する介護保険料は，個人の所得に応じて額が異なる。2024年度から国基準が変わり第1段階から第9段階まであったのが，13段階にまで階層が細分化された。そのため，最も高い13段階では基準額の2.4倍の保険料を支払うこととなる（表4-3-1）。具体的には2024年4月から，毎月の第1号被保険者の介護保険料は全国平均標準額が6225円（前回6014円）となっている（厚生労働省，2024）。各地域（市町村）の平均標準額に段階ごとの値を乗ずれば介護保険料のおおよその金額が決まる。

仮に，標準額が6000円であれば第1段階が0.285であるから1710円，第13段階は2.4であるから14400円というわけだ。これが市町村によって細分化さ

表4-3-1 介護保険料基準額×13段階層

第1段階	基準額×0.285	生活保護被保護者または世帯全員が市町村民税非課税かつ本人年金収入等80万円以下など
第2段階	基準額×0.485	世帯全員が市町村民税非課税かつ本人年金収入等80万円超120万円以下
第3段階	基準額×0.685	世帯全員が市町村民税非課税かつ本人年金収入等120万円超
第4段階	基準額×0.9	本人が市町村民税非課税(世帯に課税者がいる)かつ本人年金収入等80万円以下
第5段階	基準額×1.0	本人が市町村民税非課税(世帯に課税者がいる)かつ本人年金収入等80万円超
第6段階	基準額×1.2	市町村民税課税かつ合計所得金120万円未満
第7段階	基準額×1.3	市町村民税課税かつ合計所得金額120万円以上210万円未満
第8段階	基準額×1.5	市町村民税課税かつ合計所得金額210万円以上320万円未満
第9段階	基準額×1.7	市町村民税課税かつ合計所得金額320万円以上420万円未満
第10段階	基準額×1.9	市町村民税課税かつ合計所得金額420万円以上520万円未満
第11段階	基準額×2.1	市町村民税課税かつ合計所得金520万円以上620万円未満
第12段階	基準額×2.3	市町村民税課税かつ合計所得金額620万円以上720万円未満
第13段階	基準額×2.4	市町村民税課税かつ合計所得金額720万円以上

出所) 厚生労働省社会保障審議会介護保険部会「資料1:給付と負担について」2023年12月22日3頁より作成

れると保険料の「格差」も所得に応じて拡充する。

なお, 第1段階は, 生活保護受給者もしくは世帯全員が住民税非課税世帯で年間合計所得80万円以下の者である。平均標準額となる第5段階は, 本人が住民税非課税(ただし世帯内に課税者がいる)かつ年間合計所得金額が80万円超だ。いっぽう第7段階は, 世帯に課税者がおり本人の合計所得金額が120万円以上, 第8段階は, 同じく210万円以上, 第9段階は, 320万円以上となっている。もっとも, 国基準の保険料階層は13段階ではあるが, 市町村裁量で段階を細分化できるため, さらに細分化されている地域もある。

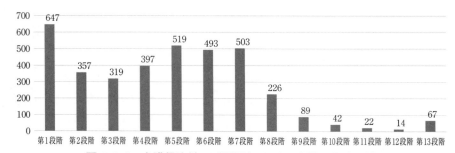

図 4-3-2　介護保険料 13 段階別における人数区分（万人）

出所）厚生労働省社会保障審議会介護保険部会「資料１：給付と負担について」2023年12月22日3頁より作成

　国基準13段階で階層区分をみると第１段階がもっとも多い（図4-3-2）。介護保険の被保険者は約3,600万人だが，約650万人が生活保護受給者か年収80万円以下と考えられる。いっぽう年収320万円以上となる９段階～13段階は約234万人ということだ。保険料額からだけでも高齢者の年収格差が浮き彫りとなる。

　ただし，介護保険料から認識できる「格差」は，あくまでも収入のみの数値であり，既述の事例から，収入は少なくとも，かなりの資産家がいないわけではないということもわかる。また，現役世代のうちから老後の介護のために預貯金を増やし備えている者もいるだろう。

5　格差は引き継がれてしまう

　現在，日本は超高齢化社会に突入しており，格差社会も浮き彫りとなり深刻な危機を迎えている。そして，市場経済社会を堅持させ，親や祖父母の「資産」を有利に孫世代に引き継ぐ施策が実施され，不平等社会を是認する動きもみられる。

　しかし，そうなれば，社会を活性化させるエネルギーを低下させてしまう。人間，スタート地点が，はじめから不利となっていれば，それだけ努力する人は少なくなるだろう。戦後，日本社会は財閥解体などによって，多くの人が平

3. 社会福祉は「格差社会」に機能できるのか　237

等な立ち位置となり高度経済成長の原動力にもつながったと考えられる。

　一定の成熟社会を迎えた日本社会において，今後，「資産」の移転が親族などへ有利に働くシステムを構築されれば，再度，階層化を生んでしまい社会を硬直化させてしまう。

第4節　正義論からの探求

1　ロールズの正義論

　1971年ジョン・ロールズによって公刊された『正義論』は，さまざまな分野で大きな反響を呼び，現在の公共政策における議論の源泉であると言っても過言ではない。特に，福祉政策の積極的推進を擁護する人たちにとって，彼の理論はその正当性を証明する根拠として多く引用されてきた。

　彼の理論は公正な社会制度をどう定めるかにあり，かつての社会契約論をより一般化して抽象度を高めながら，公正な社会のルールづくりを目指していくものである。その理論の源泉となるものが有名な「正義の二原理」であり，ロールズ自身が再構成した「原初状態」「反照的均衡」「重なり合う合意」などの理論を踏まえて，自らの主張を展開している。

　福祉政策推進を論じるにあたって重要なのは，この「正義の二原理」のうち一般に「格差原理」といわれるもので，所得の再分配，つまり「分配の正義」の正当性を述べたものである。この原理は，国家や政府が福祉政策に積極的に介入する根拠につながるものとなる。

　もっとも，ロールズ自身は福祉国家について直接言及することはなく，後の学者が多くこの理論を引用することによって，彼が福祉政策推進者のように世間で受けとめられている経緯は承知しておかなければならない。

　ロールズは，それまで法律学・経済学・政治学・哲学などのさまざまな領域で，「個人の福祉」の評価が功利主義原理（効用）として認識されていたことに疑問を抱いたのである。そして，彼は「功利主義は，満足の総和が，個々に，どのように分配されるかを問題にしないことである。」と述べているように（Rawls, 1971=1979：20），この原理にとって代わるものを考察した。

功利主義原理（効用）に代わる新たな福祉評価として，ロールズは「社会的基本財」を提唱する。これは，自由，富，健康，教養，自尊（生きがい）などの概念と理解できる。

　具体的には金銭・所得・食事など，福祉サービスでは入浴サービス・ホームヘルプサービス・ショートステイなどいったものであろう。ロールズは，この「社会的基本財」が平等に分配されてこそ，真の「個人の福祉」が達成されるとしている。しかし，その中でも「自由に選択できる環境」という財（制度）が最大限尊重されるべきであると述べている。

　その意味でロールズの理論は，従来の「効用」を基本とした福祉評価に比べ，個人の差異を考慮することを可能とし，個人の自由をより尊重できるものとなった。

2　リベラリスト対リバタリアン

　ロールズの新たな福祉評価の提唱で，この「社会的基本財」の平等な分配を達成することで福祉国家の議論が展開されていく。そして，個人の自由に反さない限り「格差原理」を基礎に国家や政府の介入による所得分配機能が，政策の一環として承認され社会的枠組みとして論じられるようになった。このような「分配の正義」をある程度認め，社会的ルールの枠組みに据える人たちがリベラリストと呼ばれ，ロールズらがその代表者としてあげられる。

　一方，ロールズらと同じく功利主義原理（効用）に批判的ではあるが，「個人の福祉」の達成のために財の分配はできるだけ「市場」などに任せておくべきであり，国家や政府は介入すべきではないとする考え方がある。それらの人々は，一般に自由至上主義者と理解されリバタリアンと呼ばれる。その代表者が，初期のロバート・ノージックである。

　ノージックはロックの所有論をヒントに，自ら考察した「獲得の正義」「移転の正義」「匡正の正義」の理論によって構成された「エンタイトルメント（権限）原理」を根幹に，財の所有権の歴史性を主張した（Nozick, 1974=1985：260）。つまり，個人の財の所有権にはそれぞれ歴史的な意義があり，自由を基礎とし

た正当な手続きがなされなければ移転できず，国家や政府がそれに介入することはできないと述べている。

　ある意味でリバタリアンたちは，エンタイトルメント原理を基にある程度「市場」原理に委ねておけば，それなりに「個人の福祉」は達成されると理解している。

　1970年代から80年代にかけて，「リベラリスト対リバタリアン」による福祉国家論は，「国家」対「市場」という二分法的な議論の展開となり，功利主義批判では両者とも共通の見解に立つ「ロールズ対ノージック」の議論は，その二分法の典型として現在でもさまざまな公共政策を論じる源泉となっている。

　現実の福祉政策においても，80年代には英国のサッチャーや米国のレーガン政権が台頭し，国家財政の圧迫や官僚主義的非効率などを背景に「小さな政府」論が盛んとなり，福祉国家見直し論が積極的に論じられるようになっていった。

　つまり，両者ともある程度，財が各自に分配されれば，「個人の福祉」は達成されると考え，「国家」もしくは「市場」といったその分配のあり方について述べられているにすぎず，真の「個人の福祉」を実現する議論には至っていない。

　その意味では，「大きな政府」と「小さな政府」といった議論は，今日まで長期間どちらが勝った施策なのかの結論は，日本社会でも模索中のままだ。

3　人口減少社会と格差是正

　人口減少社会においては，福祉政策の拡充を「負担」とせず経済活動を支える「投資」と考えるべきではないだろうか。そもそも，地方産業として福祉業界は「雇用の創出」といった機能を果たしている。いわば福祉を地方経済のための「インフラ」と位置づけて考えていくのである。これらを社会で普遍化していけば，増税などの福祉施策拡充のための「負担」も，国民的コンセンサスが得られるはずである。

　なお，そのための「財源」としては，「資産」に着目してはどうであろうか。

内閣官房資料によれば，日本の家計金融資産については，60代以上の保有比率が6割を超えており，家計金融資産のうち高齢者世帯の現預金が3割を占めている（内閣官房，2022：3）。

つまり，福祉施策拡充のために高齢者層が中心に保有する「資産」税を強化して，社会保障部門に「公費」を投入していくのである。

たとえば，相続税における税率引き上げ及び相続人控除額の引き下げによる財源確保の方策が考えられる。また，金融所得課税の強化なども方法としてあげられる。

4　「税負担」なくして格差是正はありえない

一部の人は，年齢が高くなるにつれ豊富な「資産」を有する傾向にある。そのため，格差是正のためには高齢者の能力に応じた「負担」は避けられず，「持っている高齢者」が「持っていない高齢者」を支えるといった「世代内扶養」を，今後の社会保障制度の根幹していくことが求められる。

そして，「負担」基準を「所得（フロー）」のみではなく，「資産（ストック）」にも着目していくべきである。

引用・参考文献

Rawls, John（1971=1979）*A Theory of Justice*. Harvard Universityress.（矢島鈞次訳『正義論』紀伊國屋書店）

内閣官房 新しい資本主義実現本部事務局（2022）『資料3：資産所得倍増に関する基礎資料集』

文部科学省（2022）『令和4年度学校基本調査』

Nozick, Robert（1974=1985）*Anarchy, State, and Utopia*. Basic Books.（嶋津格訳『アナーキー・国家・ユートピア』木鐸社）

4. 災害支援と利他共生

山口 光治

　世界各地では，毎年のように地震や津波，火山の噴火，台風による自然災害はもちろんのこと，地球温暖化の進行による気候変動である熱波や干ばつ，山火事や洪水など，人類の活動によって引き起こされている地表付近の平均気温の上昇による人災ともいえる災害も発生している。

　本章では，筆者が関与してきた災害支援活動という実践を振り返り，その行動に駆り立てた動機は何か，その根底にあるものを言語化するとともに，その動機と関連する大乗仏教の精神，つまり淑徳大学の建学の精神である「利他共生」や「自利利他」について論考することを目的としている。災害が発生し，今，目の前で起きている惨状を見た時に，「私にできることはないか」と積極的に関わろうと自らの内側から湧き出る姿勢とは何か，利他活動の視点から見つめてみたい。

　そのために，まず「阪神・淡路大震災」の際に日本社会福祉士会が初めて組織的に取り組んだ支援活動に加わった体験を振り返る。次に，淑徳大学が初めて全学的に取り組んだ「東日本大震災」の災害支援活動を題材に取り上げる。そして，最後に2024年元日に発生した「能登半島地震」活動への取り組みに触れたうえで，そのような災害支援活動と建学の精神，そしてその精神を学生や教職員に伝えていく自校教育の意味について述べていく。

第1節　職能団体としての阪神・淡路大震災の支援
1　日本社会福祉士会の活動

　1995年1月17日5時46分ごろ，兵庫県淡路島を震源とするマグニチュード7.3の大地震が発生した。しだいに被害の状況が明らかになるにつれて，想像を絶するほどの大規模な災害となった。この阪神・淡路大震災は，人々に，突如として生死を左右する恐怖を体験させることになった。そして，この日を境に住民の生活は一変し，家屋は崩壊，焼失し，水や食物などの生活物資も欠乏する状況となってしまった。

　震災の発生直後の救援活動は，崩壊した建物からの人命の救出や救急医療，火災に対する消火活動，避難所への避難誘導など，消防・警察・自衛隊・医療機関などの救援が必要とされた。このように，震災の初動では，とくに「命を救う医療」に重点がおかれていた。

　それに続いて救援が必要となってきたのは，避難所や崩れた家での生活への支援である。水や食物，衣類などの生活に必要な物資の不足とあわせて，生活環境の悪化，精神的な不安やストレス，住居や就労の問題などこれからの生活への不安要因が多く存在した。

　このような状況の中で必要となってきたのが「生活を守る福祉」の役割である。本来ならば，住民が暮らしている地域の福祉行政や民間活動により問題解決に向けての取り組みがなされるべきであるが，震災により正常に機能していない現状では到底それは期待できない。そこで必要とされるのは，被災地以外からの社会福祉専門職による専門的な援助であった。

　この震災において，日本社会福祉士会は1993年に設立後，初めて職能団体としての救援活動に取り組んだ。資格制度が浸透する中で，社会福祉士が国家資格者としての責務をいかに果たしていくかが問われていた。

2　日本社会福祉士会の救援活動への取り組み

　日本社会福祉士会は，淡路島を震源とする大地震発生から3日後の1月20日，長野県諏訪市において開催された「第3回日本社会福祉士会全国大会」の定時

総会において，この震災に対する公式な救援活動について議決した。

これは「兵庫県南部地震救援に関する特別決議」として，日本社会福祉士会の中に対策本部を緊急に設置し，効果的かつ時宜を得た救援活動に取り組むことと，会員からの義損金の募集を行うこと等を確認したものであった。

その後，現地対策本部を大阪に設置し，ワークセンターを芦屋に設けた。そして，被災地域でのニーズ調査活動により，宝塚市からは行政と連携を取った調査活動の依頼を，神戸市長田区のボランティア組織「長田地区高齢者・障害者緊急支援ネットワーク」からは相談活動への協力依頼を受け活動を展開した。

活動には延べ216名の会員が自己完結型ボランティアとして全国から参加した。また，ワークセンターの運営費に関しても多くのカンパが会員より寄せられた。救援活動は1995年3月末日を以て終了し，その後は，兵庫県社会福祉士会が設置する復興本部に活動の中心が移行された。活動の詳細については，山口の論文に譲ることとする（山口，1996）。

3　職能団体として，専門職として，人として

日本社会福祉士会が職能団体として，初めて災害支援活動に加わった評価については他に議論を譲るが，職能団体としての使命は，1993年1月15日に制定された「日本社会福祉士会 設立宣言」の最後に書かれている，以下の文章に示されている。

> 我々「社会福祉士」は，次のように願う。
> 我々は闘う，全ての人々のより良き生活のために。
> 我々は憎む，非人間的な社会を。
> 我々は愛する，全てのかけがえのない人々を。
> 我々は援助する，謙虚な心と精一杯の努力をもって。
> そのために我々は，明るい，さわやかな，実力を持った，柔軟で民主的な専門職集団を結成したいと心より願う。
> ここに我々「社会福祉士」は，自ら負わされた課題と役割の重大さを深

く認識し，先に述べた願いを果たす決意をもって，「日本社会福祉士会」の設立を宣言する。

　社会福祉士は，すべてのかけがえのない人々の，より良き生活のために，謙虚な心と精一杯の努力をもって援助していく専門職であり，その自覚は職能団体のアイデンティティを高め，社会からの期待に応えるべく利他活動に従事する原動力となっているのではないだろうか。
　具体的な活動内容は，被災地域の市町村を単位として，被災者の生活への支援活動や本来の福祉サービス（主として相談援助活動，社会福祉調査活動など）が機能していない部分を補うための活動に取り組むのであるが，その地域の地域特性や住民ニーズを十分把握し，住民の自立性を損なうことなく支援していく必要がある。また，社会福祉士（個人）として感じたのは，被災地では日常（通常）の相談援助業務の実践力が，かなり凝縮された形で求められていた点であった。つまり，同時期に，高齢者福祉などの特定の対象領域だけではなく，広範囲での支援を必要とする人が多数現われ，しかも待ったなしの状況であり，あわせてその地域内での支援体制や社会資源が無いという状況下での支援活動であり，被災された方々のニーズを聞き取るとともに，社会資源をいかに外部から取り込み・受け入れ，また，創造していくのかが求められた。
　そのような社会福祉士の災害支援活動を通して感じたのは，社会福祉士という専門職であることや社会福祉士会に所属しているという，社会的な側面だけで災害支援活動に取り組んでいたのではない，ということである。社会福祉士がその有資格者として専門的活動に取り組み，被災者の生活を守り，支えていくことはもちろん大切なことだが，専門職である前に一人の人間として「何か役に立ちたい」というボランタリーな内的な思いが自らの中に生じていたことである。しかし，だからといってやみくもに，その気持ちだけで被災地へ行くわけにはいかない。人命救助のフェーズから生活支援のフェーズに移行する過程において，自ら役に立ちたいという思いと，被災地で求められ，かつ，それに応じられる専門性を持ち合わせていたことが被災地支援活動の参加へと至っ

た。振り返れば，災害における利他活動の根底には，「私にできることはないか」「役に立ちたい」という内発的で自発的な思いが，まずは有ることではないかと感じている。その思いを土台にして，現地で求められる専門性が上乗せされたことによって活動へと至ったものと分析できよう。

第2節　全学活動としての東日本大震災の支援
1　東日本大震災の発災と支援の理念

2011年3月11日14時46分頃，三陸沖の宮城県牡鹿半島の東南東130 km付近で，深さ約24 kmを震源とし，マグニチュード9.0という日本国内観測史上最大規模で，最大震度7を記録する地震の発生から始まり，地震や大規模な津波による被害，原子力発電所の事故による被害などが加わった，東日本全体に及ぶ広域で東日本大震災が発生した。2024年3月現在で人的被害は死者1万9,775人，行方不明者2,550人，負傷者6,242人，住家被害は全壊12万2,050棟，半壊28万3,988棟，一部破損75万0,064棟と非常に大規模な被害である。

先にも述べたが，この東日本大震災を契機に，「淑徳大学東日本大震災支援ボランティアセンター」(以下，東日本大震災支援VC)が設けられ，縁あって石巻市雄勝町での避難所を中心とした組織的な災害支援活動が始まった。詳細な活動記録は，淑徳大学東日本大震災支援VCが2013年に発行した『東日本大震災支援活動経過報告書』(以下，報告書)に譲るが，この報告書の中に，当時学長であった長谷川匡俊先生(以下，敬称を略す)の言葉があり，その後の能登半島地震をはじめ，各地で災害が起きている今日，改めてかみしめておく必要があると考え，ここに引用する。

長谷川は，3月11日の発災から4日後に，本学ホームページ上に掲載した文章を引用し，報告書に書いた自らの文章を「このときの私の偽らざる心情，そして，『もしも，学祖がおられたならば』との思いこそ，微力ではありますが，本学の被災地復興支援を貫く理念ともいうべきものであり，教職員並びに学生諸君に強く訴えてきたところであります。」と回顧している。その文章は以下のとおりである。

ここで改めて学生諸君にお伝えし，ご協力をお願いしたいことがあります。現下の惨状を一人ひとりの心に刻んで，自分のできること，なすべきことを考え，4月から是非キャンパスに戻って元気な顔を見せてください。いま私は，卒業生の旅立ちを控え，喜びと共に複雑な思いに駆られています。諸君の前途にはあまりにも厳しい現実が待っていると思われるからです。しかし，こうした時こそ人の本領が試されるのではないでしょうか。母校はいつまでも卒業生に対し応援団でありたい，と私は願っています。(中略)国情は二重三重の難局の只中にあります。社会の一員として今ほど互助・共同が求められているときはないでしょう。

(淑徳大学東日本大震災支援ボランティアセンター，2013：2-4)

　この文章から長谷川がいうところの「本学の被災地復興支援を貫く理念」は，今起きている惨状を一人ひとりの心に刻み，自分のできること，なすべきことを考え，厳しい現実が目の前にあるが社会の一員として助け合って行動していくことを意味し，そこからは利他共生の精神とその心のあり様としての感恩奉仕の薫りを漂わせているものといえよう。

2　東日本大震災支援活動を振り返って

　長谷川は，改めて東日本大震災の被災地支援ボランティア活動の発端を振り返って，次の点が大学として取り組もうと背中を押してくれたことであると整理している。今後の本学としての災害支援のあり方を考えるにあたり，再度吟味しておきたい。

　第1にあげているのは，同窓会のネットワークである。東日本，とくに被害の大きかった宮城県や岩手県，福島県には卒業生が多くおり，同窓会の支部活動も活発であり，その同窓生の皆さんの助言や励まし，頼りになる情報の提供等に支えられた点をあげている。第2には，もともと淑徳大学は，社会福祉学部の単科大学からスタートしており，学生のボランティア活動が活発であったことが，被災地支援につながったことをあげ，それが本学の伝統であることを

述べている。「『笛吹けど踊らず』ではなく，学年や学部・学科を超えて，つぎつぎと立ち上がってくれたこと」を指摘している。第3に，全学組織の東日本大震災支援VCが立ち上がる土壌には，千葉キャンパスにある「地域支援室（地域支援ボランティアセンター）」の実践があったこと，そこが拠点機能を担ったことを指摘している。それがいち早く東日本大震災支援VCの創設につながったことを述懐している。そして，第4には，千葉キャンパスにある学生消防団の存在をあげ，災害時において専門的で基本的な対応について訓練を受けている消防団の存在を高く評価している。そういったこれまで「福祉の淑徳」が培ってきた，お互いが助け合う文化的な風土や卒業生との関係，地域社会に目を向けた活動などにより，大学内外の社会資源を有していたことが功を奏したのではないかと考えられる。これらに背中を押していただき，「身の丈に合った息の長い支援の大切さ」を掲げている（淑徳大学東日本大震災支援ボランティアセンター，2013：4）。

また，長谷川は，東日本大震災の災害支援を通して，次のような課題を指摘している。

第1に本学の教育におけるボランティア活動の明確な位置づけ，第2に専門職教育への活かし方，第3に教職員の引率など積極的な活動，第4に活動資金の調達，第5に同窓会支部との連携，第6に行政および関連機関との連携，第7に情報の共有化（現地との情報交換），第8に風化させない記録化と継承の課題をあげている（淑徳大学東日本大震災支援ボランティアセンター，2013：4）。

さて，この課題に対して，私たちは真摯に向き合い的確に応えようとしてきたであろうか。そして，新たに起こり得る災害とその支援活動に際し，どのように対処していくのか，長谷川が指摘する課題は，今日においても改善に向けて取り組むべきテーマであるといえよう。

3 災害を風化させない活動

東日本大震災から4年が経つ頃，山口ゼミにおいて取り組んだ活動を報告しておきたい。災害支援活動は，発災してからの復旧や復興に直接つながる活動

ばかりではない。2015年，被災地は少しずつ落ち着きを取り戻しているものの，宮城県石巻市雄勝町の復興は，過疎化と相まってまだまだ道半ばであった。この年，淑徳大学学術研究助成の採択を受け，「東日本大震災被災者の語りの記録化とそれに寄り添う学生の傾聴力向上を目指した実践的研究：宮城県石巻市雄勝町での取り組みを通して」を実施した。

　歴史に残る大災害を，現地の方々（土の人）と本学学生（風の人）が出会い，被災者の語りに耳を傾け，意見を交わしながら相互の交流と理解を促進し，震災を風化させないために企画されたものである。世代や住む地域，体験の違いを越えて未来を築いていくための研究として，ゼミ学生とともに取り組んだ。

　研究の目的の第1は，本学がこれまで震災支援を通して関係を築いてきた石巻市雄勝町において，被災者の方々が胸に秘めている被災の記憶を学生が傾聴することによって語りを促し，それを言語化し活字化して後世に残すことである。第2には，ソーシャルワーカーを目指す学生一人ひとりが真剣に被災者と向き合い，寄り添い，耳を傾けて，その心を受け止めようとする共感力と傾聴力を高めることである。

　研究の方法は，教員（山口）と学生で研究グループを組織し，まず，学内での事前学習（石巻市雄勝町の震災前後の状況等について，資料や映像を通して学習）を実施し，現地での準備（プレ）調査（現地を訪ね，現地に身を置き，震災の状況を体感し，本調査に向けたプレ調査）を実施する。そして，現地での本調査を夏休み中に3泊4日で訪問し，被災者9名に対して，学生2名が1組となり訪問インタビューを実施する。その後，学内でのまとめ作業を行い，インタビュー記録を整理し，語りの言語化（活字化）に取り組み，その成果を報告書または報告会にて発表するというものである。

　この研究の中間報告「東日本大震災被災者の語りの記録化への取り組み—宮城県石巻市雄勝町での調査から—」は，2015年の龍澤祭の展示発表部門で最優秀賞を受賞した。また，最終報告書は大学図書館（千葉）に所蔵されており，詳細はそれに譲ることとする（山口，2016）。

　その中から，当時，特別養護老人ホームの施設長であったA氏へのインタ

ビューについて一部紹介したい。この施設は雄勝湾と太平洋を一望できる高台に建ち，緑豊かな場所にある。地震発生時，60名の入所者と数名の職員が出勤していた。

(1) 発災当時の様子について

震災時，職員は日々の訓練が活かされ，咄嗟に行動に移すことができ，施設では一人も亡くなることは無かった。また，避難所として50名の住民を受け入れた。職員は利用者をみることで精一杯のため，住民同士でできることをしてもらった。50名の中から5人リーダーを出し，避難者名簿を作り，住民同士の自治組織として機能してもらった。

発災後，ライフラインが復旧せず，山形県の施設が特別養護老人ホーム利用者の受け入れ先となってくれた。寝たきりの利用者を自衛隊のヘリコプターで山形県の施設へと運んだ。山形県の施設への受け入れにあたって，パソコンやプリンターが停電で使用できず，本来はパソコンに記録されている利用者全員の心身の状態や介護の状況等を思い出し，その個人記録を4枚複写のカーボン紙を使用して，職員総動員で徹夜をしながら手書きで作成した。

(2) 震災の体験から伝えたいこと・気持ち

4年経っても悲しい出来事であり，この想いは変わらない。記録などに残しておいて伝えてほしいが，そのためには気持ちをリセットしなければならないなど勇気がいる。今生きていることを大切にすることが大事。

(3) インタビューを終えた学生の感想

① Aさんの前向きさと，施設長という立場から逃げずに立ち向かった強さを感じた。震災当時は，これから先の不安や心細さを感じ，余裕がない状況の中，施設長としての決断と責任を持ち，最後まであきらめずにその場を離れず居続けたことが，Aさんの強さであり前向きさだと感じた。

② 気持ちが癒えることはない。遺族や大切な友人を亡くした人がいる中で，自分が助かって良かったと，純粋に笑顔で思う日はこないかもしれない。しかし，それでも人は前を向き，震災への備えや対応を強化し，復興へと周りの人々と支え合いながら前より強く生きていくのではないかと思った。

③　自分が震災にあったときを考えた。震災当時，住民が約50名避難してきた。施設も精一杯だったため，住民同士が支え合い，自分たちでできることはしてもらった。震災時には，ボランティアの協力も必要だが，それよりも被災している人たちの支え合いの力がとても大きな力になる。もし，自分が震災にあったときに，その日初めて会った人たちと助け合えるかと考えると，正直不安だが，自分にできることを探し，あきらめずに行動できる人になりたい。

　東日本大震災での出来事は，決して忘れてはならないことである。本研究により，震災を風化させず後世に残していくことで，震災を経験した人だけでなく，震災を知らない世代の人にも，このことをつないでいきたいと考えている。このように災害を継承していく活動も，後世の人々に役立つ利他活動といえよう。

第3節　能登半島地震の発生と共生活動
1　能登半島地震の発生

　2024年1月1日16時10分頃，石川県能登半島を中心に最大震度7を観測する地震が発生した。筆者は自宅のある長野市内で車を運転しており，大きく揺れたことを覚えている。すぐにラジオから流れる速報に耳を傾け，どこで起き，被害はどの程度なのかなどと気にしながら自宅に戻り，テレビが映し出す映像を観ていた。新たな年の元日という日を，家族とともに過ごしていた方が多くいたことが推測できる。

　能登半島では，2020（令和2）年12月以降，地震が頻発しており，気象庁は一連の地震活動について，陸域でマグニチュード7.0以上かつ最大震度5強以上の基準を満たしたことから，今回の地震の名称を「令和6年能登半島地震」と定めた。

　地震大国日本では，これまでも多くの地震を経験してきた。と同時に，被害を受けた方々を，人々が支えていこうという取り組みも進んできた。発災後，人命を救助するために消防や警察，そして災害派遣の自衛隊，災害派遣医療チー

ム（DMAT）などの専門職チームの活動はもちろんのこと，阪神・淡路大震災では多くのボランティアが被災地に駆け付け，災害の救援・復旧に欠かせない存在であることを印象づけ，『ボランティア元年』と呼ばれたことはご承知の通りである。

　淑徳大学の建学の精神である「利他共生」（他者に生かされ，他者を生かし，共に生きる）は，こと地震などの災害時において，とても重要な意味をもってくる。今，こうして当たり前の日常を送ることができている私たちも，いつ，地震や災害に遭うかわからない。そういう意味では「お互い様」であるといえる。その精神から，「少しでも被災された方の力になりたい」という姿勢が生まれ，利他活動が始まる。

　能登半島地震では，地域共生センターの活動として，卒業生とのご縁があった石川県珠洲市で「珠洲市復興支援プロジェクト」，また石川県下で「パネルシアターでの能登半島地震における支援活動」を，5月の連休中に第1回，8月から9月の夏休み中に第2回の実施がなされ，多くの学生と教職員が参加した。

　地域共生センターは，本学の建学の精神「利他共生の理念と実学教育」を行動化し，その実践を通じて教育と社会貢献に資することを目的とし，本学の「共生（とも いき）」の伝統をもとに取り組んできたボランティア活動や地域活動をいっそう推進するために，2023年4月に設立され，「淑徳人」の生き方を体験学習や活動等を通して学び，ふくし文化の醸成に寄与しようとするものである。災害支援においては，被災地に赴いて人々の生活に触れて「共に生きる」ことの意味を問い，「私たちに何ができるのか」を考え，体験的に学ぶことを目指している。まさに「自利利他」の体現が求められているといえよう。

　災害支援活動では，発災から時間が経過するとともに，現地の住民が抱えている生活ニーズは変化する。そのニーズをきめ細かく把握して，それに応えていくことが支援の基本となる。それは，「はじめに（住民の）ニーズありき」が基本であり，「はじめに（支援者側の）支援・サービスありき」ではないことを意味する。能登半島地震では，三方が海に囲まれ，被害の大きかった輪島市や珠洲市，能登町といった奥能登地域へは金沢方面からしか入ることができず，

そのための道路の整備状況がカギを握っていた。また，これらの奥能登地域はもともと高齢化率が高く，5割を超える地域もあり，復旧はもちろんだが，元の生活に戻れるのか，復興をどのように描くのかなど課題も山積していることを感じている。

　災害は，いつ，どこで起こるかわからない。当たり前の日常は，実は当たり前ではないことを，被災して初めて感じるのかもしれない。今，被災されて生活が立ち行かない方がいるのであれば，何か力になれることはないか，行動を起こしてみたいと感じている方も多いであろう。私たちは「生きている」と同時に，「生かされている」のであり，そのことへの感謝を，他者への利他活動としてお返ししていくことこそ，本学が大切にしている心のあり方である「感恩奉仕」といえる。

2　自校教育と利他活動

　淑徳大学では開学以来，学祖長谷川良信先生が提唱した建学の精神を大切にし，入学式や卒業式，宗教行事，「利他共生」科目の履修などを通して，自校教育を推進している。本学の建学の精神「利他共生」は，「他者に生かされ，他者を生かし，共に生きる」という意味である。これは，大乗仏教の精神に基づく理念である。大乗仏教では，上座部仏教のように個人の悟りに重点を置き，出家して厳しい修業をした人だけでなく，どんな人も信仰があれば大きな乗り物に乗るように救われると考え，「自利利他」（自らの人格の完成のために修行し努力することと，他者を生かすために自分が尽くすことを，共に行う）を理想としている。

　そして，本学では「自校教育」を，自校の歴史や創設者について学ぶこと，建学の精神を知ることにとどまらず，「淑徳大学の『建学の精神』と『大学の歩み』を理解し，『自分の生き方を探求』していく機会とする」ことと位置づけ（淑徳大学自校教育推進委員会，2019：6），学生はもとより大学に勤務している教職員に対しても実施している。ここでいう，自分の生き方を探求することは，かなりハードルが高い目的であり，自校教育という外発的動機づけだけで

は難しく，何かをきっかけとした内発的動機づけが必要と思われる。その内発的動機づけの一つのきっかけとして，本学での災害支援活動や共生活動を体験すること，そして，その体験の言語化や振り返りが自分の生き方を探求することに有効であり，その機会の提供が大きな鍵を握っていると考える。

　それは，建学の精神や大乗仏教の精神は，日々の生活の中ではもちろんのこと，こと災害時においてとくに重要な意味を持つと考えるからである。これまで述べてきた各種災害の支援活動自体は，被害を受けた人々を支援するという利他活動であり，他者のために役立とうとする活動である。加えて，その活動を通して，支援に当たる自分自身が被災者から多くのことを学び，人として成長していく活動であるという側面も持っている。自利利他という言葉の意味を，災害支援活動への参加から体感し，体得することはきわめて重要であると考える。それはまさに，助け合う支援活動が「お互い様」の活動であり，支える側も支えられる側もともに「お世話様」「ありがとう」「お陰様で」という言葉が自然と口に出るような，利他共生の精神の醸成につながってくるものだからである。

3　パーリ語のパラヒタ（Parahita）の意味

　最後に，仏教の教えとしての利他について，アジアの仏教国で学んだことを述べておきたい。

　2016年8月30日，アジア国際社会福祉研究所の研究活動の一環で，ミャンマー連邦共和国のバゴー（Bago）区を訪問した。そのバゴーにある僧院でDr. Ashin Pyin Nyaw Bha Tha氏（以下，アシン博士）から僧院の福祉的な活動について話しを聞いた。その中で印象的な話があったのでここに記しておきたい。

　ミャンマーでは，いわゆる「社会福祉，ソーシャルワーク」に該当する活動を「パラヒタ」Parahitaと呼ぶと，現地のNGO関係者や通訳から聞いた。また，辞書で調べるとその語源はパーリ語で「利他」を意味する言葉だとわかった（水野，1975：173）。つまり，パラヒタとは，利他のための活動，すなわち社会・福祉活動と理解できる。利他行ともいえよう。その反意語である自利はアタヒ

タ（attanhita）という。

　そこで，僧侶の活動はパラヒタといってよいのか，と質問したところ，アシン博士は，次のように語った。

　「パーリ語からきているパラヒタはパラ（みんな）ヒタ（いいこと）の意味である。パラヒタとは，『自分を見ないで他人（皆）の幸せなことをすること』『生きとし生けるもののために良いことをすること』。また，そのときに『相手に（見返り・お返しを）期待せずにやってあげること』の意味である。相手に見返りを期待することは経済活動であり，自分の利益を期待することにつながる。仏陀こそ世界で最もパラヒタの実践をした人だと思う。私は仏陀がやっているからパラヒタをやる。皆が困っているのに安穏と修行はできない。パラヒタ（福祉的活動）とタータナー（修行）は両立している。誰かのために，社会の幸せのための活動であるパラヒタだが，政府がやってくれれば私がやる必要はない。」

　アシン博士の話を聞き，上座部仏教国のミャンマーでは僧侶の役割としてパラヒタ（福祉的活動）があり，当然，すべての僧侶が行っているわけではないが，その活動は自らが見返りを求めるものではない利他活動であること，そのルーツは仏陀であることが示唆された。

　このことは，大乗仏教においても共通であるとともに，その精神を根底に据えて教育を行っている本学の利他活動とも相通ずるものであるといえよう。

引用・参考文献
淑徳大学東日本大震災支援ボランティアセンター編（2013）『東日本大震災支援活動経過報告書』淑徳大学
淑徳大学自校教育推進委員会編，長谷川匡俊監修（2019）『淑徳大学自校教育ガイドブック』淑徳大学
水野弘元（1975）『パーリ語辞典（二訂版）』春秋社
山口光治（1996）「震災における社会福祉士の役割について―日本社会福祉士会の相談活動を通して―」『淑徳社会福祉研究 No.4』(141-147) 淑徳大学社会福祉学会
山口光治研究代表（2016）『平成 27 年度 淑徳大学学術研究助成費研究成果報告書 東日本大震災被災者の語りの記録化とそれに寄り添う学生の傾聴力向上を目指した実践的研究：宮城県石巻市雄勝町での取り組みを通して』淑徳大学

5. 日本ソーシャルワーク教育学校連盟設立の経過と意義

渋谷　哲

　2017年5月27日，「日本社会福祉教育学校連盟」(以下，学校連盟)，「日本社会福祉士養成校協会」(以下，社養協)，「日本精神保健福祉士養成校協会」(以下，精養協)のソーシャルワーク教育3団体が組織統合し，新たに「日本ソーシャルワーク教育学校連盟」(以下，ソ教連)が設立された。組織統合は社養協が設立された2001年当時からの悲願であり，16年を経て実現したことになる。

　長谷川匡俊先生（以下，敬称を略す）は社養協発足の2001年から理事を4年間，そして2011年から2017年のソ教連設立まで会長を6年間務めていた。筆者も同時期の6年間，事務局長を務めていたことから，長谷川とともにソ教連設立に少しは貢献できたと感じている。

　本章ではそのソ教連設立の経過を，検討会議での資料や会議録等をもとにふり返るとともに，設立の意義と課題について考えたい。

第1節　ソーシャルワーク教育3団体の成り立ち
1　日本社会事業学校連盟の設立

　日本社会福祉教育学校連盟の歴史は古く，1955年に社会福祉学関係の学部等を置く14校（4年制大学10，短期大学4）によって，任意団体「日本社会事業学校連盟」として設立された。当時の規約第3条には目的として，「社会事業学校の質的向上を図り，社会福祉教育に貢献する」と規定されている。なお，大友は設立の直接的理由を，「国際社会事業学校会議への加入が契機になっている」と述べている（大友，1998：314）。なお，短期大学4校のうち1校は淑

徳短期大学であり，当時の学長である長谷川良信も設立の中心的な役割を担っていた（淑徳大学，2024：7）。

　1987年には「社会福祉士及び介護福祉士法」制定による資格制度の創設を見据え，学校連盟に加盟するための審査基準を作り，社会福祉教育を展開する体制と教育内容に関する審査をクリアした学校が，正会員として入会できる組織とした。同年11月の総会では審査基準を制定する理由を，「『社会福祉士及び介護福祉士法』が制定され，まがりなりにも社会福祉の専門職制度が発足した。本連盟は，この制度の充実及び社会的評価を高めるため努力するとともに，より体系的・総合的社会福祉専門職制度の実現に向けて努力していきたい。そのために本連盟は，加盟校の社会福祉教育の質的向上をはかり，かつアクレディテーション的機能を強めることが必要である。本連盟には従来加盟審査基準が事実上なかったが，この機会に加盟審査基準を作り，質的向上を図り，かつ本連盟の社会的評価を高める指針としたい」と説明している（日本ソーシャルワーク教育学校連盟［ソ教連］，2016：1）。

　このように学校連盟は，わが国のソーシャルワーク教育や専門職養成に関する調査や研究，検討等を設立時から担ってきたといえる。

2　社養協・精養協の設立と学校連盟の法人化

　日本社会福祉士会や日本介護福祉士養成施設協会などが法人格を取得していくなか，1990年代後半に学校連盟でも法人格の取得に向けた検討作業が開始された。この時の法人格取得に向けた基本的スタンスとしては，「社会福祉士及び介護福祉士法」を所管する厚生省と，大学等の高等教育機関を所管する文部省による「共管」の社団法人とすることであり，これを1997年12月の総会で決定した。それは従来から，学校連盟が社会福祉教育の学術団体としての性格と専門職能的教育の養成に対し総合的に応え，わが国の社会福祉教育の振興をはかっていくナショナルセンター的機能を果たすことができる団体を目的としてきたからであった（大友，1998：321）。

　しかし，「共管」による社団法人化を目指して厚生省および文部省と交渉す

るなか，文部省からは「共管」による法人設立に一定の理解を得られたが，すでに「保母（現：保育士）養成協議会」等を認可していた厚生省が求める法人は，社会福祉士養成教育を目的とした組織であった。2000年3月，厚生省から「社会福祉士養成教育を柱とする法人化を進めることを正式に推進する」との見解が示されたことから，「共管」による法人化の道は閉ざされてしまった。

そこで学校連盟は2000年8月に臨時総会を開催し，「文部省・厚生省共管による社団法人化の方針を変更し，学校連盟としては文部省専管の社団法人設立を指向する。社会福祉士養成教育に焦点化した活動については，厚生省専管による新たな法人設立に取り組む」ことが決議された（ソ教連，2016：2-3）。

2001年6月に厚生労働省専管の社団法人社養協が設立され，学校連盟は2003年12月，文部科学省専管の「社団法人日本社会福祉教育学校連盟」を設立した。なお，2004年に任意団体として設立された精養協は，2009年には厚生労働省専管の一般社団法人となっている。

以上の経過のとおり，もしも学校連盟が文部科学省と厚生労働省の共管法人として社団法人化されていれば，学校連盟と社養協は一つの法人であった可能性が高い。当時の公益法人制度の指導監督基準や監督官庁の事情により，2つの法人を設立せざるを得なかったのが実情である。

第2節　組織統合の経緯
1　3団体による活動のデメリット

2004年に任意団体として精養協が設立した時点で，ソーシャルワーク教育に関わる団体が3つとなった。事務局もそれぞれに置かれ，3団体がそれぞれの定款や規定に基づき，自身の団体の性格に固有性を求めて事業に取り組んでいった。学校連盟は資格養成に限定しない社会福祉教育や大学院教育，学術研究や国際活動，高大連携などを中心にしていた。それに対して社養協は，社会福祉士養成に特化した教育内容の検討や職域拡大，社会的認知の向上や学生の合格支援に向けての事業が中心であり，精養協も社養協と同様に精神保健福祉士養成に特化した事業を展開していった。

このような3団体による活動にはメリットもあるが、デメリットの方が大きかったと指摘されている（ソ教連, 2016：3-4）。メリットは、各団体が固有のチャンネルでより深い検討ができること、特化した事業によって構成する会員校や教員の結束が深まること、独自に主張したいテーマに基づいて事業を組み立てられること等である。

一方、デメリットは次の6点である。

① 福祉教育業界を知悉していない人たちからみると、3団体分立の経過やその違いが容易に認識できないこと。
② 社会福祉士や精神保健福祉士をはじめとする、大学等で社会福祉を学んだ者の任用・活用の拡大や待遇改善、社会福祉をめぐる制度の改善等に向けた対外的な交渉や協議の際に、発信力やパワーが分散されて大きな発言力や影響力を発揮できないこと。
③ 各団体の実施している事業に重複が生じてしまうこと。
④ 限られた人的資源が3団体に分散され、それぞれの団体の意向や事情で活動する場合があること。
⑤ 各団体が事務局を設置せざるを得ず、団体数分の人的・物的経費がかかること。
⑥ 3団体が同じような課題や目標を持っているにもかかわらず、別々に活動をすることで課題解決や目標達成に時間がかかること。

3団体は正会員である学校からの会費で組織を運営する法人であるため、できるだけ組織運営を効率化・合理化したうえでパフォーマンスを最大化させる努力をする必要がある。しかし、2001年の社養協設立当初から、会員校の誰もが3団体による活動のデメリットを強く感じていたといえる。

2　3団体連絡協議会の発足と事務局の同居

このようなデメリットを解消・軽減するには、やはり3団体の組織統合が有効であることは明らかであった。しかし、厚生労働省専管の社養協と精養協の組織統合はともかく、文部科学省専管の学校連盟との統合には、公益法人制度

の指導監督基準といった大きな壁があった。

　ところが，2008年12月に公益法人制度改革関連3法の改正による「公益法人制度改革」により，社団法人を規制する法律が大きく変わった。従前の監督官庁は，3団体のような全国規模で事業を展開する団体の場合は「内閣府所管」に転換され，比較的容易に一般社団法人が設立できるようになった。これは法人統合についても比較的容易に行える環境が整ったことになり，3団体の組織統合に向けての大きな後押しとなったといえる。

　この公益法人制度改革がきっかけになったかは不明だが，3団体による活動のデメリットを軽減するために，2011年3月に「日本ソーシャルワーク教育団体連絡協議会設置要綱」（以下，設置要綱）が3団体により制定された。第1条の目的には「3団体が相互に協力するとともに，将来の合併に向けての必要な事項を協議するために連絡協議会を設置する」と規定されている。出席者は3団体の会長と事務局長であり，年3回程度開催するとし，本格的に「将来の合併に向けての必要な事項を協議する」こととなった。

　しかし，同年5月に社養協の役員改選があり，会長に長谷川，事務局長に筆者が就任した。また，6月には精養協も会長と事務局長が交代した。学校連盟の会長は任期途中のため交代はなく，事務局長が交代した。このように会長と事務局長の5名が交代となったこともあり，以後3年間，連絡協議会は年に1回程度しか開催されず，具体的な協議は実施されなかった。

　この当時，学校連盟の事務局は四谷にあり，そこから徒歩数分のビルに社養協と精養協の事務局もあった。社養協と精養協の事務局は一つの部屋を分割して利用していたが，双方の事業が充実してきたこともあって手狭になり，それまでの部屋より3倍以上も広い，品川の物件に移転することを検討していた。学校連盟にも声をかけたところ了解が得られ，2013年6月からは3団体の事務局が広い一つの部屋に置かれた。

　この同居により，デメリットとして指摘された「分散によるロス」や「独自性・固有性」をお互いに検証でき，「一緒にできることは協力して一緒に行う」といった素地が自然とできてきた。そして何よりも，それぞれに足りない部分

を相互補完できることで，業界内外へのインパクトを最大化しようとする事務局職員の意識が高まったといえる。

3　組織統合に向けての定例会議

　このような事務局職員の意識の高まりに押されたこともあり，どの団体から声をかけたかは記録に残ってないが，2014年2月に3団体の会長・事務局長による連絡協議会を開催した。実際には意見交換会という感じで進められ，「設置要綱に従って，定期的な会議を開催する」ことで合意した。
　早くも翌月に第2回の会議が開催され，次の事項が決定された。
① 組織統合に向けては検討課題も多いが，組織統合が必要か否かを含めた具体的な検討を開始する。
② 次回の会議までに，3団体の事務局レベル（事務局長・職員）で合同会議を開催し，当面の検討事項について整理する。
　同年4月には「日本ソーシャルワーク教育団体連絡協議会における組織統合等を検討する協議に係る運営要綱」を定め，次の通りとした。
① 会長レベル会議（会長・副会長・事務局長）を定期的（2ヵ月に1回程度）に開催し組織統合の方向性を決定する。
② 事務局レベル協議（事務局長・職員）を随時開催し，会長レベル会議に提示する検討事項を整理する。
　第1回の事務局レベル会議を5月21日，続いて第3回の会長レベル会議を同月31日に開催し，今後の検討は「① 事務統合，② 事業統合，③ 組織統合」という3つの柱に沿って進めていくことで合意した（ソ教連，2016：5）。
　①の事務統合は，各団体の事務局職員の適材適所化を進め，備品等の重複分を整理し効率化・合理化を進める。また，職員の就業規則や給与規程の比較をして整理する。②の事業統合は，各団体が実施している研修等の事業を整理し，一本化・合同化することでメリットがある場合は進めていく。そして，最終的に組織統合をするための環境が整った段階で，③の組織統合のための機関決定を行い，法令上の手続きに進むといった内容である。

その後およそ1年間にわたり，会長レベル会議と事務局レベル会議を各5回開催するとともに，事務局職員を中心に事務統合と事業統合に向けた作業を行った。そして，各団体の理事会で承認を得て，2015年3月22日付で次の事項が記載された「覚書」に3団体の会長が調印した（ソ教連，2016：5）。

① 2017年4月の組織統合を目途とする。ただし，2015年6月末日において，3団体の各総会で組織統合の方針と，以下に示すその形態等が承認されなかった場合は，一旦，組織統合を検討する本協議は白紙とする。

② 組織統合の形態は，1団体を存続，2団体を存続法人に統合することとし，組織統合に向けての諸手続等を検討のうえ，2015年6月末日までに当該団体を決定する。

③ 新たに組織統合される団体の会費は，3団体統合後の事業，組織等のあり方を引き続き検討したうえで，現在入会している団体に納付している会費の総額と同額，または総額より低い額となるよう努力する。

④ 3団体の事務局職員の人事・労務に関する諸規程は，2016年3月末日までに条件等が統一化されるよう整理し，同年4月から施行できるように各団体が規程改正する。

この覚書を踏まえて，会長レベル会議と事務局レベル会議を各1回開催し，学校連盟と社養協は2015年5月の総会，精養協は6月の総会で次の事項を機関決定した。なお，総会では学校連盟の改選があり会長が交代，精養協も会長と事務局長が交代した（ソ教連，2016：6）。

① 組織統合の形態は諸手続等を検討した結果，「社養協」を存続法人とし，「学校連盟」と「精養協」の2団体は解散して存続法人に合併する。

② 統合団体の名称については，「日本ソーシャルワーク教育学校連盟」を第一候補とし，今後，統合後の事業や組織等のあり方に関する検討を継続し，統合団体の組織形態や事業形態等とともに，2015年末を目途に各団体が機関決定できるようにする。

3団体のうちどの団体を存続法人とするかは，会長レベル会議で数回にわたり検討した。その結果，統合法人が3団体の事業や事務局を継続して運営する

には，財政規模や事業規模が一番大きく，専任職員数が一番多い社養協を存続法人とすることが適当と判断した。

その後，再び1年間にわたり会長レベル会議を5回，事務局レベル会議を8回開催し，会長レベル会議で合意した内容について会員校に提示するために，3団体合同の「組織統合についての説明会」を2016年3月12日に開催した。説明会では10件程の質問と意見が出されたが，組織統合に対しての反対意見はなかったので，同年4月の会長レベル会議において「3団体の次回の総会において，組織統合の機関決定をする」ことで合意した。

そこで，学校連盟と社養協は2016年5月の総会，精養協は6月の総会において，説明会で提示した統合法人の諸規程や役員体制等を提案したところ，3団体とも決議されたので合併契約書に調印した。

総会後も引き続き会長レベル会議を4回，事務局レベル会議を2回開催して，統合法人の組織体制や事業の整理等の検討を行った。また，事務局職員を中心に組織統合に向けた大量の作業をこなしていった。

2017年5月27日，法令上は存続法人である社養協の総会の場であるが，3

ソ教連の設立総会（2017年5月27日）
出所）筆者撮影

団体の組織統合により「日本ソーシャルワーク教育学校連盟」が設立された。2014年2月に会長・事務局長による連絡協議会を開催してから3年3ヵ月，その間に会長レベル会議を18回，事務局レベル会議を16回開催した。社養協が設立されて16年，精養協が設立されて13年経過して，ようやく悲願であった3団体合併が実現したことになる。

第3節　統合法人「ソ教連」の概要
1　目的・理事の選出方法

　統合前の3団体はそれぞれの定款に規定された目的に基づき，学校連盟は資格養成に限定しない社会福祉教育の事業を，それに対して社養協と精養協は資格養成に特化した事業を展開していたので，ソ教連の定款では各学校の定義と目的を次のように整理した。

　定款第2条で，「社会福祉士及び精神保健福祉士資格の養成教育を行う学校と，ソーシャルワーク及び社会福祉に関する教育及び学術研究を行う学校を包括して『ソーシャルワーク教育学校』と定義する」とし，大学院や専門職大学院は後者の「ソーシャルワーク及び社会福祉に関する教育及び学術研究を行う学校」と位置づけた。

　また，定款第5条には「本連盟は，ソーシャルワーク教育学校に課せられた社会的使命に鑑み，ソーシャルワーク教育の内容充実及び振興を図るとともに，ソーシャルワーク及び社会福祉に関する研究開発と知識の普及に努め，もって国民の福祉の増進に寄与することを目的とする」と規定した。

　次に理事の選出方法であるが，学校連盟は選挙方式（学校単位で投票して得票数上位の学校が理事を派遣）であり，社養協・精養協は候補者選考方式（理事候補者選考会議で候補者を選出し総会で承認）と方法に違いがあったため，どちらにするかを会長レベル会議で協議した。

　学校連盟の選挙方式は，得票数の一番多い学校から派遣される理事が「会長」に就任するものであり民主的ではある。しかし，得票数が多いのはいつも福祉系学部がメインの学生数が多い大学であり，そのため上位校は毎回同じ顔

ぶれであった。しかも，派遣する理事は大学が決めるため，これまでも学校連盟の活動に消極的な理事が派遣されることもあったようだ。また，大友は事務局長の苦労として，「会長校選出は毎回それなりのドラマがあって，投票結果が出た後の事務局長の最大の業務はいかにお引きうけしてもらえるか。その役割を果たすことにエネルギーを注ぐことになる」と述べている（大友，1998：313）。

そこで会長レベル会議では，社養協・精養協の候補者選考方式とすることにし，理事を含めた役員体制については次のように決定した（ソ教連，2016：8）。

① 統合法人をスムーズに立ち上げるため，原則として 2015 年度の社養協の総会時に選任される理事を，2017 年のソ教連発足時にはそのまま移行する。なお，役員数は理事 13 名，監事 3 名とする。
② 3 団体の継続性を確保するため，2015 年度に選任する理事は 3 団体から各 2 名の計 6 名とする。また，1 名は専門学校から選任する。
③ 理事 1 名は事務局担当理事（常任理事を新設）とし，3 団体の事務局長から選任する。残りの理事 1 名は 3 団体の会長経験者から選任する。
④ 外部団体から選任の理事は 4 名とする。

2 会費

会長レベル会議と事務局レベル会議で，当初から継続して検討したのが「統合法人の会費」である。会費については難題であり，10 数通りの会費パターンを事務局レベル会議から提案し，それを会長レベル会議で 2 年間にわたり検討した。どのパターンも一長一短があり，特に精養協の会費が他の 2 団体より低額なために，現行会費の総額より値上げとなる学校が多いことから結論がなかなかでなかった。また，精養協の会費は従前より値上げを討議していたので，この機会に再考するといった課題も同時に検討する必要が出てきた。

2016 年 3 月に開催した 3 団体合同の説明会に提示する会費案が決まったのは，その 2 ヵ月前の会長レベル会議であった。筆者が同年 1 月の事務局レベル会議で提案したものであり，内容は次の通りである（ソ教連，2016：8-16）。

> 学校種別会費 ① ＋ 課程種別会費 ② ＋ 国際会費 ③ ＝ 年会費
> ① 4年制大学＋大学院13万円，4年制大学10万円，短期大学8万円，専門学校・養成施設5万円
> ② 社会福祉士課程設置5万円，精神保健福祉士課程設置5万円
> ③ 国際会費（IASSWに加盟する学校のみ）3万円

　会員校は専門学校から大学院設置の4年制大学までさまざまであり，養成している学生数の違いはあるが，補助金がなく経営に努力されている専門学校や養成施設に配慮した。また，学校種別会費の「4年制大学＋大学院」は「ソーシャルワーク及び社会福祉に関する大学院を設置している4年制大学」と規定した。
「現行の会費総額」と「提案の新会費総額」を比較すると次の通りとなった。
　① 現行より値上げとなる学校　72校（26％）
　　10万円4校（精養協のみの大学），5万円64校（精養協のみの専門学校・学校連盟未入会の大学等），1～3万円4校
　② 現行と同額の学校　59校（21％）
　③ 現行より値下げとなる学校　147校（53％）
　　10～14万円10校（学校連盟入会の専門学校等），8～9万円49校，5～6万円86校，1～4万円2校
　この提案では72校が値上げとなってしまい，2015年3月の覚書での「会費は現在入会している団体の会費総額と同額，または総額より低い額となるよう努力する」との方針に反してしまったことを説明会で謝罪した。

3　設立の意義

　設立前の3団体による活動のデメリットは前述したが，この6点は設立後に解消されたといえる。それを含め，設立の意義としては次のことが指摘できる。
　① 毎年度の予算規模が約1億8000万円（うち会費収入約5000万円，模擬試験収入約8000万円）となり，大規模な調査研究や災害対応等の新たな活動

を展開できるようになった。(ソ教連，2024：64-68)
② 窓口がソ教連に一本化されたことで，関係団体やロビーイングの相手にソ教連の活動や要求が伝わりやすくなった。
③ 2023年度に受託した「こども家庭ソーシャルワーカーの施行に向けた具体的運用に関する調査研究」のように，事務局の職員数が増えたことで，関係省庁からの大規模な依頼等に応えることができるようになった。
④ 設立前，3団体に加盟していた会員校では，各団体担当教員として3人が必要であったが，設立後は1人の担当教員で対応できるため，会員校内でそのマンパワーが他に活用できるようになった。
⑤ 設立前は団体の活動に積極的な教員を，3団体で奪いあうような状況もあったが，設立後はそのような教員を調整して，委員会等に分散して配置できるようになった。また，活動に積極的な教員を理事として選任でき，最低でも2期4年は続けてもらうことで，中期的な戦略を検討し実行することができるようになった。

4 設立後の活動からみた課題

会長レベル会議や事務局レベル会議で議論していた内容のうち，ソ教連設立から7年経過した現在でも，解決または検討されていない課題について2つ指摘したい。

(1) 精神保健福祉士の教育や養成に関する取り組みが少ない

ソ教連になって会費が値上げとなったのは，精養協のみに加盟していた68校であった。値上げを了解して頂くために説明会では，精養協会長から「本協会がこのまま単独で法人運営する場合は，確実に値上げが必要です。(中略)組織統合により社養協や学校連盟が展開している事業等を活用できるようになります。精養協の会員校については，これらのメリットを活用して頂きたい」との説明があった(ソ教連，2016：10-11)。

確かにソ教連の事業を活用することはできたが，精養協が主に取り組んでいた「精神保健福祉士の教育や養成に関すること」が，ソ教連の事業内容をみて

も少ないといえる。これは筆者が携わっている「関東ブロック」でも同様であり，精神保健福祉士の教育や養成に関する事業の拡充が必要であろう。

(2) 学校連盟の「加盟入会審査基準」に変わる，ソーシャルワーク教育学校の質の向上に関する取り組みがされていない

組織統合にあたり学校連盟の「加盟入会審査基準」を，学校連盟に加盟していない社養協と精養協の会員校に適用すると，社会福祉学を専門とする教員数の少ない専門学校や養成施設がソ教連に加盟できないことは明らかであった。そのためソ教連では「加盟審査基準」を適用しないことにした。説明会でも「これまでの学校連盟の加盟入会審査基準の適用は，どのようにするのか」と質問があり，「ソ教連では引き継がないことにしたが，学校の質の向上については改めて検討します」と回答した（ソ教連，2016：別紙）。しかし，「加盟入会審査基準」に変わる，ソーシャルワーク教育学校の質の向上に関する取り組みはされておらず，その検討が喫緊に必要であろう。

ソ教連設立までの経過をみてきたが，組織統合の道のりはかなり険しかったといえる。会長レベル会議では時に，組織統合に積極的な会長と慎重な会長とで激しい議論が交わされ，その度に組織統合は無理だろうと感じていた。しかし，そのような時に双方の意見の共通点を示し，次の議論に向けての材料を発言するのは，いつも長谷川であったことは忘れないだろう。

筆者は社養協の事務局長を6年，ソ教連設立後は常務理事を2年，その後は監事を5年務めており，執行部側として13年にわたりさまざまな経験をさせて頂いた。監事の任期は2024年度末で終了（役員の任期は最大8年まで）するが，今後もソ教連の活動を見守っていきたいと思っている。

引用・参考文献
大友信勝（1998）「日本社会事業学校連盟の組織整備」日本社会事業学校連盟編『戦後社会福祉教育の五十年』ミネルヴァ書房
淑徳大学（2024）「Together 244号」淑徳大学
日本ソーシャルワーク教育学校連盟［ソ教連］(2016)「ソーシャルワーク教育3団体

の組織統合について（説明資料）」日本ソーシャルワーク教育学校連盟
ソ教連（2024）「2024年度通常総会議案書」日本ソーシャルワーク教育学校連盟
ソ教連（2014〜2017）「会長・事務局レベル会議 会議資料・議事録」日本ソーシャルワーク教育学校連盟

6. 良信先生と匡俊先生からの教えと私の実践

川眞田 喜代子

　日本が穏やかな時代から高度経済成長時代へと移行する真っただ中にあった，1965（昭和40）年に淑徳大学が誕生した。私は縁あって，その一期生として入学した。そこで本章では，長谷川良信先生と匡俊先生とともに過ごした日々を振り返りながら，お二人からの教えと私の実践の関係性について思いを深めてみたい。
　当時，私たち一期生は「良信先生」「匡俊先生」とお呼びしていたので，本章でも馴染み深いお名前で呼ばせていただくことをお許しいただきたい。

第1節　一期生が18歳，良信先生が75歳

　一期生が18歳で出会った良信先生は，するどい眼光に意志の強さを感じたが，穏やかなお顔には優しさが溢れていた。御年75歳。今の自分の年齢と比較してもまだまだ活躍できた歳であり，篠田先生（淑徳大学創立当初の体育の教員であり最後は武道大学の先生）に言わせれば「70代から80代半ばは人生の現役花だ」と。人生100年時代の今ならば確かにそうだろうが，この時代の平均寿命は男性65歳くらいで女性は70歳と言われていた。したがって18歳の私たちにとり，良信先生は立派なおじい様であった。通称丸館と呼んでいた教室の2階に，ゆっくり，ゆっくり階段を上ってきて，60名の私たちに向かって優しい顔で学問の大事さを説き，実践すること，体験する学びの尊さを説いていた。
　祖父母が大好きな私は，自身のお爺ちゃんの話を聞く感覚であったので面白く楽しい話であった。今でも覚えていることは，「偉くなるなよ，しっかり勉

強しろよ」のフレーズである。前後の言葉は忘れてしまったが、自分なりに解釈して今でも自身の座右の銘にしている。

　それは、「人を支援し共に生きる関係性を維持するには、深い教養と知識、人間性がなければ人に寄り添うことはできない。知識とそれを生かす実践力が無ければ、人を助けることはできない」と良心先生は言っているのだと思ってきた。

　だから生涯にわたり障害児教育に徹して生きるつもりの私は、障害のある子どもたち（といっても最年長者は65歳で年少者は4歳の子どもたち）と学び合いながら、生きる力をつけていくことが楽しくて仕方ない。毎週火曜日は特別支援学校に行って親子や教員の皆さんに研修を行っているが、それが苦にならず大学に来てから20年も継続している。また月2回の「健康サークル」と称した、障害児者の健康維持のための機能訓練や音楽療法を50年も継続している。

　これはひとえに良信先生や淑徳大学での学びが基盤となっている。障害児教育は子どもが可愛いといった愛情と熱心さだけではできない。私がこれまで新しい知識と専門的な技術を常に学び続け、どんな子も見捨てず、その可能性を引き出すことに惜しみない力を注ぐことを続けてこられたのは、「誰も見捨てるな」と言った良信先生の教えが基盤となっている。

　A君は脳性麻痺の痙直型でとても強い筋緊張があったが、特別支援学校を卒業しても支援を続け、30歳位には実用的な寝返り移動が可能となり、ひとり暮らしができるようになった。そのA君は現在、肢体不自由教育のゲストティーチャーとして、本学の学生たちに自分の体を触れさせて熱の入った講義をするまで成長した。かつての教え子が、大学での私の教え子に教えるといったことにご縁を感じる。これも淑徳大学の「共に生きる」ことの実践だと自負している。

第2節　匡俊先生と一期生

1　大巌寺の掃除と吟道部

　通学生であった私は、入学当初はあまり匡俊先生との接点はなかった。しか

6. 良信先生と匡俊先生からの教えと私の実践

し寮生たちはみんな親しみをもって接して，沢山の思い出があったようだ。「良信先生の息子」ということで，親しみを持っていたことは確かである。それは通学生も一緒であった。

今思うと，実の親であり上司でもある。そして偉大な業績のある親の元で働くのは，相当の忍耐力と努力が必要であったことと思う。私たちとは4歳しか離れていない匡俊先生である。年長者が多数入学していた一期生のなかでは，匡俊先生のほうが年下でもあった。そのような背景から，なんとなく匡俊先生は，同僚，友，兄貴的なイメージの存在であった。

私といえば日本史が好き，お寺が好きといった少女であったので，親友とともになんとなく大巌寺に行って青春の悩みを語り合った。お寺の廊下に座り懐古園と称した日本庭園を眺めながら，講義に行くのも忘れて話し合ったものだ。大巌寺そのものが懐かしく実家のような親しみがあった。

時折「あ～え～い～お～う～」の声が聞こえてきた。匡俊先生が顧問をしている吟道部の練習が始まったのだ。現在10号館が立っている場所はグラウンドだった。すり鉢状になったグラウンドの下から，通路上に横並びに立っている学生を見上げるように，匡俊先生のダメ出しの声が聞こえる。腹の底から出しているよく通る声であった。部員の声は怒鳴っているような濁声で，何度も匡俊先生に指導を受けていた。穏やかな指導ぶりではあったが，妥協は許さないといった立ち姿の匡俊先生であった。凛とした姿は格好がよくて，女子学生のなかには熱烈な匡俊ファンが現れた。顧問もいないわが児童文化研究部は，若き指導者がいる吟道部がとても羨ましかった。

寮の舎監もしていた匡俊先生は，精神年齢の幼い一期生の監督はさぞや大変だったろうと今でも思う。腕白の筆頭は川眞田和義君であったろうと思われる。匡俊先生との思い出をきくと，「寮内では酒が飲めないので，いつもお寺で先生と飲んでいたことが唯一」と言っている。そんな関係性の中で一期生の男子たちは，匡俊先生を兄貴分と慕い，友情めいたものも生まれ不思議な関係性ができたと思われる。男同士の気の置けない素晴らしい関係だ。

女子といえば寮生は大巌寺の廊下拭き，本堂に通ずる道の掃き掃除を匡俊先

生から頼まれ，毎日の日課となったようだ。「『お願いできますか』と低調に頼まれると，断れなくてよく頑張って掃除した」と，今も一期生女子が会えばその話をしている。「鵜の糞がいっぱいで，それを取るのが苦労であった」とも言っていた。しかしその体験がいまでも生きており，「環境を整えることで自身の気持ちがすっきりした気分になるので，掃除機よりホウキで掃除をすることが大好き」と言っていた。私はゼミ学生たちには，修行になり身を正すのにはもってこいと思い，ゼミ生とともに大厳寺の掃除を実施した。不動堂の周り，大学に通じる階段，鐘撞堂周辺の草抜きと掃き清めをした。しかし「虫が怖い，気持ち悪い，ミミズがいた，なんか出てきた，虫が飛んでいる」と大騒ぎで，掃除にならなかった思い出がある。

　当時の学生が聞いたら笑い飛ばす出来事であろう。淑徳大学生も変わり隔世の念がある。今，匡俊先生が草抜きを学生に頼んだら学生たちは真剣にやるだろうか。大学委託の業者職員が掃き清めた，きれいなキャンパスが当たり前と思っている学生はホウキの使い方も知らないだろう。掃除の実学も大切な学びである。

2　学生とともに
(1)　院内小学校見学とおにぎり

　良信先生が「世のため人のため」に役立つ人間育成のために用意した「見学実習」は大変役に立った。百聞は一見に如かずという諺があるが，まさに一年次生の私たちには貴重な体験であった。とりわけ千葉市立院内小学校の言語治療教室（現ことばの教室）の見学は圧巻であった。千葉県は早期から言語教育が充実している。それは大熊喜代松先生が日本で初の言語治療教室を院内小学校で開き，吃音や言葉の不自由な子どもたちの治療教育を実施したからである。このことは千葉県の教員になってから知ったことであるが，そこに見学に行ったことは後々自慢げに話す出来事となった。しかし当時は，このような教育の場や方法があるのだと感心するばかりであった。「カラスがカーカーと泣きました」と大熊先生が見本を示しているが，子どもは「カラスがアーアーと泣きました」

と繰り返していた。その場面を鮮明に覚えている。大熊先生といえばことばの教室の充実に尽力を尽くし，県立市川特別支援学校の校長を経て退職された。当時の平教員の私は，大熊先生の若き日の授業風景を見たことが自慢であった。

なんとその見学実習の引率者が匡俊先生であった。院内小学校の空き教室で昼食を皆で食べた。当時コンビニなんてなかった時代である。寮生たちは海苔がほんの少し張り付いた梅干し入りのおにぎり2個，まっ黄色の沢庵が2切れだった。自宅通学の私は黒い海苔がたっぷり巻いてあるおにぎり，好物の甘い卵焼き，鶏肉の甘辛煮，うずら豆の煮豆であった（私のお弁当の定番）。

匡俊先生が側にいたので母の握ったおにぎりを分けた。その時先生が，両手を合わせて拝む様子を見せておにぎりを受け取ってくれた。静かな声で何か言っていたようだったが，その言葉の記憶はない。でも，おにぎりを食べている匡俊先生と私が一緒に写っている写真がある。そこに写っている匡俊先生の両手を合わせた所作の姿は，優しくも凛として，良信先生の後を受け継ぐに足る姿であった。

父の晩酌の相手をしている時にその話をした。父は静かに笑いながらこう言った。「喜代さん，あんたはいい学校に入ったな。人を思い合掌して握り飯を頂く人はいい人だ」と，その時の父の穏やかで心からの言葉にほっとした覚えがある。私は都心にある希望大学には入院中で受験できなかった。そして退院後に受験できる大学は淑徳大学しかなかったのだ。下見に行って父と大学の正門前に立った時，「都落ちか……」とつぶやいた父の言葉が耳に残っていた私は，淑徳大学入学を喜ぶ心境にはなれなかった。その父が「いい学校に入ったな」と大学の未来に希望を持ってくれたことが，私の生き方に拍車をかけた。当時父は警視庁捜査2課にいて，東京オリンピックに係る汚職捜査に取り組んでいた。人の欲望，権力誇示，汚い生き方からくる人間不信に陥る事件で悩んでいた。その父が久々に帰宅して，娘の晩酌話に登場した匡俊先生の姿に，娘以上に感動し安心したのかもしれない。

人の何気ない所作や一言は，人の一生を左右することがあるのだとつくづく思う。匡俊先生が自分とって身近な人となり，信じる人となった出来事には父

の存在が大きかった。単純な私は，淑徳大学を良き大学にすること，卒業生として誇りが持てる大学にすることが，私たち一期生の使命だと思い込むようになった。

(2) 匡俊親衛隊

穏やかな人は周りを幸せにして，人を取り込む不思議な力がある。穏やかな人とは匡俊先生である。

女子寮の寮監はドイツ語担当で歯科医の免許を持つ教授であった。規律を守り静粛に寮生活をすることを望んだ，真面目さと厳しさがあった方である。ドイツ語の授業も背筋を伸ばして受講した記憶がある。一期生はさまざまな事情を抱えて入学してきた人が多かった。したがって入寮者は互いに規律正しく生活することを，お互い切磋琢磨し合っていた。男子寮とは違った厳しい雰囲気が漂っていた。地方から上京してきた18歳女子たちには，穏やかで謙虚に接してくれる匡俊先生に癒しを求め，その姿に慰められたようだ。

その気持ちがいつしか，自由で闊達に活動する短大の良昭先生と比して，「地味で謙虚で穏やかな匡俊先生をお助けしなくては」と心を寄せるようになった。それは取りも直さず，淑徳大学の繁栄を願うことに通じる心であった。穏やかな人は実は最強に強い人で，周りの人を味方につけることが上手な人なのだ。だから，今でも仲間が集まれば，自身の身体が抱えている問題をよそに，「匡俊先生はお元気かしら」になるのである。匡俊先生が体調を崩され入院したことがあった。そのニュースをきいた一期生親衛隊は涙ぐんで安否を心配したほどである。

そういう私も大巌寺で行われる宗教行事のたびに，歩き方の足さばきが変かな，よろめいたな，少しやせたかな，声が擦れている，背中が丸い等々，ご当人にとっては迷惑な観察をついついしてしまう。特別支援学校の生徒ではないのに観察をしてしまうのであるが，言葉ではない心の会話があるのだと勝手に思っている。そこに込められた相手を思う心が大切なのだと……。兄，仲間，淑徳同志，生きる目標として，各自が匡俊先生の存在を勝手にそのように決めて思っている。だから一期生のほとんどが，私も含め立派な親衛隊なのかもし

れない。

　特に良信先生を知っている一期生の私たちは，志半ばで世を去られた良信先生の無念さを引き受けて，広大な事業計画を愚痴一つ言わず完成させ，学園の統率者として黙々と努力する匡俊先生の姿に，良信先生の姿を重ねているといえる。良信先生が私たちに向けた眼差しと気持ちを受け止め，それを実現してくれているのが匡俊先生であるからだ。だから，匡俊先生への思いは良信先生への思いであるといえるだろう。

（3）　淑徳大学の学部名変更と卒業生

　1991 年頃であったろうか。社会福祉学部社会福祉学科の単科大学として誕生した淑徳大学に，誇りをもって活動していた私たちに衝撃的な事件が起こった。学部名が社会学部になるというのだ。改装前の大巌寺の庫裡に一期生をはじめ卒業生が集まった。有名どころの大学ではないが，社会福祉に大きな貢献をしているのではと，自負と誇りをもって働いている者。特別支援教育に淑徳在りと存在感を示してきた者たちにとり，母校の名称が変わるということは正に青天の霹靂であった。

　社会学部は社会現象を学ぶ広い分野であり，社会福祉や教育もその中に入るのは理解できる。でも社会学部社会学科と改称したことは，良信先生の「世のため人のために働く有用な人になれ」といった信条が消え去るような気持ちになった。それほど単科大学の社会福祉学部社会福祉学科に誇りを持っていたのだ。

　匡俊先生から名称変更の理由や説明を受けているうちに，大学経営の難しさや困難さが伝わってきて，誰もが母校の未来のために仕方ないことと実感した。納得はいかなかったが仕方ないこととあきらめた。匡俊先生の苦悩に満ちた静かな説明にだれも反論できなかった。母校も時代とともに変化していかなくては，発展的な経営が成り立たないことを認識した。と同時に，先生としての匡俊先生の苦労を垣間見た気がした。そこには青春時代をともにした匡俊先生の面影はなく，大学の経営者としての姿があった。淑徳大学が総合大学として舵を切った重責を担う姿であったのかも知れない。

　その結果，現在は 7 学部もある大学に成長した。すごい発展だ。実学を通し

て他者と共に生きる「利他共生」を，地域や企業，教育界で実践していく人材育成の大学に成長したのだ。丸館以外は大した設備もない中で学んだ一期生は，大学が潰れないように，無くならないようにと常に願っていたことが嘘のようである。京セラの創業やJAL再建などで偉大な社会貢献をした稲盛和夫氏みたいな匡俊先生だ。稲盛氏の本を読んでみると，誰にも負けない熱意と努力をし続けたことが記されている。匡俊先生も地道な努力をし続けたに違いない。

第3節　匡俊先生が頑張る理由

　2014年に淑徳大学同窓会福島支部の定例会が開かれた。その時私が「淑徳大学の学び」のようなテーマで学生育成の話をした。遅れてきた匡俊先生が善財童子と菩薩道の話をしてくれた。人の痛みを我がことのように受け止める，人の役に立ちたいと願い実践する人は菩薩の道を歩いている。大学歌に「未来を拓く菩薩道」の一節があるが，われわれを含めた学生たちは善財童子のように，教えを請い菩薩道を歩んでいるのだといった話であった。「淑徳の学生は真心がある，優しさがある」と，着任したばかりの体育専攻の教員がとても褒めてくれたことを思い出した。「やはり淑徳の学生たちは菩薩道を歩んでいるのか」と，妙に納得して学生たちがさらに愛おしくなった。

　その晩，匡俊先生を囲んで一席が設けられた。私は匡俊先生の隣の席であった。広い会場は畳であった。匡俊先生が座りにくそうにしていたので尋ねたら，足を捻挫したとのこと。大丈夫と言っていたが高齢者が使用する正座保持椅子の使用を勧めた。強引な私の勧めを断り切れない匡俊先生は，素直に正座椅子を使用した。歳より臭い椅子を使用するには抵抗があったに違いない。相手を思う優しさを感じた。

　お酒を飲んで終始笑顔で，同窓生たちの応対に一生懸命な匡俊先生に私は尋ねた。「先生，ここまで大学を盛り立て揺るぎない大学にしたのは匡俊先生でしょう。もう匡俊先生を前面に出しての学校経営にしてください。学祖の良信先生は曾学祖になって，学祖は匡俊になってもいいのでは。何で先生はそんなに学祖を立てて頑張るの」と，少しお酒が入った私は饒舌になり，とんでもな

い質問を匡俊先生にした。「何で頑張るのか」と言った質問に対して，にこやかな顔で先生はこう答えた。「頑張るのは，いつの日か学祖にあった時に良い報告ができるように」と言ったのだ。この言葉に私は匡俊先生の人間性に触れたようで胸が熱くなった。良信先生が神格化され，匡俊先生も雲の上の人のような存在になっていたので，なおさらのこと，人として普通の人の感覚を持っていたことに深い感動を覚えたのだ。

自身も父の生き方に憧れ，父の思いを果たすことを目標に仕事をしてきた。同じような気持ちをもって仕事をしてきた匡俊先生が，さらに身近に感じた。でも今日に至るまでの苦労は，口には出せない程であったと思う。どんな状況に置かれても泰然自若。心の中に仏がいるとは匡俊先生のことなのだろう。

「淑徳大学はいいところだよ」と言った父の眼力は確かなものだった。私の人生は充実している。神様のような障害の重い子どもたちと楽しい日々を過ごせていること，そのお陰で常陸宮殿下ご夫妻と素敵な食事時間を持てたこと，有名なドクターたちの教えが受けられたこと，何より立派に成長して特別支援学校や小学校教員として活躍している教え子たちが沢山いること，講師として特別支援学校や施設を訪れた際に大勢の淑徳卒教員が出迎えてくれて，帰りにはちぎれんばかりに手を振って送りだしてくれる姿に胸熱くなること，北海道美瑛に勝手に作った淑徳大学セミナーハウスに教え子たちが家族連れで利用して，地元の人たちと交流深め思い出を作っていること，教え子の幼い子どもたちがテーブルの上に楽しかった思い出の手紙や絵手紙を沢山書き置いて行ってくれたこと，孫子の代まで淑徳大学の理念が受け継がれていくこと等の，貴重な私の人生の原点は淑徳大学であり，良信先生と匡俊先生であることを改めて実感している。感謝の心しかない。

さて，スマホが離せない時代となり，それどころか生成AIが世の中を動かす時代となってきた。人間が行うアイデアやコンテンツを作り出す人工知能が幅を利かすようだ。しかしAIの出現でも，これからも必要とされる人間や職業はソーシャルワーカー，教員，カウンセラーなどと言われているが，それら

は人の心の成長に欠かすことができない．淑徳大学がまさに育成している人材である。人の痛みを我が痛みとして共に生きる人材が必要となるのだ。だから淑徳大学は，この先の時代には最も必要とされる大学の一つとなるであろう。良信先生の精神を受け継いでいる匡俊先生のさらなる活躍が期待される。篠田先生の言葉が再びよみがえってきた。「70，80 はまだまだ人生の現役だよ」と。私も感恩奉仕の精神と感謝の念をもって，母校に恩返しをしたいと願っている。匡俊先生が「もういいでしょう」と言うまで頑張るつもりでいるが，一期生も同じ心境であると信じている。

おわりに

　本書刊行の経緯については，すでに刊行委員会を代表して渋谷哲先生が「はじめに」で述べられているので，ここでは繰り返さない。
　ただ，慌ただしいスケジュールにも関わらず，本書の刊行の意図を理解し執筆をご快諾・寄稿して頂いた皆様には，刊行委員の一人として，この場を借りて感謝申し上げたい。
　また，古稀や喜寿，傘寿といった祝いの節目に本書を企画できなかったことは，教え子として恥ずかしい限りである。長谷川先生がお変わりなく精力的に活動されている姿を拝見していて，傘寿を過ぎているとは思わなかったというのが正直なところである。あらためて先生にお詫びしたい。

　傘寿を越えてなお大乗淑徳学園理事長という激務を務めながら，なお探求心の尽きない先生には，ご身体，ご健康第一に過ごしていただきたいと思いつつも，何時までも教え子への叱咤激励を願ってしまうのは，「不肖の弟子」である当方だけではないのではと考えている。
　長谷川先生にとって本書が，ささやかではあるが教え子たちの学びの成果であると受け取っていただければ，刊行委員会として望外の喜びである。

　なお，本書がこのように刊行できたのは，株式会社学文社の田中千津子社長のご好意とご助言の賜物である。厚く御礼を申し上げたい。

　2025年1月吉日

刊行委員会　藤森雄介

執筆者

長谷川　匡俊　大乗淑徳学園 理事長，淑徳大学 名誉教授（第1部1章）
宮城　洋一郎　種智院大学人文学部社会福祉学科 特任教授（第1部2章）
古宇田　亮修　三康文化研究所 研究員（関係文献目録・第2部1章）
桜井　昭男　淑徳大学アーカイブズ 主任専門員（第2部2章）
野田　隆生　華頂短期大学幼児教育学科 准教授（第2部3章）
工藤　隆治　同朋大学社会福祉学部社会福祉学科 教授（第2部4章）
山口　幸照　種智院大学人文学部社会福祉学科 客員教授（第2部5章）
藤森　雄介　淑徳大学人文学部人間科学科 教授（第2部6章・おわりに）
大嶌　聖子　淑徳大学アーカイブズ 専門員（第3部1章）
菅田　理一　鳥取短期大学幼児教育保育学科 准教授（第3部2章）
菊池　義昭　淑徳大学長谷川仏教文化研究所 嘱託研究員（第3部3章）
樋田　幸恵　昭和女子大学人間科学部福祉社会学科 助教（第3部4章）
土井　直子　淑徳大学長谷川仏教文化研究所 専任研究員（第3部5章）
米村　美奈　淑徳大学 副学長，総合福祉学部社会福祉学科 教授（第4部1章）
鈴木　敏彦　淑徳大学 副学長，高等教育開発センター 教授（第4部2章）
結城　康博　淑徳大学総合福祉学部社会福祉学科 教授（第4部3章）
山口　光治　淑徳大学 学長，総合福祉学部社会福祉学科 教授（第4部4章）
渋谷　哲　淑徳大学総合福祉学部社会福祉学科 教授（はじめに・略歴・第4部5章）
川眞田喜代子　淑徳大学総合福祉学部教育福祉学科 客員教授（第4部6章）

仏教・歴史・社会福祉の研究と教育実践
――長谷川匡俊先生頌寿記念論文集

2025年2月1日　第1版第1刷発行

編著者　長谷川匡俊先生頌寿記念論文集刊行委員会

発行者　田中　千津子

発行所　株式会社 学文社

〒153-0064　東京都目黒区下目黒3-6-1
電話　03（3715）1501㈹
FAX　03（3715）2012
https://www.gakubunsha.com

©2025　Publication Committee in Collection Paper of HASEGAWA Masatoshi Celebration of Longevity　　Printed in Japan

乱丁・落丁の場合は本社でお取替えします。　　印刷　新灯印刷㈱
定価はカバーに表示。

ISBN978-4-7620-3409-1